Norbert Landwehr/Elisabeth Müller      **Begleitetes Selbststudium**

**der bildungsverlag**
**www.hep-verlag.ch**

**Norbert Landwehr**, Prof. Dr. phil., geb. 1951, war nach dem Pädagogikstudium während mehrerer Jahre in der Lehrerinnen- und Lehrerausbildung tätig und leitete verschiedene Schulentwicklungsprojekte mit didaktischen Schwerpunkten. Heute arbeitet er am Institut Forschung & Entwicklung der Pädagogischen Hochschule/FH Nordwestschweiz in Aarau und leitet das dortige «Zentrum Schulqualität».
Arbeitsschwerpunkte: Didaktik, Schulentwicklung, Schulevaluation, Projekt- und Qualitätsmanagement.

**Elisabeth Müller**, Prof., Pädagogin, lic. phil., ist Dozentin an der FH Nordwestschweiz, Hochschule für Soziale Arbeit. Ihre Themenschwerpunkte sind: Entwicklungstheorien, Lernen, Bildung und Didaktik. Schwerpunkte in der Lehre: Bildung und Sozialisation, Studentisches Portfolio.
Aktuelle Projekte: Evaluationsprojekt zum studentischen Portfolio.

Norbert Landwehr/Elisabeth Müller
**Begleitetes Selbststudium**
Didaktische Grundlagen und Umsetzungshilfen
Unter Mitwirkung der Projektgruppe «Begleitetes
Selbststudium» der Fachhochschule Aargau Nordwestschweiz FHA
(Heinz Mutzner, Peter Niklaus, Roland Unterweger, Yvonne Vignoli)
ISBN 978-3-03905-486-2
Umschlagkonzept: Wiggenhauser & Woodtli, Zürich
Umschlagbild: Heinz Mutzner
Layout: GBS, Lyss

Bibliografische Information der Deutschen Bibliothek.
Die Deutsche Bibliothek verzeichnet diese Publikation
in der Deutschen Nationalbibliografie;
detaillierte bibliografische Angaben sind im Internet
über http://dnb.ddb.de abrufbar.

2., korrigierte Auflage 2008

hep verlag ag
Brunngasse 36
CH-3011 Bern
www.hep-verlag.ch

Norbert Landwehr/Elisabeth Müller

# Begleitetes Selbststudium

Didaktische Grundlagen und Umsetzungshilfen

Unter Mitwirkung der Projektgruppe «Begleitetes Selbststudium»
der Fachhochschule Aargau Nordwestschweiz FHA
Heinz Mutzner, Peter Niklaus,
Roland Unterweger, Yvonne Vignoli

**hep** der bildungsverlag

**Herausgeberschaft der Reihe Pädagogik**
im hep verlag:

**Prof. Dr. Roman Dörig**
Institut für Angewandte Medienwissenschaft IAM
Zürcher Hochschule Winterthur

**Prof. Dr. Philipp Gonon**
Lehrstuhl Berufsbildung
Institut für Gymnasial- und Berufspädagogik IGB, Universität Zürich

**Prof. Dr. Regula Kyburz-Graber**
Professur Mittelschulpädagogik
Institut für Gymnasial- und Berufspädagogik IGB, Universität Zürich

**Prof. Dr. Peter Labudde**
Fachhochschule Nordwestschweiz, Pädagogische Hochschule,
Institut Forschung & Entwicklung, Zentrum Naturwissenschafts- und
Technikdidaktik, Basel

**Prof. Dr. Norbert Landwehr**
Leiter des Zentrums Schulqualität, Institut Forschung & Entwicklung
der Pädagogischen Hochschule, Fachhochschule Nordwestschweiz

## Vorwort

Lernen gleicht in mancher Hinsicht dem Essen. Jeder kann es nur für sich selber tun. Beide Vorgänge sind vielfach kulturell überformt und sozial ausgestaltet worden. Wie beim Essen treffen wir auch für das Lernen allerhand Vorkehrungen und Arrangements, um es nicht allein, sondern in Gesellschaft zu tun. Um die Zubereitung der Speisen hier wie um die Aufbereitung des Lernstoffes da kümmern sich ganze Professionen und Institutionen. Was als gesund gilt oder natürlich, nachhaltig oder einfach gut, darüber kursieren immer neue diätetische oder didaktische Rezepte, Versionen und Versprechen – von der schönen Figur, dem langen Leben, der spielerisch freudvollen Aneignung und der umfassenden Bildung und beruflichen Tüchtigkeit. Die Analogie liesse sich mühelos weiter entfalten. Auch eine immer tiefere Erforschung der physiologischen Grundlagen und biochemischen Prozesse, die den beiden Vorgängen zugrunde liegen, werden den kulturellen Streit um die richtige Ernährung so wenig endgültig entscheiden wie den Streit um die rechte Lehre. Es gehört zur *conditio humana*, dass wir gerade die elementaren Bedingungen und Vorgänge der Existenz nicht einfach hinnehmen, sondern immer neu deuten, akzentuieren, gestalten und überhöhen, und zwar so, dass wir uns davon eine Steigerung unserer Möglichkeiten versprechen und erwarten – und manchmal ja auch erreichen.

«Begleitetes Selbststudium» ist so eine neue Deutung, Akzentuierung und Ausgestaltung neurophysiologisch fundierter und gesellschaftlich etablierter Prozesse der Aneignung von akkumulierten Wissens- und Könnensbeständen. Im laufenden organisatorischen und strukturellen Umbau der Hochschulsysteme in Europa ist in ihm ein pädagogisch-didaktischer Dreh- und Angelpunkt erkannt und bestimmt worden. Während ihrer Gründungsperiode bis in die Neuzeit hinein hatten Hochschulen und Universitäten elaborierte Konzepte der Lehre entwickelt und praktiziert. Die Lehre stand im Zentrum ihres gesellschaftlichen Auftrages. Mit der Neuausrichtung der nun staatlichen Hochschulen auf Forschung und Lehre in Europa um die Wende zum 19. Jahrhundert tritt diese Tradition zunehmend in den Hintergrund. Was folgte, war eine lange Periode, die von einem gleichsam naiven und kaum reflektierten Verhältnis zur Lehre geprägt war, eine Epoche, die bis in die Gegenwart hinein andauert. Mit der Bologna-Reform und nicht zuletzt mit der Neupositionierung der Fachhochschulen ist der Hochschullehre neue Bedeutung zugewachsen. Das belegen die neuen Zentren für Hochschuldidaktik, die allenthalben eingerichtet wurden, die E-Learning-Zentren und Supportstellen. Der vorliegende Band ist seinerseits Ausdruck eines wiedergewonnenen reflektierten Verhältnisses zur Lehre an den Hochschulen. So könnte das begleitete Selbststudium Teil einer neuen *ratio studiorum* der reformierten Hochschulen werden. Die Aussichten dazu sind gut, der Weg dahin freilich anspruchsvoll und lang.

Den Autorinnen und Autoren und allen die am Zustandekommen dieses Buches mitgewirkt haben, sei an dieser Stelle ganz herzlich gedankt. Das Werk entstand im Auftrag der Direktion der Fachhochschule Aargau (FHA) unter Leitung ihres Vizepräsidenten

Prof. Dr. Hans Zbinden im Rahmen ihres «Forums Lehre». Das Buch ist nun zu einer kleinen Mitgift geworden, welche die FHA in die Fusion der Fachhochschule Nordwestschweiz eingebracht hat. Seine aktive Nutzung wäre der beste Dank für die Anstrengungen, die mit der Entstehung verbunden waren.

Rudolf Künzli
Direktor der Pädagogischen Hochschule  FHNW

# Inhaltsübersicht

# Einleitung

«Selbststudium» ist in den letzten Jahren zu einem wichtigen Begriff in der Bildungspolitik und Bildungspraxis an Hochschulen, Fachhochschulen und höheren Fachschulen geworden. Natürlich ist bei kritischer Betrachtung die Frage zu stellen, ob denn ein Studium nicht immer schon ein «Selbststudium» ist, weil Lernen letztlich immer auf der Eigenaktivität des Lernenden basiert. Die Akzentuierung, wie sie im Leitbegriff «Selbststudium» zum Ausdruck kommt, lässt dennoch aufhorchen: Offensichtlich ist es wichtig geworden, in den höheren Bildungsprozessen das «Selbst» und die damit assoziierten Aspekte wie Eigenaktivität, Selbstständigkeit und Eigenverantwortlichkeit zu betonen.

Diese jüngere Entwicklung lässt verschiedene Interpretationen zu:

- Möglicherweise ist die Einsicht in die Bedeutung des eigenverantwortlichen Lernens in den letzten Jahren so stark gewachsen – sei es aufgrund von neuen lernpsychologischen Erkenntnissen, sei es aufgrund von veränderten Ansprüchen im Bereich der Ausbildungsziele –, dass sich gegenwärtig im Bildungsbereich eine grundlegende Neuorientierung vollzieht: *Selbststudium als Folge neuer didaktischer und lernpsychologischer Erkenntnisse.*

- Vielleicht hat die Verschulung der höheren Bildungsinstitutionen so stark zugenommen, dass sich daraus die Notwendigkeit ergibt, die Eigenverantwortung der Studierenden für ihren Lern- und Bildungsprozess wieder deutlicher ins Bewusstsein zu rufen: *Selbststudium als Leitbegriff, um gegen die Tendenz fremdbestimmten Lernens anzukämpfen.*

- Schliesslich ist denkbar, dass die gesamtgesellschaftliche Entwicklung zu veränderten Ansprüchen an Bildung und Schule geführt hat: Im Begriff «Selbststudium» könnte sich die – für unsere postmoderne Gesellschaft typische – Freisetzung des Individuums und die damit verbundene Betonung der Selbstbestimmung und Identitätsfindung spiegeln. In diesem Sinne ist eine dritte Interpretationsmöglichkeit gegeben: *Selbststudium als Nachvollzug einer gesamtgesellschaftlichen Entwicklung, die in anderen gesellschaftlichen Bereichen schon lange zu nachhaltigen Veränderungen geführt hat.*

Was auch immer die Gründe für den skizzierten Entwicklungstrend sein mögen (vermutlich dürfte die Kombination aller genannten Aspekte ausschlaggebend sein): Fest steht auf jeden Fall, dass die so genannte Bologna-Reform, die gegenwärtig die Hochschul- und Fachhochschullandschaft prägt und tief greifende – um nicht zu sagen epochale – Veränderungen in Gang gesetzt hat, dem Leitbegriff «Selbststudium» einen zentralen Platz zuweist. Und in ebendieser Bologna-Reform liegt auch ein gewichtiger Grund dafür, dass sich Hochschulen und Fachhochschulen gegenwärtig vertieft mit Fragen der Lernprozessgestaltung auseinander setzen. Im Vordergrund stehen dabei praktisch ausgerichtete Fragen wie zum Beispiel:

- Wie können Studierende im Rahmen einer berufsbezogenen Ausbildung vermehrt eine selbstgesteuerte Rolle mit eigeninitiativem Lernen und Arbeiten übernehmen?

- Wie können Dozierenden verstärkt «lernrahmensetzend» und begleitend-unterstützend mit den Studierenden arbeiten?
- Was muss die Ausbildungsinstitution vorkehren, damit das «Selbststudium» die erwünschte Qualität und die erhofften Wirkungen erreicht?

Der unmittelbare Anlass, diesen Fragen im Rahmen einer Publikation nachzugehen, war ein Projekt der Fachhochschule Aargau (FHA, seit 1. Januar 2006 Fachhochschule Nordwestschweiz), das im Frühjahr 2004 als Unterstützungsmassnahme für die Umsetzung der Bologna-Richtlinien in Auftrag gegeben wurde. Ausgangspunkt des Projektes war das Anliegen, die Bologna-Reform an der FH Aargau nicht nur als eine äusserliche, rein organisatorische Massnahme umzusetzen, sondern zum Anlass für eine umfassende – d. h. auch didaktische – Studienreform zu nehmen: für einen Innovationsprozess, der auch die Gestaltung der Lehr- und Lernprozesse in die Veränderung einbezieht.

Für die erste Projektphase war die Aufgabe gestellt, durch systematische Wissensaufbereitung praxisrelevantes Wissen für eine didaktisch reflektierte Umsetzung des begleiteten Selbststudiums zu generieren und dieses für Dozierende und Bildungsinstitutionen bereitzustellen. Dieses Buch ist das Ergebnis dieser ersten Projektphase.

Für die Arbeit wurden verschiedene Erkenntnisquellen genutzt: Neben der Auseinandersetzung mit der hochschuldidaktischen Literatur waren es vor allem die reichhaltigen Praxiserfahrungen der Projektgruppenmitglieder und eine Vielzahl von Interviews mit Dozierenden und Studierenden aus Studiengängen, in denen bereits vertiefte Umsetzungserfahrungen vorhanden waren. Zu erwähnen sind schliesslich auch die aufschlussreichen Gespräche mit Umsetzungsexpertinnen und -experten aus anderen Hochschulen (insbesondere der Universität St. Gallen und holländischen Fachhochschulen usw.).

## Zur Nutzung des Buches

Die Publikation will vielfältige Anregungen für eine möglichst zieladäquate und variantenreiche Umsetzungspraxis des Selbststudiums geben. Im Vordergrund steht die praxisnahe Beschreibung von handlungsorientierten Umsetzungsmodellen, wobei den Stolpersteinen und den Schwierigkeiten, die in der Praxis auftreten können, besonderes Augenmerk geschenkt wird: Daraus lassen sich wichtige Erkenntnisse über die Gelingensbedingungen ableiten – Erkenntnisse, welche die Voraussetzungen dafür schaffen, dass die Bologna-Reform durch die systematischere Berücksichtigung des Selbststudiums im Hochschulbetrieb zu einer erfolgreichen und nachhaltig wirksamen Reform wird.

Das Buch setzt sich aus zwei Teilen zusammen, die nicht zwingend in systematischer Reihenfolge gelesen werden müssen.

- In einem *ersten Teil* werden die verschiedenen Aspekte beleuchtet, welche die Grundlage für ein adäquates Verständnis des Selbststudiums und für dessen didaktische Möglichkeiten bilden.
- Der *zweite Teil* ist unmittelbar praxisorientiert und stellt für Dozierende praktische Hilfen (Vorgehensschritte, Instrumente, methodische Anregungen) zur Unterstützung des eigenen didaktischen Handelns bereit.

Der *erste Teil* des Buches, der die Grundlagen zum Verständnis des begleiteten Selbststudiums enthält, ist in acht Kapitel gegliedert.

Im ersten Kapitel wird eine *begriffliche Klärung* vorgenommen: Es werden die wichtigsten Merkmale des Selbststudiums herausgearbeitet und die drei Formen des begleiteten, des individuellen und des freien Selbststudiums einander gegenübergestellt.

Im zweiten Kapitel werden *drei Begründungslinien* nachgezeichnet, die den Erklärungshintergrund für eine Erhöhung des Anteils an begleitetem Selbststudium in Hochschulen und an andern Institutionen der höheren Bildung liefern: Neben der Bologna-Argumentation spielt dabei das Anliegen der «überfachlichen Qualifikation» eine entscheidende Rolle, das die Förderung der so genannten Schlüsselqualifikationen im Bereich der Methoden-, Sozial- und Selbstkompetenz als wichtige Ausbildungsschwerpunkte definiert und neben die fachliche Qualifizierung stellt. In einem weiteren Punkt wird auf die heute vorherrschende lerntheoretische Konzeption des Konstruktivismus Bezug genommen, die der Eigenaktivität der Lernenden beim Wissensaufbau einen zentralen Stellenwert zuweist und damit eine veränderte Gewichtung von Kontaktstudium und Selbststudium nahe legt.

Im dritten Kapitel werden die wichtigsten *Formen des begleiteten Selbststudiums* in einer kurzen Übersichtsdarstellung beschrieben. Die Lesenden sollen sich über die verschiedenen Umsetzungsmodelle, die gegenwärtig bereits praktiziert werden, einen Überblick verschaffen. Sie sollen dazu angeregt werden, das eine oder andere Modell in der Praxis selber auszuprobieren – und sich in die ausführlicheren Methodenbeschreibungen im Teil II zu vertiefen.

Das vierte Kapitel thematisiert die Frage, wie das begleitete Selbststudium in die Ausbildung integriert werden kann. Dabei wird sowohl eine *didaktische* wie auch eine *lernorganisatorische Integration* angestrebt. Erstere nutzt das didaktische Potenzial des Selbststudiums im Zusammenspiel mit den Möglichkeiten des Kontaktstudiums, bei der Letzteren geht es um die zeitlich-organisatorische Einbettung des Selbststudiums in das einzelne Modul, so dass sich eine sinnvolle und kohärente Verlaufsstruktur bildet.

Das fünfte Kapitel ist der *Rolle der Dozierenden* gewidmet, die durch die starke Gewichtung des begleiteten Selbststudiums eine neue Ausrichtung erhält. Auf der Grundlage eines einfachen Phasenmodells des begleiteten Selbststudiums (Initiieren, Realisieren, Präsentieren, Evaluieren) werden die Aufgaben und Funktionen beschrieben, welche die Dozierenden in einer typischen Selbststudiensequenz zu erfüllen haben. Dabei wird die Rolle der Lernprozessbegleitung unter den beiden Aspekten der Lernprozesssteuerung und der Lernprozessunterstützung (Support) betrachtet. Dieses Kapitel ist nicht zuletzt deshalb von Bedeutung, weil hier das oft gehörte Postulat «vom Dozenten zum Coach», das mit dem begleiteten Selbststudium in Verbindung gebracht wird, eine wichtige Ausdifferenzierung erfährt.

Im sechsten Kapitel wird das studiumbegleitende *Portfolio* vorgestellt, dem für die Umsetzung eines mit Selbststudium angereicherten Ausbildungsmodells eine zentrale Bedeutung zukommen kann. Dieses kann die verschiedenen Module und Studienelemente (Theorie – Praxis, Selbststudium – Kontaktstudium) miteinander in Verbindung bringen und so zu einer Art «Studienführer» werden, der einen roten Faden durch das gesamte Studium zu bilden vermag. Gleichzeitig dient es als ein Reflexionsinstrument, das die Studierenden dazu anregen kann, die individuelle Entwicklung der Berufskompetenzen bewusst zu beobachten und zielorientiert zu steuern.

Das siebte Kapitel ist dem Thema *Einbezug von Information and Communication Technologie* (ICT) gewidmet. Im Vordergrund steht hier die Frage nach den Möglichkeiten und Grenzen des ICT- Einsatzes, verbunden mit der kritischen Frage, ob und unter welchen Voraussetzungen der ICT-Einsatz einen Beitrag leisten kann, um die pädagogisch-didaktischen Anliegen des begleiteten Selbststudiums (nämlich die Förderung des eigenverantwortlichen und nachhaltigen Lernens) besser zu erfüllen.

Das achte Kapitel gilt vor allem der Frage nach den *Gelingensbedingungen* des begleiteten Selbststudiums: Es geht hier um die institutionellen und strukturellen Voraussetzungen, die zu schaffen sind, damit sich das begleitete Selbststudium erfolgreich umsetzen lässt und zu den erwünschten Ergebnissen führt.

Der *zweite Teil* des Buches, überschrieben mit *Anregungen und Umsetzungshilfen für die Praxis,* richtet sich an Dozierende, die Unterstützung und Ideen suchen für die Gestaltung der eigenen Lehrveranstaltungen.

Im Mittelpunkt dieses Teils steht die ausführliche Darlegung der *acht Verlaufsmodelle des begleiteten Selbststudiums.* Diese Umsetzungsmodelle entsprechen den acht Formen, die bereits kurz beschrieben wurden. In der differenzierten Beschreibung im zweiten Teil liegt das Gewicht vor allem auf der ausführlichen Darstellung der Ziele und begründenden Argumente, auf der praxisnahen Beschreibung der wichtigsten Handlungsschritte und auf den Hinweisen auf mögliche Umsetzungsschwierigkeiten.

Im Weiteren enthält der zweite Teil des Buches eine Beschreibung von drei *Coachingvarianten.* Dieser Darstellung ist eine doppelte Funktion als Verstehenshilfe und als Handlungshilfe zugedacht:

- *Verstehenshilfe:* Die Darlegung soll deutlich machen, dass die Rolle der Dozierenden auch im Bereich der Prozessbegleitung unterschiedlich ausgestaltet werden kann. «Coaching» ist nicht nur eine spezielle Form des Interaktionsverhaltens, sondern auch eine definierte Phase im Lehr-Lern-Prozess, die sich bewusst planen und gestalten lässt.
- *Handlungshilfe:* Die drei Coachingvarianten sind bewusst sehr praxisnah beschrieben als Folge von planbaren Handlungsschritten. Die Darlegung soll den Dozierenden bei der konkreten Ausgestaltung der Begleit- und Unterstützungsprozesses praktische Hilfe bieten und dazu anregen, in der Praxis weitere didaktische Arrangements für die Coachingphase zu kreieren.

Ein letztes Kapitel ist schliesslich der *Evaluation des begleiteten Selbststudiums* gewidmet: Entlang dem erwähnten Phasenmodell des begleiteten Selbststudiums (Initiieren, Realisieren, Präsentieren, Evaluieren) und den dazu formulierten Qualitätsansprüchen werden mögliche Evaluationsfragen für Studierende und Dozierende aufgelistet. Mit dem Fragenpool sollen die Dozierenden dazu angeregt werden, ihre individuellen Umsetzungsprozesse selbst «massgeschneidert» zu evaluieren und zu optimieren.

Die Evaluationsfragen runden das Konzept ab, das hinter der Publikation steht: Wir möchten Anregungen für eine eigenverantwortlich gestaltete Lehrpraxis geben und darauf verzichten, einer rigiden Praxisgestaltung Vorschub zu leisten, die sich vorschnell auf ein bestimmtes Umsetzungsmodell festlegt. Die Evaluation bildet in einem solchen Umsetzungskonzept einen unerlässlichen Bestandteil: Sie kann helfen, im Austausch mit anderen Dozierenden und in der Auseinandersetzung mit der eigenen Praxis eigene funktionsfähige Wege zu finden und diese schrittweise weiterzuentwickeln.

# Teil 1
# Grundlagen

# 1 Selbststudium – ein facettenreicher Begriff

Der Begriff «Selbststudium», der im Zentrum der folgenden Ausführungen steht, ist der Bologna-Terminologie entnommen. In der Best-Practice-Broschüre der Konferenz der Fachhochschulen der Schweiz (KFH) taucht er in verschiedenen Abschnitten auf (vgl. KFH 2004). Der Begriff selbst wird zwar im Dokument nicht genau definiert; die einschlägigen Textpassagen enthalten aber die folgenden Angaben zur begrifflichen Klärung:

- «Selbststudium» wird in Abgrenzung zu «Kontaktstudium» verwendet.
- «Selbststudium» wird unterteilt in die Kategorien «Individuelles Selbststudium» und «begleitetes/geführtes Selbststudium».[1]

Wenn wir uns im Folgenden darum bemühen, den Begriff «Selbststudium» für den weiteren Gebrauch im Bologna-Kontext zu klären, stützen wir uns auf diese beiden Definitionselemente ab.

## 1.1 Gedanken zur Begriffsklärung

Gemäss den KFH-Ausführungen lässt sich der Studienaufwand, der von den Studierenden zu erbringen ist, den beiden Kategorien «Kontaktstudium» und «Selbststudium» zuordnen (vgl. KFH 2004, S. 13). «Selbststudium» ist demnach gewissermassen als Komplementärbegriff zu «Kontaktstudium» zu verstehen: Der Begriff bezeichnet denjenigen Teil des Studiums, der *nicht* zum Kontaktstudium gehört. Dieser letztere Begriff wird im KFH-Papier synonym zum klassischen Begriff der «Lehre» verwendet.

Im Folgenden werden wir unter «Kontaktstudium» Lehr-Lern-Veranstaltungen zusammenfassen, die sich im Wesentlichen durch die folgenden drei Elemente charakterisieren lassen:

- Zeit und Ort der Lehr-Lern-Veranstaltung sind durch den Ausbildungsplan vorgegeben.
- Es gibt ein verbindliches, klar vorstrukturiertes Verlaufsprogramm für alle Beteiligten.
- Die Dozierenden sind präsent und tragen die Verantwortung für das Verlaufsprogramm.

---

[1] Auf S. 13 des KFH-Grundlagenpapiers werden die Begriffe «begleitetes Selbststudium» und «geführtes Selbststudium» ohne explizite begriffliche Abgrenzung verwendet. Vermutlich werden die beiden Begriffe synonym gebraucht (siehe KFH 2004).

### Drei konstitutive Merkmale des Selbststudiums

Für die gesuchte Begriffsklärung lässt sich aus dem Komplementärstatus zum Begriff des Kontaktstudiums die folgende Festlegung gewinnen: Beim Selbststudium geht es um eine Studienform, die den Studierenden ein höheres Mass an Selbstständigkeit/Selbststeuerung für den Lernprozess abverlangt als die herkömmliche Lehrveranstaltung. In Abgrenzung zum Kontaktstudium bzw. zur klassischen «Lehre» verstehen wir unter «Selbststudium» eine Lehr-Lern-Form, welche die folgenden Merkmale aufweist:

- Der äussere Rahmen der Lernveranstaltung (z. B. Zeitpunkt, Dauer, Ort, Zusammensetzung der Lerngruppe, Lernbegleitung) kann von den Studierenden – eventuell im Rahmen von definierten Vorgaben – selbst bestimmt werden («Selbstorganisation»).
- Die detaillierte Verlaufsstruktur des Lern- und Arbeitsprozesses wird im Wesentlichen von den Studierenden selbst festgelegt («Selbststeuerung»).
- Die Präsenz von Dozierenden ist möglich, aber kein konstitutives Element für diesen Veranstaltungstypus.

### Selbststudium im Spannungsfeld von selbstgesteuertem und fremdgesteuertem Lernen

Das Selbststudium kann grundsätzlich sehr unterschiedliche Freiheitsgrade aufweisen: Es steht im Spannungsfeld von selbstgesteuertem/eigenverantwortlichem und fremdgesteuertem/angeleitetem Lernen. Es ist allerdings schwierig, mit Blick auf das Ausmass an Selbst- und Fremdsteuerungsanteilen eine präzise Typisierung vorzunehmen. Hilfreich kann eine Differenzierung entlang den folgenden didaktischen Prozesskomponenten sein:

- Bestimmung des Lernbedarfs und der Lernziele,
- Steuerung des Lernprozesses,
- Überprüfung der Lernergebnisse.

In Tabelle 1 (s. S. 18–19) wird versucht, unter Berücksichtigung dieser drei Komponenten verschiedene «Szenarien» der Selbststeuerung im Studienprozess zu unterscheiden. Die vorgeschlagenen Szenarien können Anhaltspunkte bieten, um in der konkreten Praxis eine Standortbestimmung bezüglich des gewährten Freiheitsgrades und des verbleibenden Fremdbestimmungsgrades vorzunehmen.

## 1.2 Drei Arten des Selbststudiums: Begleitetes Selbststudium, individuelles Selbststudium und freies Selbststudium

Beim Selbststudium auf (Fach-)Hochschulebene unterscheidet die KFH begleitetes/geleitetes Selbststudium und individuelles Selbststudium (Selbststudium ohne Begleitung und ohne Anleitung durch Dozierende). Diese Unterscheidung wird in der vorliegenden Arbeit übernommen, und zwar im Sinne des folgenden Begriffsverständnisses:

## Begleitetes Selbststudium

Das begleitete Selbststudium ist dadurch gekennzeichnet, dass die Dozierenden den Studierenden einen Lern- und Arbeitsauftrag erteilen, der in der Regel in einem direkten Zusammenhang mit den curricular festgelegten Zielen und Inhalten eines Moduls steht. Bereits diese einfache Umschreibung macht deutlich, dass die Dozierenden im begleiteten Selbststudium eine wichtige Rolle spielen. Sie haben bei dieser Lehr-Lern-Form mindestens drei charakteristische Aufgaben zu erfüllen:

- Die Lernaktivitäten werden durch die Dozierenden *initiiert* (z.B. durch Rahmenvorgaben und Aufgabenstellungen).
- Während der Realisierung werden die Studierenden durch die Dozierenden im Bedarfsfalle *unterstützt* (z.B. durch Strukturierungshilfen, durch inhaltliche Erklärungen usw.).
- Die Ergebnisse werden durch die Dozierenden in einer geeigneten Form *überprüft und besprochen*.

Mit Blick auf diese drei Aufgaben, die sowohl steuernden als auch unterstützenden Charakter haben, stellt sich die Frage, welcher Begriff der Sache eher gerecht wird – «geleitetes Selbststudium» oder «begleitetes Selbststudium». Da wir von einer prinzipiellen Gleichwertigkeit der Steuerungs- und der Supportfunktion ausgehen, werden wir im Folgenden beide Begriffe synonym, teilweise auch als Doppelbegriff («geleitetes/begleitetes Selbststudium») verwenden.

## Individuelles Selbststudium

Das individuelle Selbststudium bezieht sich auf Lernanlässe, die dadurch charakterisiert sind, dass das, was in der Präsenzveranstaltung vorgetragen oder erarbeitet wurde, individuell nochmals aufgearbeitet wird. Die Studierenden erledigen dies in eigener Verantwortung, ohne dass dafür ein enger umrissener Lern- und Arbeitsauftrag erteilt wird. Sie bestimmen selbst, was sie noch tun wollen bzw. tun müssen, um den Anforderungen für einen erfolgreichen Abschluss des betreffenden Moduls zu genügen. Zum individuellen Selbststudium gehören beispielsweise die folgenden Studienaktivitäten:

- Der präsentierte Stoff wird individuell nochmals durchgegangen.
- Verständnisschwierigkeiten werden geklärt.
- Wichtige Inhalte werden memoriert.
- Übungsaufgaben werden nochmals durchgesehen.
- Bei Bedarf werden zusätzliche Aufgaben gesucht und bearbeitet.

Das individuelle Selbststudium im genannten Sinne dient vor allem der Prüfungsvorbereitung – womit deutlich wird, dass die Angaben über den Prüfungsstoff in der Regel nicht nur einen wichtigen Anlass, sondern auch einen Orientierungsrahmen für das individuelle Selbststudium bilden.

*Tabelle 1:*
*Das Selbststudium im Spannungsfeld von Selbststeuerung und Fremdsteuerung*

| | Bestimmung des Lernbedarfs und der Lernziele | Steuerung des Lernprozesses | Überprüfung der Lernergebnisse |
|---|---|---|---|
| **Szenario 1:** **Fremdbestimmtes Lernen ohne Selbststeuerungsanteile** | Lernbedarf und Lernziele sind curricular *detailliert* festgelegt und verbindlich vorgegeben. | Der Lernprozess und die einzelnen Lernschritte (Reihenfolge, zeitlicher Verlauf usw.) sind bis in die Mikrostruktur von Dozierenden bestimmt. | Überprüfung/Bewertung der Leistungen erfolgt durch den Dozenten/die Dozentin (entlang den vorgegebenen Zielen und den Lernerfolgsvorstellungen der Dozentin/des Dozenten). |
| **Szenario 2:** **Lernen mit geringem Anteil an Selbststeuerung** | Wie 1: Lernbedarf und Lernziele sind curricular *detailliert* festgelegt und verbindlich vorgegeben. | Es gibt Freiräume in der Durchführung der Lerntätigkeit – allerdings innerhalb relativ enger Vorgaben (z. B. Lernaufträge, die eine selbstständige Denkarbeit verlangen). | Transparente Festlegung der Erfolgskriterien; Überprüfung/Bewertung der Leistungen erfolgt durch den Dozenten/die Dozentin (nachvollziehbar durch die Studierenden). |
| **Szenario 3:** **Lernen mit mittlerem Anteil an Selbststeuerung** | Lernziele sind curricular nur *grob* festgelegt; es gibt Raum für individuelle Ausdifferenzierung und individuelle Schwerpunktsetzungen. | Offene Lernaufträge, die den Studierenden mehr Handlungsspielraum lassen – insbesondere im Bereich der äusseren Lernorganisation (Reihenfolge, zeitlicher Verlauf der einzelnen Lernschritte, eventuell Arbeitsort und Kooperationspartner sind von den Studierenden selbst wählbar). | Wie 2: Transparente Festlegung der Erfolgskriterien; Überprüfung/Bewertung der Leistungen erfolgt durch den Dozenten/die Dozentin (nachvollziehbar durch die Studierenden). |

|  | Bestimmung des Lernbedarfs und der Lernziele | Steuerung des Lernprozesses | Überprüfung der Lernergebnisse |
|---|---|---|---|
| **Szenario 4: Lernen mit hohem Anteil an Selbststeuerung** | Wie 3: Lernziele sind curricular *grob* festgelegt; es gibt Raum für individuelle Ausdifferenzierung und individuelle Schwerpunktsetzungen. | Die Durchführung der Lerntätigkeit wird durch die Lernenden selbst bestimmt. Offene, ergebnisorientierte Aufgabenstellung; keine oder nur formale Vorgaben zum Prozessverlauf (z. B. erwarteter Zeitaufwand usw.). Wahl des Lernmaterials ist den Studierenden selbst überlassen (eigene Recherchen). | Überprüfung entlang den offenen Zielen; genaue Kriterien werden in Absprache mit den Lernenden festgelegt. Erfolgsüberprüfung sowohl in Form von Selbstbeurteilung als auch von Fremdbeurteilung. |
| **Szenario 5: Lernen mit umfassender Selbststeuerung** | Lernziele werden von den Studierenden selbst festgelegt (entlang der eigenen Lernbedarfseinschätzung). Eventuell Unterstützung der Bedarfsdiagnose durch systematischen Zielkatalog (z. B. Kompetenzraster). | Durchführung der Lerntätigkeit wird vollständig von den Lernenden selbst bestimmt. Keine Vorgaben zum Prozessverlauf. Aufgabenstellung und Lernmaterial werden von den Studierenden selbst festgelegt. (Eventuell gibt es offene Rahmenvorgaben oder Empfehlungen.) | Erfolgskriterien werden von den Lernenden selbst festgelegt. Selbsteinschätzung des Lernerfolgs. Bei komplexen Leistungen: Beizug einer Expertenbegutachtung in eigener Verantwortung. |

### Freies Selbststudium

Neben dem geleiteten/begleiteten Selbststudium und dem individuellen Selbststudium ist im Bologna-Zusammenhang noch eine dritte Variante zu berücksichtigen: das «freie Selbststudium». Dieser Begriff wird für Aktivitäten verwendet, bei denen sich die Studierenden aus freien Stücken – entlang von eigenen Interessen und selbst gesetzten Zielen – mit bestimmten Themen und Inhalten auseinander setzen. Das freie Selbststudium bezieht sich demnach auf Lernaktivitäten, die im Curriculum nicht vorgeschrieben sind und im Rahmen des betreffenden Ausbildungsganges auch nicht geprüft werden. Das freie Selbststudium findet in diesem Sinne keinen direkten Niederschlag im Curriculum eines Ausbildungsganges, es hat allenfalls dann eine curriculare Bedeutung, wenn es entweder als pauschale Grösse von der Gesamtstudienzeit abgezogen wird oder wenn Studiennachweise für frei wählbare Selbststudiumsaktivitäten in einem bestimmten Umfang für die Kreditierung angerechnet werden.

In Tabelle 2 (S. 21) wird versucht, die hier vorgenommenen begrifflichen Festlegungen zu systematisieren und weiter zu präzisieren.

### Das Selbststudium als Teil der individuellen Arbeitszeit

Die Unterscheidungen und die vorgestellten Zeitgefässe sind nicht zuletzt deshalb wichtig, weil die Arbeitszeit der Dozierenden und der Studierenden entlang diesen Kategorien berechnet werden kann.

*Für die Dozierenden* setzt sich die modulbezogene Arbeitszeit normalerweise aus der eigentlichen Unterrichtszeit und aus der Lernbegleitungszeit zusammen, die ihrerseits die Lerncoachingzeit und die Lernorganisationszeit umfasst. Diese Differenzierung kann wichtig sein, weil die Arbeitsbelastung der Dozierenden in diesen drei Gefässen unterschiedlich ausfällt und daher auch unterschiedlich in die Pensenberechnung einfliessen sollte. Das Pensum einer Dozentin/eines Dozenten könnte sich beispielsweise wie folgt zusammensetzen:

- zeitlicher Umfang der Kontaktveranstaltungszeit, verrechnet mit einem speziellen Vorbereitungsfaktor (z. B. 1 : 2),
- Zeitanteil für die zusätzlich ausgewiesene Kontaktbegleitung (sofern vorgesehen) und
- pauschaler Zeitanteil für den mit dem geleiteten/begleiteten Selbststudium verbundenen speziellen «Lernorganisationsaufwand» (d. h. beispielsweise für die Vorbereitung und für die Auswertung/Beurteilung der Aufgaben, die von den Studierenden im Selbststudium gelöst werden müssen).

*Tabelle 2: Die Grundbegriffe im systematischen Überblick*

| Kontaktveranstaltung | Geleitetes/begleitetes Selbststudium | | Individuelles Selbststudium | Freies Selbststudium |
|---|---|---|---|---|
| • Lehr-Lern-Zeit mit steuernder Dozierendenpräsenz<br>• Verbindliches, klar strukturiertes Verlaufsprogramm für alle Beteiligten<br>• Zeit und Ort sind durch den Ausbildungsplan genau vorgegeben | Zeit, in der die Studierenden individuell und in Gruppen selbstorganisiert arbeiten, um vorgegebene Aufgabenstellungen und Arbeitsaufträge zu erfüllen. | | Individuelle, nicht durch spezielle Aufträge strukturierte Lernzeit, die den einzelnen Modulen zugeordnet ist (z. B. individuelle Vor- und Nachbereitung der Kontaktveranstaltungen; Vertiefungslektüre, individuelles Üben, Prüfungsvorbereitung usw.)<br>• keine strukturierende Auftragslenkung (mit Verbindlichkeitsanspruch),<br>• keine Kontaktbegleitung,<br>• keine Einforderung/Sichtung der Arbeitsergebnisse,<br>• der individuelle Wissenszuwachs kann – trotz Freiwilligkeit – prüfungsrelevant sein! | Aktivitäten, bei denen sich die Studierenden aus freien Stücken – entlang von eigenen Interessen und selbst gesetzten Zielen – mit bestimmten Themen und Inhalten auseinander setzen.<br>• auf Inhalte gerichtet, die im Curriculum nicht vorgeschrieben sind,<br>• kann in der Gesamtstudienzeit/ ECTS-Summe der einzelnen Studierenden verrechnet werden und/ oder in einen curricularoffenen Studiennachweis einfliessen (z. B. Portfoliodokumentation). |
| | **Begleitete Selbstlernzeit** *(Selbstlernzeit mit Kontaktbegleitung)* Zeit, in der eine dozierende Person neben der Lehrveranstaltung für die Studierenden anwesend/verfügbar/individuell abrufbar ist (pro Studierende/pro Kursgruppe). | **Unbegleitete Selbstlernzeit** *(Selbstlernzeit ohne Kontaktbegleitung)* Zeit, in der die Studierenden neben der Lehrveranstaltung, ohne Kontaktbegleitung arbeiten, um Arbeitsaufträge zu erfüllen, die im Kurs erteilt und anschliessend nachbesprochen/ kontrolliert werden. | | |

*Für die Studierenden* ist die Unterscheidung von Kontaktveranstaltung, geleitetem/begleitetem Selbststudium und individuellem Selbststudium wichtig, weil dadurch deutlich wird, wie die Berechnung der ETCS-Punkte zustande kommt. Ein Überblick über die ungefähre zeitliche Verteilung dieser drei Studiengefässe kann zudem hilfreich sein, um den erwarteten Arbeitsaufwand über die Kontaktveranstaltung hinaus kalkulieren zu können.

Die Übersicht in Tabelle 3 zeigt, wie die unterschiedlichen Studiengefässe in die Arbeitsberechnung der Dozierenden und der Studierenden einfliessen.

*Tabelle 3: Berechnungsgrundlagen für die Arbeitszeit von Dozierenden und Studierenden*

| Kontakt-veranstaltung | Geleitetes/begleitetes Selbststudium | | Individuelles Selbststudium | Freies Selbststudium |
|---|---|---|---|---|
| | **Begleitete Selbstlernzeit** | **Unbegleitete Selbstlernzeit** | | |

**Unterrichtszeit**

Zeit, die vom Dozierenden für die Lehr-veranstaltung aufgewendet wird.

**Lernbegleitungszeit**

Zeit, die vom Dozierenden für das geleitete/begleitete Selbststudium aufgewendet wird.

**Kontaktzeit**

Zeit, in der die Dozierenden für die Studierenden anwesend sind.
Modulbezogene Präsenzzeit der Dozierenden

**Modulbezogene Arbeitszeit der Dozierenden**

(Präsenzzeit und Zeit zur Begleitung des Selbststudiums)
Relevant für die Pensenberechnung

**Modulbezogene Arbeitszeit der Studierenden**

Relevant für modulbezogene ECTS-Berechnung

**Ausbildungsbezogene Arbeitszeit der Studierenden**

Relevant für die Berechnung der gesamten Studienzeit von 1800 Stunden pro Studienjahr

## 2 Das Selbststudium als didaktische und unterrichtspraktische Herausforderung: Drei Begründungslinien

Die Einführung des geleiteten/begleiteten Selbststudiums in die Didaktik der Tertiär-stufe (höhere Fachschulen, Fachhochschulen, Hochschulen) hat verschiedene Wurzeln. Wir möchten im Folgenden drei wichtige Begründungslinien nachzeichnen:

- Zunächst gibt es eine *pragmatische* Begründungslinie, die auf die Bologna-Reform Bezug nimmt: In dieser Betrachtung erhält das begleitete Selbststudium deshalb einen zentralen Stellenwert, weil durch die Bologna-Beschlüsse eine deutliche Akzentverschiebung im Bereich der universitären Ausbildung stattfindet bzw. bereits stattgefunden hat: weg vom Studienangebot (Anzahl Lehrveranstaltungen, die für den Studienabschluss besucht werden müssen) – hin zur erbrachten Studienleistung (Aufwand, der von den Studierenden für den Studienabschluss effektiv erbracht wird).
- Neben dem pragmatischen Anlass der Bologna-Reform gibt es einen zweiten Begründungsstrang, den wir im Folgenden als «*curricularen* Begründungsstrang» bezeichnen. Dieser nimmt Bezug auf die Qualifikationsziele der neuen FH-Ausbildungsgänge: Weil *überfachliche* Kompetenzen, die für die erfolgreiche Berufsausübung unabdingbar sind, im Rahmen der Ausbildung gezielt gefördert werden sollen, drängt sich – wie zu zeigen sein wird – ein höherer Anteil an selbsttätigem Lernen auf.
- Schliesslich gibt es noch einen dritten Argumentationsstrang, der an *lernpsychologische* Erkenntnisse anknüpft und von folgender These ausgeht: Es braucht einen höheren Anteil an selbsttätigem Lernen, weil das eigenaktive Lernen von entscheidender Bedeutung ist, um einen nachhaltigen Lernerfolg zu ermöglichen.

### 2.1 Das Selbststudium als Bestandteil der Bologna-Reform

Den unmittelbaren Anlass für die starke Gewichtung des begleiteten/geleiteten Selbststudiums in den neuen FH-Ausbildungskonzepten bildet die Studienreform nach den so genannten Bologna-Beschlüssen (vgl. Bologna Declaration 1999). Im Zentrum dieser Reform stehen vor allem zwei grundlegende Neuerungen:

- Einführung eines zweistufigen Studiensystems, das als Erstabschluss den Bachelor und als Zweitabschluss den Master vorsieht.[2]

---

2  *Bachelor-Studiengänge* sind in der Regel berufsqualifizierend und lösen das bisherige Fachhochschuldiplom ab. Sie führen frühestens nach einer Studienleistung von drei Jahren zum Abschluss. *Master-Studiengänge* vermitteln zusätzliches, vertieftes und spezialisiertes Wissen. Sie können frühestens nach einer Studienleistung von (weiteren) anderthalb Jahren abgeschlossen werden. Die Zulassung zum Fachhochschulstudium auf der Master-Stufe setzt ein Bachelor-Diplom oder einen gleichwertigen Hochschulabschluss voraus, wobei die interdisziplinäre Ausgestaltung der zweiten Ausbildungsstufe betont wird.

- Einführung eines europaweit geltenden Kreditpunktesystem (ECTS) zur Verrechnung der Studienleistungen.[3] Die Einführung des ECT-Systems soll als Akkumulierungssystem in der gesamten höheren Bildung und darüber hinaus (*Life Long Learning*) dienen.

Durch diese beiden grundlegenden Reformschritte soll die Vergleichbarkeit von Abschlüssen erleichtert werden. Damit rückt ein zentrales Ziel der Reform in greifbare Nähe: der *europäische Bildungsraum,* innerhalb dessen eine Mobilität möglich ist, und zwar auf der Basis einer hohen Transparenz und Vergleichbarkeit der Studienleistungen und europaweit anerkannter Berufsqualifikationen. Gewissermassen als Nebenprodukt dieser Reform sollen gleichzeitig die Konkurrenzfähigkeit der Ausbildungsstätten erhöht und eine straffere Studienorganisation bzw. kürzere Studienzeiten ermöglicht werden.

Die Einführung des ECTS ist in unserem Zusammenhang von besonderem Interesse, weil dieser Reformschritt in enger Verbindung mit dem geleiteten/begleiteten Selbststudium steht. Da jeder Lehrveranstaltung ECTS-Punkte zugeordnet werden, stellt sich die Frage, welchen Umfang die Lernleistungen haben, die von den Studierenden erbracht werden müssen, um bestimmte Lernergebnisse *(learning outcomes)* zu erbringen. Dabei gilt der Grundsatz, dass *anrechenbare Studienleistungen auch im Selbststudium* erbracht werden können, also nicht einfach mit der Anzahl der besuchten Lehrveranstaltungen gleichzusetzen sind.

Mit diesem Reformschritt vollzieht sich insofern ein eigentlicher Paradigmenwechsel, als für die Zuweisung der Kreditpunkte nicht nur die Anzahl Wochenstunden einer Lehrveranstaltung (Präsenzzeit) ausschlaggebend ist, sondern die für die Erreichung der Lernziele insgesamt aufzuwendende Arbeitszeit *(student workload)*. Dies bedeutet, dass für die Bestimmung des kreditierbaren Wertes einer Lehrveranstaltung nicht mehr nur das von den Dozierenden realisierte Lehrangebot in Betracht gezogen wird, sondern der gesamte Arbeitsaufwand, den die Studierenden zur Lernzielerreichung erbringen müssen. Damit findet eine Akzentverlagerung statt: Die Arbeitszeit, die für die Absolvierung eines Studiengangs von den Studierenden aufgewendet wird, rückt in den Mittelpunkt der Studiendefinition und der Abschlussberechtigung. Die Studienarbeitszeit umfasst dabei sämtliche Tätigkeiten, die im weitesten Sinn Teil eines Studiums sind: Teilnahme an Vorlesungen, Kursen und Seminaren (Präsenzzeit plus Vor- und Nachbereitung), Praktika, Selbststudium (in der Bibliothek oder zu Hause), Prüfungsvorbereitung und Teilnahme an Abschlussarbeiten und Prüfungen usw.

Der Fokuswechsel vom Lehren zum Lernen *(shift from teaching to learning)*, der damit stattfindet, bedeutet letztlich einen fundamentalen Rollenwechsel aller am Lehr-

---

3 *ECTS (European Credit Transfer System)* ist das europäische System zur Anrechnung, Übertragung und Akkumulierung von Studienleistungen. Ein ECTS-Kreditpunkt entspricht einem studentischen Arbeitsaufwand von 30 Stunden. Ein Studienjahr wird in der Regel mit 60 ECTS-Kreditpunkten veranschlagt (1800 Arbeitsstunden). Für einen Bachelor-Abschluss werden 180 ECTS-Kreditpunkte verlangt, für einen Master-Abschluss 90 bis 120 ECTS-Kreditpunkte. Diese werden entsprechend dem anteilsmässigen Arbeitsaufwand auf die einzelnen Bestandteile oder Lerneinheiten des Studiengangs aufgeteilt und von den Studierenden im Laufe ihres Studiums – jeweils nach einer entsprechenden Überprüfung ihrer Leistungen – erworben (akkumuliert).

und Lernprozess Beteiligten. Die damit verbundenen Chancen und Risiken bilden das zentrale Thema dieses Buches.

## 2.2  Das Selbststudium als Erfordernis des Qualifikationsprozesses

Ein zweiter Begründungsstrang setzt beim überfachlichen Lernen an, wobei das Kernargument das folgende ist: Es braucht einen höheren Anteil an selbstständigem Lernen, weil dadurch Lernziele im Bereiche überfachlicher Kompetenzen gefördert werden, die für die erfolgreiche Berufsausübung – als Ergänzung zu fachlichen Kompetenzen – unabdingbar sind. Es geht hier um Studienziele wie z. B. die Förderung von Selbstlernkompetenz, von Teamarbeitskompetenz, von Prozessgestaltungskompetenz, um Ziele also, die im traditionellen Verständnis der (fachhochschultypischen) Lehre noch kaum ausreichend gefördert werden.

Diese Argumentationsebene schliesst an das an, was in der Berufsbildung seit den frühen achtziger Jahren unter dem Begriff der «Schlüsselqualifikationen» diskutiert und postuliert wird: Aus dieser Perspektive sollte das Augenmerk der Berufsausbildung vermehrt auf überfachliche, prozessorientierte Qualifikationen gerichtet werden, d. h. auf Kompetenzen, die weniger im Bereich des Fachwissens als vielmehr im Bereich der Prozessgestaltung (Gestaltung von Lern-, Arbeits- und Kommunikationsprozessen) angesiedelt sind (vgl. Dubs 1996, Landwehr 1996). Der Ursprung dieser Diskussion liegt im beschleunigten Wandel des Arbeitsmarktes und den damit verbundenen Problemen der beruflichen Qualifikationsprognose – etwa im Sinne der folgenden These: «Wenn nicht mehr verlässlich vorhergesagt werden kann, welche Qualifikationen in den nächsten fünf bis zehn Jahren nachgefragt werden, dann entscheidet man sich für berufsübergreifende, nicht fachspezifische und grundlegende Fähigkeiten. Damit ist die Berufsausbildung wieder ‹im Griff›, sie gewinnt ihre Planbarkeit und Dauerhaftigkeit mit neuer Qualität zurück» (Laur-Ernst 1996, S. 18).

Heute ist weitgehend unbestritten, dass neben den fachlichen Fähigkeiten auch den überfachlichen/nicht fachbezogenen Kompetenzen eine entscheidende Bedeutung für eine erfolgreiche berufliche Tätigkeit zukommt und dass in den Ausbildungen auch dieser Dimension die notwendige Aufmerksamkeit geschenkt werden muss. Entsprechend sind in den Curricula von berufsbezogenen Lehrgängen auch Zielformulierungen und Qualifikationsanforderungen zu finden, die diesem Bereich zuzuordnen sind (meist unterteilt in «Methodenkompetenz», «Sozialkompetenz», «Selbstkompetenz» als Ergänzung zur «Fachkompetenz»).

Auf der Ebene der Umsetzung fehlen allerdings klare Antworten, insbesondere zu den folgenden beiden Fragen:

- Welches sind die überfachlichen Kompetenzen für ein bestimmtes Berufsfeld?
- Wie lassen sie sich überfachliche Kompetenzen vermitteln?

Zur Frage nach einer möglichen inhaltlichen Aufgliederung der überfachlichen Kompetenzen gibt die Best-Practice-Broschüre der KFH eine Antwort. Sie unterscheidet zwischen Methoden-, Sozial- und Selbstkompetenz (vgl. KFH 2004).

## Systematisierungsvorschlag für überfachliche Kompetenzen (vgl. KFH 2004)

**Methodenkompetenz** = die Fähigkeit, Fachwissen geplant und zielgerichtet bei der Lösung von beruflichen Aufgaben umzusetzen:

- Fähigkeiten zu Analyse und Synthese,
- über effiziente Arbeitstechniken verfügen (Zeitmanagement, Wissenserwerb, Entscheidungsfindung, Problemlösungstechniken, Projektmanagement),
- fachbereichs- und berufsspezifische Problemlösungsmethoden beherrschen,
- interne und externe Ressourcen erschliessen können,
- mit anderen Fachleuten und Behörden zusammenarbeiten können,
- die eigene Arbeit auswerten und die Resultate anderen zugänglich machen können,
- berufliche Anliegen gegenüber der Öffentlichkeit vertreten können.

**Sozialkompetenz** = Fähigkeiten, mit denen soziale Beziehungen im beruflichen Kontext bewusst gestaltet werden:

- *Beziehungsfähigkeit:* Fähigkeit, berufliche Beziehungen einzugehen, motivierend und sachbezogen zu gestalten und aufrechtzuerhalten,
- *Rollenflexibilität:* verschiedene Rollen einnehmen können (Kollege/in, Untergebene/r, Vorgesetzte/r, Experte/in),
- *Teamfähigkeit:* in einem Team einen eigenständigen und sachgerechten Beitrag leisten,
- *Kritikfähigkeit:* Kritik annehmen und sich damit auseinander setzen können,
- *Konfliktfähigkeit:* Konflikte wahrnehmen und konstruktiv zu Lösungen beitragen können.

**Selbstkompetenz** = Fähigkeit, die eigene Person als wichtiges Werkzeug in die berufliche Tätigkeit einzubringen:

- *Selbstreflexion:* eigene und fremde Erwartungen, Normen und Werte wahrnehmen, unterscheiden und damit umgehen können (Toleranz); die eigenen Lebenserfahrungen reflektieren und Verbindungen zur aktuellen Arbeit erkennen sowie das eigene Handeln hinterfragen können,
- *Selbstständigkeit:* Prioritäten setzen, Entscheidungen treffen, Verantwortung übernehmen können,
- *Flexibilität:* sich auf Veränderungen und unterschiedliche Situationen einstellen und diese aktiv mitgestalten können,
- *Belastbarkeit:* den berufsspezifischen physischen und psychischen Belastungen standhalten können; die eigenen Möglichkeiten und Grenzen kennen und sich wenn nötig adäquate Unterstützung holen und so belastende Situationen bewältigen können,
- *Lernfähigkeit:* aus Erfahrungen lernen und bereit und fähig sein, sich kreativ neues Wissen zu erschliessen.

Was die Frage der Vermittlung von überfachlichen/nicht fachlichen Kompetenzen angeht, so ist zu beachten, dass diese Kompetenzen sich in erster Linie auf *prozessbezogene* (und weniger auf inhaltsbezogene) Qualifikationen beziehen. Mit anderen Worten: Es handelt sich in der Regel um Kompetenzen, die auf die Gestaltung von Lern-, Arbeits- und Kommunikations*prozessen* ausgerichtet sind. Die Schulung dieser Kompetenzen lässt sich daher nicht im Sinne der herkömmlichen Wissensvermittlung angehen; vielmehr setzt die Förderung von Prozesskompetenzen voraus, dass die Lernenden selbst aktiv sind: Sie müssen die betreffenden Prozesse selbst ausüben und dabei die erwünschten Prozessgestaltungsqualitäten gezielt praktizieren und anschliessend reflektieren können.

Damit wird der Zusammenhang zwischen dem Selbststudium und dem Erwerb von überfachlichen Kompetenzen deutlich: Das begleitete Selbststudium mit den entsprechenden Freiräumen für eine eigenverantwortliche Prozessgestaltung ermöglicht es den Studierenden, die im Curriculum angeführten Prozesskompetenzen (Selbstkompetenz, Sozialkompetenz, Methodenkompetenz) in einem konkreten Tätigkeitsfeld anzuwenden und weiterzuentwickeln. Das Selbststudium wird unter diesem Gesichtspunkt zum Erfahrungs- und Ermöglichungsraum für überfachliche Kompetenzen. Zu beachten ist dabei allerdings, dass eine gezielte Förderung dieser Kompetenzen nur dann geschieht, wenn eine entsprechende Reflexionsschlaufe – nach Möglichkeit unterstützt durch eine Feedbackschlaufe – in den Prozess eingebaut ist.[4]

## 2.3 Das Selbststudium als lernpsychologische Notwendigkeit

Die neueren lerntheoretischen Konzepte gehen übereinstimmend davon aus, dass die Eigenaktivität des Individuums beim Lernen eine zentrale Rolle spielt. Die Entstehung von neuem Wissen ist weniger die Folge einer passiven Informationsaufnahme als vielmehr das Ergebnis eines aktiven Prozesses, in welchem das Anpassen und Aufbauen von kognitiven Strukturen im Vordergrund steht. In diesem Prozess hat die Bezugnahme auf das jeweils vorhandene subjektive Wissen, das eine Person mitbringt, eine zentrale Bedeutung.

Diese Grundannahmen werden aus der Hirnforschung bestätigt: Es kann nachgewiesen werden, dass neue Informationen und Wahrnehmungen vom Gehirn anhand der Resultate früherer Erfahrungen bearbeitet und «gedeutet» werden. Das Gehirn organisiert das neue Wissen aufgrund des bereits vorhandenen Wissens und damit auf der Basis der eigenen, individuellen Geschichte (vgl. Aebli 1994, Arnold/Siebert 2003).

Auf dem Hintergrund dieser – hier sehr verkürzt wiedergegebenen – lerntheoretischen Position werden in der neueren Didaktik verschiedene Postulate vorgetragen, die bei der Gestaltung von Lehr- und Lernprozessen und insbesondere bei der Umsetzung des begleiteten/geleiteten Selbststudiums zu beachten sind.

---

4 Irrtümlicherweise wird oft von einem Automatismus zwischen Selbststudium und Förderung/ Entwicklung von überfachlichen Kompetenzen ausgegangen. Im Unterschied dazu wird hier die Position vertreten, dass wünschenswerte Lerneffekte in überfachlichen Bereichen nicht automatisch – ohne weiteres Zutun – entstehen, sondern voraussetzen, dass die hier genannte Reflexions- und Feedbackschlaufe in den Prozess eingebaut wird.

## Postulate einer konstruktivistischen Didaktik

- Das Aktivitätszentrums im Unterricht muss bei den Lernenden liegen.
- Indirekte Formen der Lernprozesssteuerung rücken in den Vordergrund.
- Der Wechsel von der Belehrungsdidaktik zur Ermöglichungsdidaktik unterstützt ein nachhaltiges Lernen.
- Die Rolle der Lehrperson erhält einen neuen Akzent: Lernprozessbegleitung als Fokus der Lehre.

**Postulat 1:    Das Aktivitätszentrums im Unterricht muss bei den Lernenden liegen.**

Gemäss der konstruktivistischen Lernpsychologie ist der Wissensaufbau in seinem Kern eine hochgradig individuelle Aktivität, die letztlich nur von den Lernenden selbst vollzogen werden kann, da begriffliche Strukturen und mentale Konzepte von jedem Individuum selbst konstruiert werden müssen (vgl. Nonaka/Takeuchi 1997, Renk 1999, von Glasersfeld 1997). Dies bedeutet, dass die Lernenden mit dem präsentierten Unterrichtsstoff auf der Basis ihrer Lernbiografie höchst eigenständig umgehen: Neue Gedanken werden in bestehende kognitive Strukturen und vorhandene Wissensgrundlagen integriert, wenn sie dort Anschluss finden. Mit anderen Worten: *Lernen ist in hohem Masse abhängig von der Art und Weise, wie neues Wissen an das bereits vorhandene Wissen angeschlossen werden kann.* Diese «Anschlussgestaltung» kann zwar didaktisch vorbereitet werden, sie bleibt letzten Endes aber eine individuelle Leistung. Gelernt wird also nicht einfach das, was präsentiert oder was gelesen wird, sondern was einerseits anschlussfähig an die kognitiven Strukturen und integrierbar ist und andererseits als subjektiv bedeutsam erlebt wird. Die Prozesse, die sich im Kopf der Lernenden abspielen, werden zur entscheidenden Variablen im Lernprozess. In diesem Sinne gilt die (kognitive) Eigenaktivität der Lernenden als Schlüssel für das Gelingen eines Lernprozesses

**Postulat 2:    Indirekte Formen der Lernprozesssteuerung rücken in den Vordergrund.**

Wir kennen es alle aus der eigenen Erfahrung: Vorgetragenes Wissen wird von den Studierenden sehr unterschiedlich wahr- und aufgenommen. Die Annahme der so genannten Belehrungsdidaktik (Instruktionsdidaktik), dass Lehren und Lernen in einem direkten kausalen Verhältnis zueinander stehen, ist zwar verbreitet, aber wirklichkeitsfremd. Lehre *steuert* nicht Lernen, Lehre *ermöglicht und unterstützt* vielmehr die individuellen Lernprozesse. In der neueren didaktischen Literatur ist die Rede von einer «Ermöglichungsdidaktik»: Die Lehrperson erzeugt nicht das Wissen in den Köpfen der Schülerinnen und Schüler, sondern «ermöglicht» Prozesse der selbsttätigen und selbstständigen Wissenserschliessung und Wissensaneignung. In diesem Sinne braucht es einen Wandel von der «Belehrungsdidaktik» zur «Ermöglichungsdidaktik».

**Postulat 3:  Der Wechsel von der Belehrungsdidaktik zur Ermöglichungsdidaktik unterstützt ein nachhaltiges Lernen.**

Die Probleme einer «Belehrungsdidaktik» zeigen sich u. a. in der fehlenden Nachhaltigkeit des Gelernten, insbesondere in der geringen Fähigkeit, es in ausserschulische Situationen zu transferieren. Mandl/Gerstenmeier (2000) oder Wahl (2005) verweisen auf verschiedene Untersuchungen, die diesen Sachverhalt bestätigen. Sie kommen dabei zu folgender Schlussfolgerung: «Das gewissermassen ‹in vitro› erworbene Wissen kann zwar im universitätsanalogen (schulanalogen) Kontext, in dem es erworben wurde, genutzt werden, etwa bei Prüfungen; in komplexen, alltagsnahen Problemsituationen gelingt die Wissensanwendung jedoch oft nur unvollständig oder überhaupt nicht. Damit kommt es zu einer Kluft zwischen ‹Wissen und Handeln›» (Gruber et al. 2000, S. 139).

Die didaktisch gestaltete Lernumgebung erhält in diesem Zusammenhang einen zentralen Platz. Im Fokus des didaktischen Handelns stehen beispielsweise:

- Ermöglichung/Lenkung von Lernerinteraktionen mit der (echten, medial aufbereiteten oder virtuellen) Umwelt;
- Ermöglichung/Lenkung der Kommunikation in der Lerngruppe;
- Ermöglichung/Lenkung von aktiven Reflexions- und Auseinandersetzungsprozessen.

**Postulat 4:  Die Rolle der Lehrperson erhält einen neuen Akzent: Lernprozessbegleitung als Kern der Lehre.**

Aus den drei vorangehenden Postulaten wird deutlich: Die Rollen der Dozierenden verändern sich, wenn sie sich an den Erkenntnissen der neuen konstruktivistischen Lernkonzeption orientieren (vgl. Dietrich 2001, Straka/Macke 2002, Straka 2000, Siebert 2001 u. a.). Zwei Leitgedanken umschreiben das neue Rollenverständnis zusammenfassend:

- *Lehre muss vom Lernen her konzipiert werden.* Wird «Lehre» als Unterstützung des Lernens aufgefasst, so erschöpft es sich nicht in der Darbietung von Wissen. Damit will keinesfalls gesagt sein, dass die gut strukturierte Darbietung von Lehrstoffen – in mündlicher oder schriftlicher Form – an Bedeutung verliert oder gar überflüssig wird. Aber: Es gibt keine Eins-zu-eins-Übertragung des Wissens. Auch wenn die Inhalte fachlich und fachwissenschaftlich korrekt vorgetragen werden, muss immer auch mit Missverständnissen, mit inadäquaten und individuell sehr unterschiedlichen Wissenskonstruktionen gerechnet werden, denn Verzerrungen, die bei der individuellen Wissenskonstruktion entstehen, bilden unabdingbare Bestandteile jedes echten Verarbeitungsprozesses (Anknüpfung an die subjektive Wissensbasis). Solche Verzerrungen (Fehler, inadäquate Interpretationen, falsche Begriffe usw.) sind wichtige Ansatzpunkte, um den individuellen Lernprozess von aussen zu unterstützen, d. h. neue oder zusätzliche Impulse zu geben.

- *Lehre muss die Verarbeitungsprozesse der Studierenden in die didaktische Gestaltung einbeziehen.* Nachhaltige Verarbeitungsprozesse laufen nicht automatisch richtig ab. Wenn die Verarbeitungsprozesse unreflektiert den Studierenden überlassen bleiben – etwa in der Annahme, dass diese Prozesse von Natur aus immer schon richtig ablaufen und daher nicht weiter beachtet werden müssen –, ist dies ein folgenschwerer Irrtum. Verarbeitungsprozesse zum Aufbau von nachhaltigem, transferfähigem Wissen sind anspruchsvolle Prozesse. Unter diesem Gesichtspunkt erhält die Rolle der lehrenden Person einen neuen Akzent: Neben der Darbietung des Unterrichtsstoffes müssen auch die Verarbeitungsprozesse gelenkt und begleitet werden. Der Begriff des geleiteten/begleiteten Selbststudiums nimmt diesen Gedanken auf. Er enthält gewissermassen das Bekenntnis dazu, dass die didaktische Aufgabe der Dozierenden über die reine Stoffdarbietung hinausgeht und dass die Wissensaufnahme und der individuelle Prozess der Wissenskonstruktion und Wissensverarbeitung als zwei zusammengehörende Teile verstanden und begleitet werden müssen.

## 3 Das begleitete Selbststudium in der Praxis: Acht Verlaufsmodelle

Dieses Kapitel ist der Umsetzung des begleiteten Selbststudiums im Lehr-Lern-Arrangement gewidmet. Die folgende Leitfrage steht dabei im Vordergrund: *Wie können Lehr- und Lernprozesse – unter Einbezug des Selbststudiums – so strukturiert werden, dass ein wirksamer Lernprozess möglich wird?*

Die Auseinandersetzung mit dieser Frage zielt auf typisierbare Strukturen von möglichen Verlaufsprozessen ab: Es geht um «Verlaufsstrukturen», die den Prozess des Unterrichts bzw. das Zusammenspiel von Lehren und Lernen innerhalb einer Lehr-Lern-Sequenz gliedern. Wir möchten modellhafte Verlaufsstrukturen – «Verlaufsmodelle» – beschreiben, die sich vergleichsweise universell nutzen lassen, die also bei verschiedenen Themen und in unterschiedlichen Fachbereichen eingesetzt werden können.

Wie bereits in Kapitel 1 dargelegt, müssen Selbststudium und Kontaktstudium als zwei Komponenten eines zielorientierten Gesamtprozesses verstanden werden, bei dem zwei Aspekte besonders zu berücksichtigen sind: die zeitliche Gewichtung und die gegenseitige Verflechtung.

- *Zeitliche Gewichtung:* Die beiden Komponenten Selbststudium und Kontaktstudium nehmen in der konkreten Unterrichtspraxis – je nach Verlaufsmodell – einen unterschiedlichen Platz ein; im Extremfall kann jede der beiden Komponenten zugunsten der anderen gegen null schwinden. Dies ist dann der Fall, wenn ein Modul entweder als reines Selbststudium oder als reines Kontaktstudium realisiert wird.
- *Gegenseitige Verflechtung:* Die beiden Komponenten Selbststudium und Kontaktstudium können eng miteinander verflochten oder als loses Nebeneinander konzipiert sein (vgl. hierzu Kapitel 4).

Den Verlaufsmodellen, die in diesem Kapitel beschrieben werden, kommen unter diesen beiden Gesichtspunkten klärende Funktionen zu: Sie machen einerseits Aussagen zum zeitlichen Verhältnis von Selbststudium und Kontaktstudium; sie legen aber gleichzeitig auch die Beziehung zwischen den beiden Komponenten formal fest.

Die acht skizzierten Modelle haben wir im Rahmen des FHA-Projekts «Begleitetes Selbststudium» zum überwiegenden Teil im Praxiseinsatz an verschiedenen Hochschulen und Fachhochschulen kennen gelernt. Es handelt sich um praxisbewährte Ansätze, die meist in der Praxis selbst entwickelt wurden – aus dem Versuch, Wege zu finden, um im Rahmen des Hochschulunterrichts dem selbstständigen, eigenaktiven Lernen gegenüber der fremdbestimmten Wissensvermittlung einen höheren Stellenwert einzuräumen.

Folgende Hochschulen und Fachhochschulen haben mit ihren Beiträgen unser Wissen erweitert (Interviews und Unterlagen, vgl. auch Literaturverzeichnis)

- Institut für Wirtschaftspädagogik der Hochschule St. Gallen (Prof. Dr. Dieter Euler): Kaskadenmodell des Lehrens und Lernens (vgl. Modell 2: Skriptbasiertes Lernen),

- Technische Fachhochschule München (Prof. Dr. Helmut Geupel): Lernteamcoaching (vgl. Modell 2: Skriptbasiertes Lernen),
- Pädagogische Hochschule Weingarten (Prof. Dr. Diethelm Wahl): Modell 3, Social-Support,
- FHA Nordwestschweiz, Departement Technik, Studiengang BauProzessManagement BPM (vgl. Modell 8: Echtprojekte),
- FHA Nordwestschweiz, Departement Gestaltung und Kunst (vgl. Modell 7: Lern- und Übungsprojekte),
- FHA Nordwestschweiz, Departement Pädagogik (vgl. Modell 6: Individuelle Vorhaben),
- AVANS Hogeschool, Breda NL (vgl. Modell 7: Lern- und Übungsprojekte),
- INHOLLAND University, School of Education, Rotterdam NL (vgl. Kapitel 6: Portfolio),
- Hogeschool van Utrecht, Utrecht NL (vgl. Modell 7: Lern- und Übungsprojekte und Kapitel 6: Portfolio).

Die Kurzdarstellungen sind als Orientierungshilfen für Dozierende gedacht, die sich einen kurzen Überblick verschaffen möchten. Im zweiten Teil des Buches sind die verschiedenen Formen dann ausführlicher beschrieben, mit dem Ziel, für Personen, welche die praktische Umsetzung selbst an die Hand nehmen möchten, Umsetzungshilfen zu geben.

### Raster für die Darstellung der Verlaufsmodelle

- *Worum geht's?* Kurze Charakterisierung des Verlaufsmodells.
- *Was bringt's?* Überlegungen zur Begründung.
- *Wo besonders geeignet?* Gedanken zum sinnvollen Einsatz.
- *Typische Ablaufschritte:* Praxisorientierte Beschreibung des Vorgehens.
- *Institutionelle Voraussetzungen:* Hinweise auf wichtige Gelingensbedingungen.
- *Rolle der Dozierenden und der Studierenden:* Hinweise auf besondere Anforderungen an die Rolle der Beteiligten.
- Was ist bei der Umsetzung speziell zu beachten? Hinweise auf *Gefahren und Stolpersteine*.
- *Abgrenzung gegenüber verwandten Formen.*
- *Charakteristisches Selbststeuerungsprofil:* Einschätzung der Selbststeuerung im Hinblick auf die acht Kriterien Zeit, Raum, Lernziele, Lerninhalte, Lernmittel, Lernschritte, Lernunterstützung, Lernkontrolle, und zwar anhand einer «Spinnennetz»-Grafik. Je ausgeprägter bei einem Verlaufsmodell die Selbststeuerung in Bezug auf ein bestimmtes Kriterium ist, desto weiter vom Zentrum des Spinnennetzes liegt der ensprechende Punkt.

## 3.1 Integrierte Lernaufgaben

| | |
|---|---|
| Worum geht's? | Den Studierenden werden Aufgaben gestellt, die in selbstständiger Arbeit ausserhalb des Präsenzunterrichts (als «Hausaufgaben») zu lösen sind. Die Aufgaben stehen meist in einem engen Bezug zum Stoff, der im Kontaktunterricht vermittelt wird. In diesem Sinne sind sie in das herkömmliche Unterrichtsarrangement «integriert». Die geforderten Selbstlernaktivitäten haben für den Präsenzunterricht eine «zudienende» Funktion, im Sinne von Vorbereitung, von Verarbeitung/ Nachbearbeitung oder von Transferunterstützung. |
| Was bringt's? | *Unterstützung der Wissenskonstruktion:* Integrierte Lernaufgaben können eine wirksame Verbindung zwischen den präsentierten Wissensinhalten und den inneren (subjektiven) Sinnstrukturen schaffen. *Entlastung der Lehrveranstaltung:* Durch die Auslagerung der eigenaktiven Arbeitsphase aus der Präsenzphase entsteht mehr Raum für Präsentationen bzw. für dozierendengesteuerte Aktivitäten. *Individualisierung:* Mit Hilfe der «ausgelagerten Lernaufgaben» können individuell unterschiedliche Arbeitstempi innerhalb der Kursgruppe aufgefangen werden. |
| Wo besonders geeignet? | Wenn das Erreichen der gesetzten Lernziele eine klare Prozessstrukturierung verlangt und wenn infolgedessen eine enge Führung des Lernprozesses durch die Dozierenden angezeigt ist. |
| Typischer Ablauf | 1. *Vorbereitung des Lernauftrags:* Geeignete Lernaufgaben werden von den Dozierenden ausgesucht bzw. ausformuliert.<br>2. *Vorstellen und Erläutern des Lernauftrags:* Die Studierenden werden in den Lernauftrag eingeführt.<br>3. *Selbstständige Arbeitsphase:* Die Studierenden bearbeiten den Lernauftrag selbstständig.<br>4. *Die Ergebnisse besprechen:* Die Studierenden erhalten Rückmeldungen zu den Arbeitsergebnissen. |
| Institutionelle Voraussetzungen | Die selbstständige Arbeitszeit der Studierenden muss im Studienplan angemessen berücksichtig werden – mit Blick auf eine erträgliche Gesamtbelastung. Es braucht eine Koordination unter den Dozierenden, um eine Überfülle von unverbundenen Lernaufgaben zu vermeiden. |
| Rolle der Dozierenden und der Studierenden | Die Prozesssteuerung bleibt im Wesentlichen bei den Dozierenden. Die Rolle der Studierenden erfährt eine eingeschränkte Erweiterung der Selbststeuerung und Eigenverantwortlichkeit: Die Lernenden müssen die frei verfügbare Zeit so einteilen, dass die geforderten Aufgaben rechtzeitig ausgeführt werden. |

| | |
|---|---|
| Gefahren/Stolpersteine | *Funktionalisierung des Selbststudiums:* Integrierte Lernaufgaben sind ein Hilfsinstrument für die Funktionsfähigkeit des Kontaktstudiums. Die Idee des selbstgesteuerten Lernens droht durch diese didaktische Funktionalisierung zugunsten der dozierendengesteuerten Lehre verloren zu gehen. *Verschulungstendenz:* Mit Lernaufträgen voll gepackte Selbststudiumszeit wird von den Studierenden als fremdbestimmte Lernzeit erlebt: Integrierte Lernaufgaben führen in diesem Sinne bestenfalls zu Selbstständigkeit bei der Aufgabenerledigung, nicht aber zu einer wirklichen Selbststeuerung des Lernens. *Erledigungsmentalität:* Die Studierenden erhalten in den verschiedenen Modulen eine Vielzahl von unterschiedlichen Aufgaben, die unter sich keinen inneren Zusammenhang haben. Gefahr, dass sich eine oberflächliche Erledigungsmentalität verbreitet. |
| Abgrenzung gegenüber verwandten Formen | Es handelt sich um eine Sammelkategorie für verschiedenartige, in der Regel inhaltlich klar umrissene Lernaufträge, die in das didaktische Konzept der betreffenden Lehrveranstaltungen integriert sind. Bei den übrigen Modellen hat die konzeptionelle Eigenständigkeit eine grössere Bedeutung: Die Lernaufgaben werden dort zu einem substanziellen, eigenständigen Element des jeweiligen Moduls. |
| Charakteristisches Selbststeuerungsprofil | |

## 3.2 Skriptbasiertes Selbststudium

| | |
|---|---|
| **Worum geht's?** | Den Studierenden wird ein *Skript* abgegeben, das alle wesentlichen (insbesondere alle prüfungsrelevanten) Sachinformationen enthält und die mündliche Präsentation des Stoffes durch den Dozenten/die Dozentin ersetzen soll. Das Skript bildet die Grundlage für die selbstständige Aneignung des Sachwissens. <br><br> Die Studierenden lernen zunächst allein anhand des ausgehändigten Lerntextes und versuchen, Nichtverstandenes im Team (ca. 6 Studierende) zu klären; anschliessend besprechen die Teams mit den Dozierenden die verbleibenden Fragen («Restklärung»). |
| **Was bringt's?** | *Effiziente Nutzung der Dozierendenpräsenz und der Kursgruppenpräsenz:* Durch die Auslagerung der Stoffpräsentation in den Selbststudienbereich können sich die Dozierenden auf lernprozessunterstützende Funktionen konzentrieren. Die Anwesenheit der Kursgruppe wird – statt für die Informationsaufnahme – für das gemeinsame, interaktive Lernen genutzt. <br> *Eigenaktive Erschliessung von Wissen und Erwerb von Selbstlernkompetenzen:* Die Wissenserschliessung über schriftliche Informationsunterlagen, wie sie im Berufsleben zunehmend wichtig ist, wird eingeübt. <br> *Aufbau von Lernkompetenzen und Teamfähigkeit:* Interaktive Kompetenzen werden gefördert, so z.B.: sich gegenseitig im Lernen unterstützen, sich für andere verständlich artikulieren, Klärungsprozesse und Problemlöseprozesse gemeinsam angehen. |
| **Wo besonders geeignet?** | Wenn die systematische, korrekte Darstellung eines Wissensgebietes wichtig ist. <br> Wenn die systematische Einführung in einen Lehrstoff klar Vorrang hat gegenüber der diskursiven Darlegung und Erarbeitung eines Stoffes. <br> Eher für theoretische Inhalte, z.B. Erarbeitung neuer Begrifflichkeiten, Vermittlung von Grundlagen und Orientierungswissen, Nachvollziehen einer Theorie. |
| **Typischer Ablauf** | 1. *Vorbereitung:* Skript als Grundlage für die eigenaktive Informationsaneignung und -verarbeitung erstellen. <br> 2. *Kick-off-Veranstaltung:* Einführung der Studierenden ins Thema, in die Arbeitsform, in den zeitlich-organisatorischen Rahmen. <br> 3. *Selbstständige Auseinandersetzung mit dem Skript:* individuelle Arbeitsphase, umfasst u.U. auch die Bearbeitung von Lernaufgaben. <br> 4. *Lernen im Team:* Klärung des Stoffes und der offenen Fragen in der Gruppe, Vorbereitung der Fragen für das Lernteamcoaching. <br> 5. *Lernteamcoaching durch den Dozierenden:* Klärung der Fragen, die im Team aufgetaucht sind («Restklärung»), Besprechung des Prozesses. <br> 6. *Abschliessende Plenumsveranstaltung:* vertiefende Ausführungen zu ausgewählten Fragen und Inhalten, gemeinsame Prozessreflexion. |
| **Institutionelle Voraussetzungen** | Das Verfassen eines Skriptes ist sehr aufwendig, es lohnt sich nur, wenn die betreffende Unterlage in mehreren Kursen/Kursgruppen verwendet werden kann. |

| | |
|---|---|
| | Es braucht Gruppenräume, in denen mehrere moderierte Gruppen parallel arbeiten können, oder der Plenumsraum muss gross genug sein, damit mehrere Gruppen darin arbeiten können, ohne sich zu stören. |
| Rolle der Dozierenden und der Studierenden | Die eigentliche Stoffvermittlung wird an das «Papier» delegiert. Die Dozierenden werden zu «Klärungshelfern auf Verlangen». Die «Restklärung» und die Prozessklärung werden zu ihren eigentlichen interaktiven Schwerpunkttätigkeiten.<br><br>Die Verantwortlichkeit für den Verstehensprozess liegt in erster Linie bei den Studierenden: Sie müssen aktiv werden, um Unterstützung zu erhalten. |
| Gefahren/Stolpersteine | *Ungewissheit über das effektiv Gelernte:* Durch die «Auslagerung» der Stoffdarbietung/Wissensaufnahme aus dem Kontaktunterricht fehlen Signale des Verstehens und Nichtverstehens von Seiten der Studierenden. Folge: Es bleibt eine gewisse Unsicherheit, ob der Stoff wirklich verstanden wurde.<br>*Unqualifizierte Steuerung des Lehr-Lern-Prozesses durch die Studierenden:* Durch den hohen Selbststeuerungsanteil der Studierenden besteht die Gefahr, dass bei fehlenden Selbstlernkompetenzen grössere Wissenslücken innerhalb des betreffenden Fachgebietes zurückbleiben.<br>*Fehlende Kompetenz zur Prozessbegleitung:* Es besteht die Gefahr, dass lediglich tradierte Lehrvorstellungen auf die neue Technik kopiert werden. Demgegenüber bleibt Potenzial der Methode zur Förderung des eigenverantwortlichen und teamorientierten Lernens ungenutzt. |
| Abgrenzung gegenüber verwandten Formen | Das skriptbasierte Selbststudium ist eine vereinfachte Vorform der *Leittextmethode:* Im Vergleich mit der Letzteren ist die didaktische Strukturierung eines «Skripts» wenig differenziert und wenig professionalisiert.<br>Dieses Defizit wird dadurch kompensiert, dass das Lernteam und das Lernteamcoaching einen festen Bestandteil des Settings bilden.<br>Dadurch wird der Mangel an didaktischer Strukturierung ausgeglichen. |
| Charakteristisches Selbststeuerungsprofil | |

Skriptbasiertes Selbststudium

zeitlich · räumlich · Lernziele · Lerninhalte · Lernmittel · Lernschritte · Lernunterstützung · Lernkontrolle

## 3.3 Das Social-Support-Modell

| | |
|---|---|
| **Worum geht's?** | Der Lehr-Lern-Prozess wird in verschiedene Lernphasen aufgeteilt, in denen nicht nur unterschiedliche Lernformen, sondern auch verschiedenartige Gruppierungsformen berücksichtigt werden. Neben der üblichen Plenumsgruppierung (Unterricht mit der ganzen Kursgruppe) und dem individuellen Selbststudium werden auch *Lerntandems, unbegleitete Lerngruppen* oder *begleitete Lerngruppen* gezielt für den Lernprozess genutzt. Der Lehr-Lern-Prozess innerhalb eines Moduls wird in verschiedene Lernphasen aufgeteilt, in denen die unterschiedlichen Gruppierungsformen zur Anwendung kommen. |
| **Was bringt's?** | *Kollegiale Unterstützung beim Lernen:* Die verschiedenen lehrergänzenden Gruppierungen (Lerntandems, unbegleitete Lerngruppen oder begleitete Lerngruppen) bilden ein «Stütznetzwerk», das den Gruppenmitgliedern im Bedarfsfalle gegenseitige Unterstützung *(social support)* im Lernprozess zukommen lässt. *Erleichterung des Theorie-Praxis-Transfers:* Die Social-Support-Funktion von Lerngruppen erhält vor allem im Bereich des transferorientierten Lernens (Übertragung des Gelernten auf berufliche Situationen) eine tragende Bedeutung: Das «Stütznetzwerk» soll insbesondere den Schritt vom Wissen zum Handeln unterstützen und erleichtern. *Verhaltenswirksamkeit durch Modelllernen:* Ein Netzwerk von Personen mit gleichen Zielen/gleicher Problemlage/Kompetenzen auf gleicher Stufe ist grundsätzlich ein sehr wirksames Lernarrangement zur Aneignung von neuem Verhalten. Modelllernen ist möglich. |
| **Wo besonders geeignet?** | Wenn der Transfer des Gelernten auf die berufliche Situation anspruchsvoll ist und nicht als selbstverständlich vorausgesetzt werden kann. Wenn bei den Teilnehmenden eines Kurses unterschiedliche Ressourcen (unterschiedliche Erfahrungs- und Wissenshintergründe, Interdisziplinarität) vorhanden sind, die wechselseitig geschätzt werden und als Ergänzung zur Expertenkompetenz der Dozierenden dienen können. |
| **Typischer Ablauf** | 1. *Präsenzphase (Plenum):* dozierendengesteuerte Lehrveranstaltung (inkl. theoriebezogener Informations- und Verarbeitungssequenzen). 2. *Individuelle Studien- und Umsetzungsarbeiten:* Bearbeitung von Studienaufträgen, die sich auf die Theorie oder auf die praktische Umsetzungsarbeit im Berufsfeld beziehen können. 3. *Selbstorganisierte Arbeit in Praxistandems:* Besprechen der Individualaufträge; Erfahrungsaustausch, Bearbeitung von spezifischen Tandemaufträgen, gegenseitige Praxisbesuche. 4. *Selbstorganisierte Treffen in Kleingruppen:* Erfahrungsaustausch, Bearbeitung von Gruppenaufträgen, Vertiefung von Kursinhalten. 5. *Begleitete Kleingruppentreffen:* Bearbeitung von ungeklärten Schwierigkeiten der vorangegangenen Lernphasen mit Dozierendenpräsenz. 6. *Abschliessende Präsenzphase:* Arbeitsberichte, vertiefende Informations- und Verarbeitungssequenz. |

| | |
|---|---|
| Institutionelle Voraussetzungen | Es braucht Module, die einen relativ grossen Zeitanteil umfassen (z. B. ½ Tag wöchentlich – nach Möglichkeit über zwei Semester) und in denen die berufsfeldbezogene Umsetzung einen hohen Stellenwert hat. |
| Rolle der Dozierenden und der Studierenden | Dozierende übernehmen eine Doppelrolle: als Fachexperten und -expertinnen in der Plenumsveranstaltung und als Supervisoren/Moderatorinnen in den begleiteten Gruppentreffen. Die Studierenden werden nicht nur als Lernende angesprochen, sondern auch als «Ressourcenträger», die auf kollegialer Ebene eine unterstützende Funktion/eine Expertenfunktion übernehmen sollen. |
| Gefahren/Stolpersteine | *Die Lerngruppen arbeiten nicht zielorientiert:* Die Auseinandersetzung in den Tandems und unbegleiteten Gruppen kann oberflächlich bleiben. Die Gruppentreffen werden zu unergiebigen Plauderstunden. *Mangelnde Bereitschaft zu sozialem Austausch:* Die Bereitschaft fehlt, die Gruppe als Ort der Lern- und Transferunterstützung in Anspruch zu nehmen, z. B. weil ausschliesslich kognitive Auseinandersetzung mit einem Thema gesucht wird oder weil die Peers als Ressource nicht ernst genommen werden. *Zusammensetzung der Gruppe als Handicap:* Ungünstige Gruppenkonstellationen können den Lernprozess erschweren. |
| Abgrenzung gegenüber verwandten Formen | Abgrenzung gegenüber *Integrierten Lernaufgaben:* Die Gruppen werden im Social-Support-Modell als fester Bestandteil des Lehr-Lern-Prozesses betrachtet. Die verschiedenen Gruppierungen sind eine Konstante des Prozesses; sie werden nicht «zufällig» für einzelne Lernaufgaben genutzt, sondern systematisch in den Modulablauf eingeplant. Dies bedeutet beispielsweise, dass gezielt Tandem- und Gruppenaufträge gesucht werden, die sich für die spezifischen Gruppenkonstellationen besonders eignen. |
| Charakteristisches Selbststeuerungsprofil | |

## 3.4 Leitprogramme

| | |
|---|---|
| **Worum geht's?** | Leitprogramme sind schriftliche Lernanleitungen und Texte für das Selbststudium. Sie enthalten normalerweise Zielsetzung, Fachtexte zum Thema, Aufgabenstellungen und Lernkontrollen. Die Bearbeitung des Leitprogrammes erfolgt in selbstständiger Arbeit. In der Regel wird die Bearbeitung mit einem Test abgeschlossen.<br>Ein Leitprogramm kann sich auf kürzere Lernsequenzen innerhalb eines Moduls beschränken (z. B. zwei Lektionen) oder den Stoff eines ganzen Moduls umfassen. Umfangreichere Leitprogramme sind in der Regel in Kapitel gegliedert, die in sich geschlossene Lernsequenzen bilden. |
| **Was bringt's?** | *Praxisnahe Umsetzung des Mastery Learning:* Das Konzept basiert auf der Idee des *Mastery Learning,* wonach ein Lernschritt erst dann in Angriff genommen wird, wenn der vorangegangene (vorgelagerte) Lernschritt erfolgreich abschlossen worden ist.<br>*Klarer didaktischer Aufbau zur Sicherung des Lernerfolgs:* Durch die klare Gliederung in eine Folge von Lernschritten entsteht – bei den Lehrenden und Lernenden – die Sicherheit, dass ein Lernziel erreicht wird, wenn seriös gearbeitet wird.<br>*Anregen/Sicherstellen von Lernaktivitäten:* In den Lernprogrammen wird eine enge Verbindung von schriftlicher Stoffvermittlung (Wissensaufnahme) und aktiver Verarbeitung sichergestellt. |
| **Wo besonders geeignet?** | Wenn es um ein Basiswissen (Grundlagenwissen) geht, das ein relativ stabiles Stoffgebiet bildet. Angesichts des Entwicklungsaufwandes sollte das Leitprogramm über mehrere Jahre eingesetzt werden können!<br>Für Lehr-Lern-Stoffe, die eine klare Gliederung mit fortschreitendem/hierarchischem Aufbau aufweisen.<br>Für Lehr-Lern-Stoffe, die von den Dozierenden als Routinestoffe empfunden werden. Eher weniger geeignet für Inhalte, die von den Dozierenden mit grosser Begeisterung vermittelt oder im offenen Dialog mit den Lernenden entwickelt werden. |
| **Typischer Ablauf** | 1. *Vorbereitende Schritte:* Leitprogramm gemäss der typischen Leitprogrammstruktur (vgl. Teil 2, Modell 4) ausarbeiten.<br>2. *Leitprogramm einführen:* kurze Einführung der Studierenden ins Leitprogramm (thematische Situierung; Klärung der organisatorischen Fragen).<br>3. *Selbstständige Ausführung der Arbeiten:* Die Studierenden bearbeiten die einzelnen Leitprogrammkapitel selbstständig; der Dozent/die Dozentin steht in dieser Phase klar im Hintergrund.<br>4. *Erfolgskontrollen durchführen:* Überprüfung des Lernstandes nach einzelnen Kapiteln und/oder am Schluss des Leitprogrammes.<br>5. *Die Leitprogrammarbeit auswerten:* gemeinsames Besprechen der Lernergebnisse und Lernerfahrungen; Klärung von Schwierigkeiten. |

| | |
|---|---|
| Institutionelle Voraussetzungen | Zeitgefäss und Herstellungsgemeinschaften für die Entwicklung von Leitprogrammen: Angesichts des grossen Herstellungsaufwandes und der breiten Nutzungsmöglichkeit lohnt es sich, in eine professionelle Entwicklungsarbeit zu investieren. <br><br>Organisation des Lehr-Lern-Mittel-Austausches: Leitprogramme sollten von mehreren Dozierenden genutzt werden können – sowohl institutionsintern als auch über die Institutionsgrenzen hinweg. |
| Rolle der Dozierenden und der Studierenden | Dozierende machen sich als individuell Prozessgestaltende weitgehend überflüssig; die Steuerung erfolgt mittelbar über das Lernmaterial. <br><br>Studierende: hohe Eigenaktivität, aber wenig Selbststeuerung und Eigenverantwortung im Bereich der Prozessstrukturierung. Die Selbstbestimmung ist eingeschränkt auf die Variablen Zeitpunkt, Ort und Dauer des Lernens. |
| Gefahren/Stolpersteine | *Die persönliche Gestaltung des Lehrprozesses durch die Dozierenden tritt in den Hintergrund:* Dozierende machen sich in den Leitprogrammsequenzen als Lehrende bzw. als Prozessgestaltende weitgehend überflüssig. Dies kann von Dozierenden als ein Verlust empfunden werden. <br>*Anspruchsvolle und aufwendige Entwicklungsarbeit:* Leitprogramme stellen professionelle Ansprüche an die Herstellung des Lernmaterials. <br>*Hoher Anteil an Fremdsteuerung bleibt bestehen:* Leitprogramme erzeugen durch die hohe Eigenaktivität der Studierenden den Schein des selbstständigen Lehrens, in Wirklichkeit ist der Selbststeuerungsanteil bei dieser Form des Selbststudiums relativ gering. |
| Abgrenzung gegenüber verwandten Formen | Im *skriptbasierten Selbststudium* sind die didaktischen Ansprüche an das Lernmaterial deutlich geringer als in Leitprogrammen. Anderseits hat die begleitende/unterstützende Funktion durch die Dozierenden einen geringeren Stellenwert, da die optimierte Form des Leitprogrammes den Bedarf an Unterstützung reduziert. |
| Charakteristisches Selbststeuerungsprofil | |

## 3.5 Problem-Based Learning (PBL, Siebensprung)

| | |
|---|---|
| Worum geht's? | Ausgangs- und zentraler Bezugspunkt des Lernprozesses bilden praxisnahe Problemfälle. Diese werden in Form von wirklichkeitsnahen, möglichst kurz und prägnant formulierten Situationsschilderungen den Lernenden zu Beginn einer Lernsequenz vorgegeben und dienen als Fokus für den weiteren Verlauf des Lernprozesses. Für die Bearbeitung der Fälle ist ein mehrschrittiges Verfahren festgelegt, das sich teilweise in der Kursgruppe (Plenum, Klasse), zum grösseren Teil aber in der individuellen Auseinandersetzung mit ausgewähltem Informationsmaterial abspielt. |
| Was bringt's? | *Erleichterung des Theorie-Praxis-Transfers:* Die Erarbeitung neuer Lerninhalte geschieht mit Blick auf mögliche Anwendungssituationen. Dadurch wird der Transfer erleichtert. *Problemorientierung als Motivationshilfe:* Durch die Konfrontation mit einer praxisnahen Schwierigkeit kann die Motivation zur Aneignung bzw. kreativen Erzeugung von neuem Wissen geschaffen werden. *Training von Problemlösestrategien:* Das PBL-Modell zeigt, wie Probleme selbstständig angegangen und gelöst werden können, und wirkt als Training für eine allgemeine Problembearbeitungsstrategie. |
| Wo besonders geeignet? | Wenn die Aneignung von praxisbezogenem Theoriewissen im Vordergrund steht. «Reines» Theoriewissen (ohne Anspruch auf praktische Anwendung) ist weniger geeignet. Wenn eine mehrperspektivische Auseinandersetzung mit beruflichen Situationen wichtiger ist als die Aneignung eines systematischen, fachorientierten Grundlagenwissens. |
| Typischer Ablauf | 1. *Begriffe klären:* gemeinsames Verständnis der Problembeschreibung sichern. 2. *Problem bestimmen:* Problemdefinition zur Klärung der Suchrichtung und zur Abgrenzung: Was gehört *nicht* dazu? 3. *Problem analysieren:* erste Hypothesen zu möglichen Problemursachen und zu möglichen Problemlösungsansätzen bilden. 4. *Erklärungen ordnen:* Erklärungs- und Lösungshypothesen systematisieren. 5. *Lern- und Erkundungsfragen formulieren:* Fragen für den nachfolgenden Recherchierprozess sammeln (mit Gewichtung). 6. *Informationen beschaffen:* verfügbares Wissens zusammentragen (Literaturstudium, Internetrecherche, Expertengespräche usw.). 7. *Informationen austauschen und validieren:* erworbenes Wissen in der Kursgruppe zusammentragen und mit den ursprünglichen Hypothesen vergleichen. |
| Institutionelle Voraussetzungen | Schulung der Dozierenden für die spezielle Rolle als Tutoren bzw. als Moderatorinnen im PBL-Prozess. |

| | |
|---|---|
| | Einrichtung von Arbeitsplätzen für Studierende/Studierendengruppen, in denen die selbstständige Informationsrecherche vorgenommen werden kann (unterstützt durch eine Bibliothek/Mediothek).<br><br>Grössere zusammenhängende Zeitgefässe (Zeitblöcke): Eine Arbeitssequenz sollte einen halben Tag dauern. |
| Rolle der Dozierenden und der Studierenden | Die Dozierenden werden in erster Line in der Rolle der Moderation gefordert. Die Sachverständigenfunktion steht klar im Hintergrund und kann eventuell sogar an eine andere Person delegiert werden.<br><br>Bei den Studierenden steht die Individualarbeit (eventuell Gruppenarbeit) zur Wissensaneignung und -aufbereitung im Vordergrund; sie übernehmen in diesem Prozess eine eigenverantwortliche Rolle. |
| Gefahren/Stolpersteine | *Ritualisierung des Verfahrens:* Die Methode kann bei häufiger Anwendung zum Ritual erstarren – mit der Folge, dass eine engagierte und interessierte Problemanalyse und -bearbeitung ausbleibt.<br><br>*Hoher Abstraktions- und Allgemeinsheitsgrad der Fälle:* Problemfälle, die sich in wenigen Zeilen umreissen lassen, bleiben trotz evidentem Praxisbezug letztlich abstrakt; der Kontextbezug muss sehr vage bleiben. Die Umwandlung von abstraktem Wissen in transferfähiges praxisbezogenes Wissen kann dadurch zum unerfüllten Postulat werden.<br><br>*Wenig Differenzierung für die Phase der Informationsaufarbeitung:* Im PBL-Modell wird für die Problemanalyse eine sehr hohe Differenzierung vorgegeben, während für die Informationsaufarbeitung nur ein einziger Schritt definiert ist. Gefahr einer Unterstrukturierung der selbstständigen Arbeitsphase. |
| Abgrenzung gegenüber verwandten Formen | *Lern- und Übungsprojekte (fallbasierte Projekte):* Hier bildet ebenfalls ein wirklichkeitsnaher Problemfall den Ausgangspunkt, das Vorgehen ist aber offener. Es richtet sich nicht nach der starren Folge der sieben Schritte, sondern nach den Phasen des Projektmanagements. Die Erarbeitung der Lösung nimmt in der Regel mehr Raum ein; oft gehört die effektive Ausführung der Lösung mit zum Auftrag. |
| Charakteristisches Selbststeuerungsprofil | |

## 3.6 Individuelle Vorhaben

| | |
|---|---|
| **Worum geht's?** | Individuelle Vorhaben bieten den Studierenden die Möglichkeit, einem selbstgewählten Themenschwerpunkt nachzugehen. Im Vordergrund steht die selbstständige Aufarbeitung der Materie. Die Wahl des Themas, der Ziele und leitenden Fragen, an denen sich der Lernprozess orientiert, wird von den Studierenden selbst getroffen. Individuelle Studienvorhaben können unterschiedliche Formen und Schwerpunkte haben: theoretische Abhandlung, gestalterische Arbeiten, Forschungsvorhaben, Erkundungsvorhaben, Praxisvorhaben. |
| **Was bringt's?** | *Eigene individuelle Profilbildung:* Die Studierenden können eigene Themen wählen, mit denen sie sich vertieft auseinander setzen möchten; sie können damit ihrem Studium ein individuelles Profil verleihen. *Förderung von Selbst- und Methodenkompetenz:* Individuelle Vorhaben bieten eine ideale Gelegenheit, um überfachliche Kompetenzen aus dem Bereich der Selbst- und Methodenkompetenz anzuwenden und weiterzuentwickeln. *Forschendes Lernen:* Im Vordergrund steht ein forschendes Lernen, bei dem der Prozess «Aneignung von neuem Wissen» und der Prozess «Entdecken von neuem Wissen» sich strukturell entsprechen. |
| **Wo besonders geeignet?** | Wenn die individuelle Ausrichtung wichtig ist (z. B. Ausrichtung auf eine spezielle berufliche Situation). Vor allem aber: zur individuellen Vertiefung des Grundlagenwissens. Eher fürs fortgeschrittene Studium geeignet, da der Anspruch an die eigenverantwortliche Strukturierung des Themas und an die Strategien und Techniken des selbstständigen Arbeitens hoch sind. |
| **Typischer Ablauf** | 1. *Information der Studierenden:* Information über die Ziele und Rahmenvorgaben, denen die Arbeit entsprechen muss. <br> 2. *Festlegung des Themas und Erarbeitung der Konzeptskizze:* Die Studierenden suchen ein geeignetes Thema/einen möglichen Arbeitsschwerpunkt und besprechen ihre Idee mit dem zuständigen Dozierenden; anschliessend Erarbeitung der Konzeptskizze. <br> 3. *Besprechung und Genehmigung der Konzeptskizze:* Besprechung zwischen Studierenden und der zuständigen (zugewiesenen) Begleitperson; Genehmigung der Konzeptskizze. <br> 4. *Umsetzungsphase:* selbstständige Arbeit am Vorhaben gemäss Konzeptskizze. <br> 5. *Standortbestimmungen/Zwischengespräche* gemäss vereinbarten Meilensteinen. <br> 6. *Ergebnispräsentation:* Vorstellen der Arbeitsergebnisse vor einem zuvor festgelegten Personenkreis. <br> 7. *Beurteilung* und *Abschlussgespräch*. |
| **Institutionelle Voraussetzungen** | Schrittweiser Aufbau der Arbeitskompetenz bei den Studierenden (nach Möglichkeit Stufung von einfachen zu komplexeren Vorhaben). Genügend Betreuungsressourcen: Insbesondere bei den ersten Vorhaben muss sichergestellt werden, dass ungeeignete Arbeitsziele und Konzepte rechtzeitig erkannt und korrigiert werden können. |

| | |
|---|---|
| Rolle der Dozierenden und der Studierenden | Die Studierenden tragen die Verantwortung für die Prozessgestaltung (Prozesssteuerung) in einem umfassenden Sinne, inkl. genauer Festlegung des Arbeitsschwerpunktes und der Arbeitsziele. |
| | Die Begleitpersonen haben primär eine beratend-unterstützende Funktion, wobei das Ausmass von steuernden Interventionen mit Blick auf die Fähigkeit der Studierenden sorgfältig abzuwägen ist. |
| | Am Schluss der Arbeit übernimmt die Begleitperson oft auch eine beurteilende Funktion. Dieser nicht unproblematische Rollenmix verlangt einen bewussten Umgang mit diesen beiden Funktionen. |
| Gefahren/Stolpersteine | *Fehlende Kompetenzorientierung/Beliebigkeit des Lerngehaltes:* Es werden u. U. Arbeiten gewählt, die den Studierenden aus irgendeinem Grund als interessant erscheinen, unter dem Gesichtspunkt der Kompetenzerweiterung aber zu wenig gehaltvoll sind. |
| | *Überforderung durch zu wenig reflektierte Themenwahl:* Die Studierenden können sich dazu verleiten lassen, sich zu viel zuzumuten, sich in der Fülle von verfügbaren Informationsquellen zu verlieren und den benötigten Zeitaufwand für das Schlussprodukt zu wenig realistisch zu kalkulieren. |
| | *Anspruchsvolle Begleitung und Beurteilung:* Es muss das richtige Mass gefunden werden, zwischen Respektieren der Entscheidungsautonomie der Studierenden und rechtzeitigem Intervenieren, um ein Scheitern der Arbeit und frustrierende Erfahrungen zu verhindern. |
| Abgrenzung gegenüber verwandten Formen | Die Übergänge zwischen *individuellen Vorhaben*, *Lernprojekten* und *Auftragsprojekten* sind fliessend. Individuelle Vorhaben unterscheiden sich vor allem durch den signifikant grösseren Selbstbestimmungsraum: Die Studierenden setzen sich Thema und Ziele selbst, während Letztere bei Lern- und Auftragsprojekten in der Regel von aussen gesetzt sind. |
| Charakteristisches Selbststeuerungsprofil | 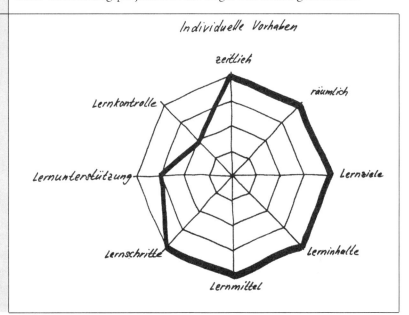 |

## 3.7 Lern- und Übungsprojekte

| | |
|---|---|
| **Worum geht's?** | Bei den Lern- und Übungsprojekten sind zwei Grundtypen zu unterscheiden: <br> *Fallbasierte Projekte:* Ausgangspunkt ist ein wirklichkeitsnaher Problemfall. Der Auftrag besteht darin, für die in der Fallbeschreibung dargelegte Problemaufgabe eine Lösung zu erarbeiten. <br> *Gestaltungs- und Konstruktionsprojekte:* Hier wird eine Aufgabe gestellt, bei der das Endprodukt vorgegeben wird. Das «Problem» besteht darin, das genaue Endprodukt und/oder den Weg dorthin zu planen und auszuführen. Die *praktische Realisierung* ermöglicht Rückmeldungen zur Funktionalität der gewählten Lösung. |
| **Was bringt's?** | *Bedarfsorientierte Wissensaneignung:* Das Lernen wird nicht durch eine vordefinierte Fachsystematik gesteuert, sondern durch die pragmatische Logik des Arbeits- und Problemlöseprozesses: Wissen wird dort «abgerufen», wo es benötigt wird, um die gestellte Aufgabe zu lösen. <br> *Teamkompetenzen durch Teamarbeit:* Der Arbeitsprozess in Gruppen bietet die Chance, Kooperations-, Konflikt- und Kommunikationsfähigkeiten – kurz: Fähigkeiten zur Teamarbeit – zu schulen. <br> *Basisfertigkeiten im Bereich des Projektmanagements:* Projekte bieten den Studierenden eine Plattform für den Erwerb von Basisfertigkeiten im Bereich des Projektmanagements. |
| **Wo besonders geeignet?** | Geeignet für Themen, bei denen Problemfälle und Aufgabenstellung aus dem Praxisfeld vorliegen, die für eine selbstständige Bearbeitung (inkl. einer selbstständigen Informationsrecherche) geeignet sind. <br> Geeignet für Themen, bei denen die Vermittlung eines systematischen Basiswissens bereits erfolgt oder relativ unwichtig ist. Bei Projekten erfolgt die Wissensaneignung in der Regel pragmatisch orientiert: Dort, wo die Problemlösung neues Wissen erforderlich macht. |
| **Typischer Ablauf** | 1. *Startveranstaltung (Kick-off):* Einführung der Studierenden in die Problemstellung. Information über die Rahmenvorgaben. <br> 2. *Arbeitsplanung in den Projektgruppen:* In den einzelnen Projektgruppen wird ein detaillierter Arbeitsplan erstellt. <br> 3. *Projektarbeit nach Plan:* Aufarbeitung der Informationsgrundlagen (inkl. Informationsrecherche) und Gestaltung des Schlussproduktion (inkl. Vorbereitung der Präsentation). <br> 4. *Projektabschluss:* Abschlusspräsentation (meist vor der gesamten Modulgruppe). Bewerten von Produkt, Präsentation, Dokumentation und Prozess (Selbstbewertung und Fremdbewertung). |
| **Institutionelle Voraussetzungen** | Klärung der ECTS-Punkte, mit denen die Projektarbeit honoriert wird, sowie der Stunden, die den Dozierenden für die Projektbegleitung zur Verfügung stehen. <br> Systematischer Aufbau der Projektfähigkeit der Studierenden (z. B. durch bewusste Stufung der Komplexität der Projekte im Verlauf eines Studienganges). |

| | |
|---|---|
| Rolle der Dozierenden und der Studierenden | Die Dozierenden übernehmen eine indirekte Prozesssteuerung durch das Setzen von Rahmenvorgaben. Klare Vorgaben sind Voraussetzung für die Minimierung des Interventionsbedarfs während des Prozesses. Controllingfunktion, Beratungsfunktion und Funktion als *critical friend* wechseln sich ab. Am Schluss des Projektes gehört meist auch die Beurteilungsfunktion dazu, mit den bekannten Konflikten zwischen den beiden Rollen der Beratung und der Beurteilung.<br>Die Studierenden übernehmen die Verantwortung für die Prozessgestaltung innerhalb der definierten Rahmenvorgaben (inkl. selbstständiger Suche/Beschaffung der Informationsgrundlagen). |
| Gefahren/Stolpersteine | *Zu frühe oder zu späte Intervention der Dozierenden:* Der richtige Zeitpunkt und das richtige Ausmass der Interventionen ist anspruchsvoll.<br>*Planungs- und Motivationskonflikte bei mehreren parallel laufenden Projekten:* Zu viele Projekte, die parallel laufen, können die Studierenden überfordern und übermässig belasten.<br>*Fehlende Prägnanz und Transparenz der Vorgaben und Verbindlichkeiten:* Thema, Aufgabe, Lernziele und Kriterien müssen zu Beginn des Projektes klar formuliert werden, damit für die Studierenden eine verlässliche Orientierungsbasis entsteht. |
| Abgrenzung gegenüber verwandten Formen | Anders als bei *Echtprojekten* ist die Aufgabenstellung von Lern- und Übungsprojekten bewusst so gewählt, dass die Lösungserarbeitung und -umsetzung im schulischen Kontext erfolgen kann.<br>Im Unterschied zum *Problem-Based Learning* richten sich Lern- und Übungsprojekte nicht nach den festgelegten sieben Schritten, sondern nach den offeneren Schritten des Projektmanagements.<br>*Bei individuellen Vorhaben* werden die Themenschwerpunkte von den Studierenden selbst gewählt, während Lern- und Übungsprojekte auf vorgegebene – oft für die ganze Kursgruppe identische – Problemstellungen ausgerichtet sind. |
| Charakteristisches Selbststeuerungsprofil | 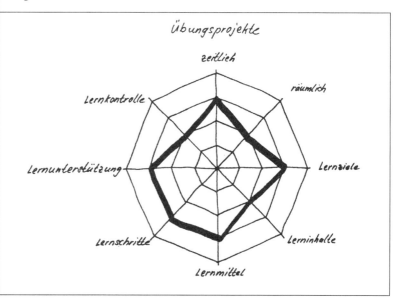 |

## 3.8 Echtprojekte (Auftragsprojekte)

| | |
|---|---|
| **Worum geht's?** | Echtprojekte sind Problemlösungsaufträge, die für eine Kundschaft ausgeführt werden. Es gibt eine auftraggebende Person oder Institution, die für ein reales Problem aus der Praxis eine Lösung sucht. <br> Dieser Aspekt prägt den Projektverlauf wie folgt: <br> a) Die Lernenden müssen zuerst verstehen und herausfinden, welches das wirkliche Anliegen der Kundschaft ist. <br> b) Die Analysen und Lösungsvorschläge müssen gegenüber der Kundschaft nachvollziehbar präsentiert werden. <br> c) Das Projekt erhält Ernstcharakter mit «Life-Feedback». |
| **Was bringt's?** | *Projektmanagement als Lernfeld:* Echtprojekte sind exzellente Möglichkeiten, um Projektmanagementkompetenzen zu erwerben. <br> *Kundenfeedback als nachhaltig wirksames Instrument des Lernens:* Kundenfeedback ist glaubwürdig, weil es aus der Praxis und nicht aus dem pädagogischen Kontext kommt; es kann wesentlich lernwirksamer sein als entsprechende Hinweise von Seiten der Dozierenden. <br> *Hoher Motivationsgehalt der Echtsituation:* Die Studierenden erleben sich als Herstellende von Problemlösungen, die für die Praxis nützlich sind und von den auftraggebenden Personen geschätzt werden. |
| **Wo besonders geeignet?** | Wenn fachlich-inhaltliche Ziele nicht erste Priorität haben, denn die Bearbeitung des Kundenauftrags hat Vorrang. Die gezielte Ausrichtung auf bestimmte inhaltliche Lernziele ist höchstens *ein* Kriterium bei der Akquisition von geeigneten Aufträgen. |
| **Typischer Ablauf** | *Vorbereitender Schritt:* Projekt-Akquisition: Suche nach geeigneten Projektaufträgen von externer Kundschaft. <br> 1. *Bildung von Projektgruppen:* Ausschreiben der Projektthemen in der Kursgruppe. Die Lernenden melden ihr Interesse für eine Projektarbeit oder – nach Priorität geordnet – für mehrere an. <br> 2. *Aufgabenstellung und Zielvereinbarung:* Konkretisierung der Aufgabenstellung in Zusammenarbeit mit der Kundschaft. <br> 3. *Erarbeitung des Projektplanes:* Projektplanung auf mehreren Prozessebenen (Sach-, Dokumentations-, Management-, Beziehungs-, Reflexionsebene). <br> 4. *Arbeiten am Projekt:* Arbeit in den verschiedenen Projektteams gemäss Projektplan. <br> 5. *Bilanzierung von Projektabschnitten (Reviews):* Das Projektteam stellt den Stand der Arbeiten dem sog. Reviewteam vor. <br> 6. *Abschluss der Projektarbeit/Ergebnispräsentation:* «Produkte» und erreichte «Ergebnisse» werden vorgestellt. <br> 7. *Evaluation des Arbeitsprozesses:* Die Evaluation erfolgt entlang von Kriterien, die schon am Anfang des Projektes vereinbart wurden. |
| **Institutionelle Voraussetzungen** | Das Finden geeigneter Projektaufgaben mit externer Kundschaft muss professionell angegangen werden. Es empfiehlt sich eine zentrale Stelle, welche die Projekte für die unterschiedlichen Studiengänge gemeinsam akquiriert. |

| | |
|---|---|
| | Ein grösseres Zeitgefäss über längere Zeit (z. B. ein Tag pro Woche während eines Semesters) ist unerlässlich; ebenso hinreichende Ressourcen für fachliche Beratung, Teambegleitung und Reviews.<br>Genügend Gruppenarbeitsräume mit geeigneten Moderationsinstrumenten. |
| Rolle der Dozierenden und der Studierenden | Dozierende sind einerseits Prozessbegleitende, andererseits Fachpersonen bei der Erarbeitung kundenorientierter Lösungen.<br>Die Studierenden nehmen während der Projektarbeit wechselnde Rollen ein, gemäss der Systematik des Projektmanagements (Prozessführung, Protokollführung, Beobachtende von Gruppenprozessen).<br>Studierende sind Lernende und gleichzeitig Mitarbeitende in einem kundenorientierten Projekt; der Wissenserwerb/Kompetenzaufbau geschieht begleitend bei der Lösung des Kundenproblems. |
| Gefahren/Stolpersteine | *Zu hohe Identifikation der begleitenden Dozierenden mit dem Projekt:* Die Dozierenden können sich dazu verleiten lassen, selbst zu viel Einfluss zu nehmen auf den Lösungsweg und die Reflexion zu vernachlässigen.<br>*Schwierigkeiten im Reviewprozess:* Die Gestaltung von lernförderlichen Projektreviews erweist sich als anspruchsvoll – sowohl für die Studierenden als auch für das Reviewteam.<br>*Ungünstige Einflussnahmen der Kundschaft auf den Projektprozess:* Die Kundschaft kann das Lernergebnis negativ beeinflussen, wenn sie vorwiegend ergebnisorientiert ist und wenig Verständnis für den Lernprozess mitbringt. |
| Abgrenzung gegenüber verwandten Formen | Bei *Lern- und Übungsprojekten* fehlt der Kundenauftrag, der dafür ausschlaggebend ist, dass das Projekt seinen «Ernstcharakter» erhält und ein Life-Feedback mit sich bringt. Dafür entfällt der aufwendige Prozess der Projektakquisition. |
| Charakteristisches Selbststeuerungsprofil | |

## 4 Zur didaktischen und lernorganisatorischen Integration des Selbststudiums ins Ausbildungskonzept

Das geleitete/begleitete Selbststudium erscheint in der Bologna-Konzeption zunächst als eine zeitliche Vorgabe: Mit dem Verteilschlüssel 40:60 für die Elemente «Kontaktstudium», und «Selbststudium» (KFH 2004, S. 13) ist ein Rahmen gesetzt, der bei der Konzipierung und Ausgestaltung der einzelnen Studiengänge als Orientierungshilfe dienen soll. Es bleibt allerdings den Verantwortlichen für die Studiengangplanung überlassen, diese zeitlich-organisatorische Rahmenvorgabe zusammen mit anderen Vorgaben wie z. B. Studienaufbau, Studiendauer, Semesterdauer, ECTS-Richtlinien, Kompetenzorientierung usw. in ein sinnvolles Curriculum umzugiessen. Mit Blick auf diesen curricularen Prozess ergeben sich für das begleitete Selbststudium zwei unterschiedliche Integrationsaufgaben:

- *Didaktische Integration:* Das Selbststudium muss sinnvoll mit den Zielen und thematisch-fachlichen Schwerpunkten des Studiums verknüpft werden. Es ist zu überlegen, welche Ziele/Inhalte/Kompetenzen sich mit dem hochschuldidaktischen Grundgefäss «Selbststudium» am besten vermitteln lassen und für welche Lehr- und Lernprozesse Kontaktveranstaltungen vermutlich besser geeignet sind.
- *Lernorganisatorische Integration:* Das Selbststudium muss zeitlich-organisatorisch so in die Studienstruktur integriert werden, dass die Lehr-Lern-Prozesse der einzelnen Module und Kurse – zusammen mit dem Gefäss der Kontaktveranstaltung – eine Verlaufsstruktur aufweisen, die unter didaktischen und lernpsychologischen Gesichtspunkten als sinnvoll erscheint und eine möglichst grosse Wirksamkeit und Nachhaltigkeit zu entfalten vermag.

Im Folgenden werden zu diesen beiden Punkten Hinweise und Hilfestellungen gegeben, mit dem Ziel, eine funktional sinnvolle Einbettung des begleiteten Selbststudiums ins Curriculum zu unterstützen.

### 4.1 Zur didaktischen Funktion von Kontaktstudium und Selbststudium

Bei der Entwicklung der Studiengangkonzepte und der zugehörigen Modul- und Veranstaltungskonzepte ist es wichtig, dass die Verteilung von Kontaktstudium und Selbststudium bewusst vorgenommen wird, und zwar unter Berücksichtigung der Stärken und Schwächen, Möglichkeiten und Grenzen, Chancen und Gefahren, die diese beiden didaktischen Grundformen *grundsätzlich* (d. h. ungeachtet der konkreten methodischen Ausgestaltung) mit sich bringen. Auf den ersten Blick erscheint die Entscheidung, ob ein bestimmtes Unterrichtsthema bzw. ein bestimmter Lerninhalt im Kontaktstudium vermittelt oder ins Selbststudium «delegiert» wird, als rein pragmatische Festlegung, die in erster Linie vom Vorhandensein geeigneter Lehr- und Lernmaterialien abhängig ist. Bei näherer Betrachtung zeigt sich indessen, dass die beiden Lehr-Lern-Gefässe charakteristische Eigenheiten haben, deren Bewusstmachung hilfreich sein kann, um diesbezügliche Entscheidungen gezielter zu fällen.

## Funktionen des Kontaktstudiums

Ein wichtiges Kennzeichen des Kontaktstudiums – im Vergleich zum Selbststudium – ist die Präsenz der Dozierenden: Letztere sind zuständig für die Prozesssteuerung und -kontrolle und können jederzeit eingreifen, um das Unterrichtsgeschehen entlang den eigenen Zielen und Vorstellungen zu beeinflussen.

### Funktionen der Dozierendenpräsenz im Kontaktstudium

- *Motivational:* Im direkten Kontakt zwischen Lehrenden und Studierenden gelingt es in der Regel besser, den Unterrichtsstoff lebendig darzustellen und die Lernenden auch emotional anzusprechen. Für die Dozierenden wird es möglich, das eigene sachbezogene Interesse und die eigene Begeisterung für die aktuelle Thematik in den Unterricht einfliessen zu lassen und – im erfolgreichen Falle – den «Funken» des eigenen thematischen Interesses auf die Studierenden überspringen zu lassen.

- *Akzentsetzend:* In der direkten, dozierendengesteuerten Stoffvermittlung erhalten die Studierenden fortwährend Hinweise zur Bedeutsamkeit der vermittelten Unterrichtsinhalte, indem Wichtiges hervorgehoben (z. B. durch Wiederholung, durch Begründung, durch zusätzliche Erläuterung, durch Betonung, durch Stimmführung und Gestik usw.) und Unwichtiges übergangen oder nur kurz gestreift wird. Dadurch erhalten die Studierenden wichtige Anhaltspunkte dafür, was aus Sicht der Dozierenden für den Lern- bzw. Prüfungserfolg relevant ist – und was vermutlich in der Prüfung nicht erscheinen wird. Diese prozessbegleitenden Relevanzbotschaften sind für die Studierenden vermutlich die bedeutsameren (weil konkreteren) Orientierungshilfen für die Prüfungsvorbereitung als die zu Beginn einer Veranstaltung deklarierten Lernziele.

- *Lernprozesssteuernd:* Im Kontaktunterricht können die Dozierenden die Funktion von «Ausführungsmodellen» übernehmen: Sie können berufliche bzw. fachbezogene Fähigkeiten, Fertigkeiten, Haltungen vorzeigen bzw. vorleben und dadurch ein Modelllernen (im Sinne von Bandura 1976) ermöglichen: Durch die (bewusste oder unbewusste) Beobachtung des Ausführungsmodells können sich die Studierenden ein für spätere Handlungen abrufbares «Leitbild» aufbauen. Insbesondere dort, wo ein komplexes prozedurales Wissen vermittelt werden soll, kann die Funktion des integrierten Beobachtungslernens, wie es dem Kontaktstudium inhärent ist, hilfreich oder gar notwendig sein.

- *Dialogisch:* Das Kontaktstudium macht es möglich, die Wissensvermittlung in einer dialogischen Form, d. h. im direkten kommunikativen Austausch mit den Studierenden, umzusetzen. Die Dozierenden haben damit die Möglichkeit, die in der Kursgruppe vorhandenen spezifischen Lernvoraussetzungen in Erfahrung zu bringen und den Vermittlungsprozess entsprechend auszurichten. Zudem können sie allfällige Verständnisschwierigkeiten laufend aufgreifen und zum Anlass für vertiefende Klärungsprozesse nutzen. Auf diese Weise wird es möglich, den unter dem Gesichtspunkt der konstruktivistischen Lerntheorie zentralen Austausch von subjektivem und objektivem (theoretischem) Wissen in einer dynamischen, prozessorientierten Art zu gestalten und so die Integration des Gelernten in die vorhandenen kognitiven Strukturen der Studierenden zu unterstützen.[5]

---

[5] In der Praxis wird diese dialogische Funktion oft in der Form des «fragend-entwickelnden» Unterrichts umgesetzt. In dieser Form kann sich der dialogisch gestaltete Vermittlungsprozess nicht nur lernhemmend, sondern auch in hohem Masse entmündigend auswirken (vgl. hierzu Grell 2005).

### Funktionen des geleiteten/begleiteten Selbststudiums

Das Kennzeichen des Selbststudiums – im Vergleich zum Kontaktstudium – besteht darin, dass die Dozierenden in diesem Zeitgefäss nicht durchgehend – eventuell nur punktuell oder sogar überhaupt nicht – präsent sind. Die Verantwortung für die Prozesssteuerung liegt bei den Studierenden. Das selbstständige Lernen bzw. die selbstständige thematische Auseinandersetzung steht im Vordergrund – meist innerhalb einer gesetzten Rahmenvorgabe.

Die eigenverantwortliche Prozesssteuerung, wie sie im geleiteten/begleiteten Selbststudium vorgesehen ist, enthält verschiedene spezifische Lernchancen.

## Lernchancen der eigenverantwortlichen Prozessgestaltung

- *Aufbau von Schlüsselqualifikationen* (überfachliche bzw. fachübergreifende Kompetenzen): Das begleitete Selbststudium ist dadurch gekennzeichnet, dass die Studierenden in einem hohen Masse Verantwortung für die Gestaltung der entsprechenden Lern- und Arbeitssequenz übernehmen. Aufgrund dieser Eigenheit wird es möglich, dass im begleiteten Selbststudium wichtige Prozessgestaltungskompetenzen zur Anwendung kommen. Gemeint sind all diejenigen Kompetenzen, die unter der Bezeichnung «Schlüsselqualifikationen» oder «überfachliche/fächerübergreifende Kompetenzen» (vgl. Gonon 1996, Gonon et al. 2005) bekannt und im Bologna-Modell mit besonderem Nachdruck als Ausbildungsziele gesetzt sind (Bereich der Selbst-, Sozial- und Methodenkompetenzen (vgl. Kapitel 2). Das begleitete Selbststudium ist damit der zentrale Ort zur gezielten Förderung der überfachlichen Kompetenzen.[6]

- *Vermittlung von Inhalten mit hohen individuellen Verarbeitungsanteilen:* Das begleitete Selbststudium bietet die Möglichkeit, den Zeitaufwand zur Wissensaneignung (Informationsaufnahme, Verständnissicherung, Informationsverarbeitung und -anwendung) dem individuellen Bedarf anzupassen: Die – in der Regel an einem fiktiven Durchschnittslernenden orientierte – Normierung der Lehr- und Lernzeit, wie sie für das Kontaktstudium charakteristisch ist, wird hier durchbrochen. Dies ist vor allem dann hilfreich, wenn es in einer Lehr-Lern-Sequenz nicht nur um die blosse Informationsaufnahme geht, sondern um die Er- und Verarbeitung eines Themas oder eines Unterrichtsinhaltes entlang individuell unterschiedlichen Lernwegen. Von besonderem Gewicht ist die Flexibilisierung der Lernzeiten, vor allem in Lernsequenzen, in denen das Einüben von Fähigkeiten und Fertigkeiten im Vordergrund steht; erfahrungsgemäss ist gerade in diesem Bereich die individuelle Streuung, was Lernaufwand und Zeitbedarf angeht, besonders gross.

---

6 Zu beachten ist in diesem Zusammenhang, dass die Förderung dieser Kompetenzen auch im begleiteten Selbststudium nicht automatisch geschieht. Der gezielte Einsatz von Handlungsimpulsen und geeigneten Auseinandersetzungs- und Reflexionshilfen ist unerlässlich, um die entsprechenden Lernprozesse zu ermöglichen.

- *Vermittlung von Inhalten, die eine «kollegiale Auseinandersetzung» verlangen:* Das begleitete Selbststudium ist eine Lernform, die den Gedanken- und Erfahrungsaustausch in kleinen Gruppen ermöglicht. Solche Prozesse können für Lernziele wichtig sein, bei denen der Austausch von unterschiedlichen Vorerfahrungen und/oder von individuellen Praxiserfahrungen notwendig ist – beispielsweise, wenn es um die Übertragung von theoretischem Wissen in praktische Handlungsfelder geht (Kontextualisierung von abstraktem Wissen). In diesem Sinne ist das begleitete Selbststudium für den Bereich des Wissenstransfers eine wichtige Form des Lernens.

- *Vermittlung von Inhalten mit individueller Schwerpunktsetzung:* Das begleitete Selbststudium ermöglicht es den Studierenden, innerhalb eines Themas bzw. eines Sachgebietes die Schwerpunkte selbst zu wählen – ausgerichtet nach dem eigenen Lernbedarf oder den eigenen Interessen. Während der Kontaktunterricht unter einem gewissen Homogenisierungsdruck steht (alle Teilnehmenden einer Veranstaltungsgruppe setzen sich zur selben Zeit mit denselben Inhalten auseinander), eröffnet das begleitete Selbststudium die Möglichkeit, die Heterogenität bezüglich der Lernvoraussetzungen, der Lerninteressen und der Lernziele aufzufangen. Aus curricularer Sicht dürfte dies überall dort sinnvoll sein, wo die gesetzten Kompetenzziele eine exemplarisch vertiefte Auseinandersetzung mit bestimmten Inhalten verlangen oder wo individuell unterschiedliche Kompetenzziele erreicht werden sollen.

## 4.2 Lernorganisatorische Einbettung und Umsetzungsmodelle

Die Frage nach der sinnvollen Integration von Selbststudium und Kontaktstudium hat neben dem didaktischen Aspekt auch eine lernorganisatorische Dimension. Unter diesem Gesichtspunkt geht es vorrangig um die Frage, wie die zeitliche Anordnung (Rhythmisierung) von Kontaktstudium und Selbststudium vorzunehmen ist, damit die Lehr- und Lernprozesse im wechselseitigen Zusammenspiel ein sinnvolles Ganzes bilden. Zwei Grundkonzepte lassen sich hier unterscheiden: die dozierendengesteuerte und die institutionell gesteuerte Rhythmisierung.

### Zwei unterschiedliche Rhythmisierungskonzepte

- *Dozierendengesteuerte Rhythmisierung:* Es wird versucht, den Verteilschlüssel für die Kontakt- und Selbststudienanteile – z. B. 40 Prozent Kontaktstudium/60 Prozent Selbststudium – in jedem einzelnen Modul oder Kurs zu erfüllen. Die genaue Umsetzung des Verteilungsschlüssels liegt dabei in der Verantwortung der einzelnen Dozierenden. Diese sorgen dafür, dass in ihrem Modul das vorgegebene Verhältnis von Kontakt- und Selbststudienanteilen eingehalten wird.

- *Institutionell gesteuerte Rhythmisierung:* In diesem Modell wird die Verteilung der Selbststudienanteile über die ganze Ausbildung hinweg reguliert: Der Verteilungsschlüssel – z. B. 40 : 60 – gilt nicht für die einzelnen Module, sondern für ein ganzes Ausbildungsjahr oder den gesamten Ausbildungsgang, wobei die Verteilung durch die Verantwortlichen der Ausbildungsgänge aus kursübergeordneter Perspektive erfolgt. Beispielsweise werden Module mit hohen und geringen Selbststudiumsanteilen unterschieden.

Diese beiden Modelle werden im Folgenden etwas genauer beschrieben.

### Zum Konzept der dozierendengesteuerten Rhythmisierung

Gemäss diesem Konzept ist es die Aufgabe der Dozierenden, innerhalb ihrer Lehr-Lern-Veranstaltung die Komponenten Kontaktstudium, begleitetes Selbststudium und individuelles Selbststudium zu berücksichtigen. Im Rahmen der Vorbereitungsarbeit müssen die einzelnen Veranstaltungen so konzipiert werden, dass ein sinnvolles, produktives Zusammenspiel der gewählten Komponenten möglich wird und die einzelnen Komponenten ihre je spezifische Funktion optimal erfüllen können.

Die Dozierenden planen am besten entlang einem zweigleisigen Sequenzierungsmodell: Das Kontaktstudium und das begleitete Selbststudium werden als zwei parallele, gleichgewichtige Stränge von Zeitgefässen für die thematische Auseinandersetzung gesehen:

| Kontakt-studium | ■ | ■ | ■ | ■ | ■ | ■ | ■ | ■ | ■ | ■ | ■ |
|---|---|---|---|---|---|---|---|---|---|---|---|
| Begleitetes Selbststudium | ■ | ■ | ■ | ■ | ■ | ■ | ■ | ■ | ■ | ■ | ■ |

Im Hinblick auf die lernorganisatorische Anordnung und wechselseitige Verknüpfung lassen sich aus diesem zweigleisigen Sequenzierungsmodell verschiedene didaktische Umsetzungsformen generieren.

*Lernorganisatorische Umsetzung 1: Das «Hausaufgabenmodell»*

In diesem Modell ist eine gleichmässige Rhythmisierung von Kontaktstudium und Selbststudium vorgesehen. In jeder Kontaktveranstaltung erfolgt die Auftragserteilung für die nachfolgende Selbststudiumssequenz; in der jeweils nachfolgenden Kontaktveranstaltung werden die Ergebnisse der Selbststudiumssequenz eingefordert bzw. besprochen. Diese Umsetzungsform kann wie folgt dargestellt werden:

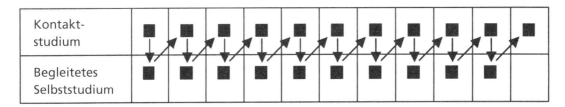

*Problem:* Die Aufstückelung der selbstständigen Arbeit in kleine Häppchen bzw. in eng umrissene Aufträge, die von Veranstaltung zu Veranstaltung erteilt werden, lässt keine wirkliche Selbststeuerung des Lernens zu. Es besteht die Gefahr, dass das Selbststudium als Form der Gängelung und Verschulung empfunden wird, als Widerspruch zu den Erwartungen bezüglich eines Hochschulstudiums und eines erwachsenengerechten Lernens.

*Lernorganisatorische Umsetzung 2: Das Modell der unabhängigen Parallelarbeit*

Ein zweites Umsetzungsmodell geht ebenfalls von der Idee einer gleichmässigen Rhythmisierung von Kontaktstudium und Selbststudium aus. Zumindest die Kontaktveranstaltungen finden in einem festen, regelmässigen Rhythmus statt. Für die Selbststudiumssequenz wird zu Beginn des Kurses ein grösserer Auftrag erteilt, der sich grundsätzlich auf die ganze Kursdauer bezieht und dessen Umsetzung erst am Ende des Kurses eingefordert und besprochen wird. Die genaue Verteilung der Selbststudiumsgefässe liegt damit im Ermessen der Studierenden; diese können – wie abgebildet – eine regelmässige Aufteilung vornehmen oder aber gegen Ende des Kurses eine grössere Arbeitsphase einplanen.

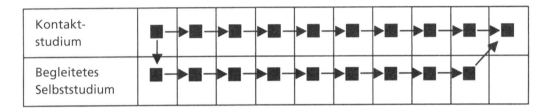

*Lernorganisatorische Umsetzung 3: Das Mischmodell*

Die beiden genannten Modelle lassen sich miteinander kombinieren: Statt die Selbststudiumsarbeit über die ganze Kursdauer als parallele, unabhängige Schiene laufen zu lassen, können «Kreuzungen» und «Weichen» eingebaut werden, beispielsweise in Form von Zwischenbesprechungen (Mischmodell a) oder von neuen Auftragserteilungen (Mischmodell b).

**Mischmodell a) Parallelarbeit mit Zwischenbesprechungen**

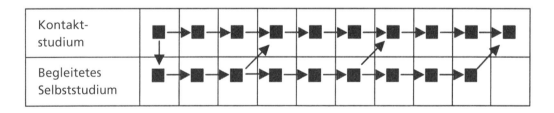

**Mischmodell b) Parallelarbeit mit mehrfacher Auftragserteilung**

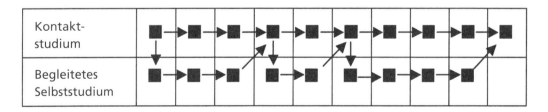

*Lernorganisatorische Umsetzung 4: Das Modell der unregelmässigen Rhythmisierung*

Neben den genannten Modellen, die von einer gleichmässigen Verteilung von Selbststudium und Kontaktstudium ausgehen, sind auch Umsetzungsformen denkbar, in denen die regelmässige Verteilung von Kontaktveranstaltungen und Selbststudiumssequenzen aufgebrochen wird – beispielsweise indem das Selbststudium in einer bestimmten Kursphase stärker gewichtet wird und eventuell sogar einzelne Zeitgefässe des Kontaktstudiums als Zeitgefässe für das Selbststudium zur Verfügung gestellt werden (mit der Möglichkeit, in dieser Zeit bedarfsweise eine Unterstützung durch die zuständigen Dozierenden abzurufen).

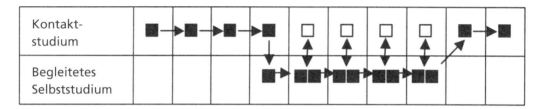

## Zur Problematik des dozierendengesteuerten Rhythmisierungskonzeptes

Die Zuständigkeit für die Wahl des jeweiligen Lernorganisationsmodells liegt im Konzept der dozierendengesteuerten Rythmisierung bei den einzelnen Modul- oder Kursverantwortlichen. Dies hat den Vorteil, dass die Verteilung von Kontaktstudium und Selbststudium optimal auf den jeweiligen Kursinhalt abgestimmt werden kann. Die Aufträge für das begleitete Selbststudium können hier so gewählt werden, dass sie zusammen mit den Lehr-Lern-Aktivitäten des Kontaktstudiums ein ganzheitlich und ausgewogen gestaltetes Lernarrangement bilden. Das Selbststudium wird damit in den Dienst des Kontaktstudiums gestellt und übernimmt eine entsprechende didaktische Funktion für dieses Lehrgefäss (vgl. hierzu die Ausführungen zu den integrierten Lernaufgaben im zweiten Teil dieses Buches).

Diese «didaktische Funktionalisierung» hat jedoch auch eine Kehrseite: Das begleitete Selbststudium wird damit zu einem Hilfsinstrument für das Kontaktstudium – von den Dozierenden so in die Unterrichtsstruktur eingeplant, dass der Lehrprozess dadurch komplettiert wird. Damit besteht die Gefahr, dass die dem Selbststudium ursprünglich zugedachte Funktion als *Ort des selbstgesteuerten Lernens* verloren geht. Das Selbststudium wird auf die Dimension der «Eigentätigkeit» reduziert, während die Dimension der Eigenverantwortlichkeit marginalisiert wird und für die Studierenden kaum mehr erlebbar ist.

Bei der Bestandsaufnahme, die wir im Rahmen des FH-Projekts «Begleitetes Selbststudium» vorgenommen haben, sind wir dem hier beschriebenen Phänomen wiederholt begegnet: Die Studierenden klagten darüber, dass sie mit einer kaum mehr zu bewältigenden Anzahl von Lernaufgaben eingedeckt werden. In jeder Veranstaltung nehmen die zuständigen Dozierenden für sich in Anspruch, Lernaufträge im Umfang der Kontaktstudiumszeit als «Hausaufgabe» zu erteilen. Die kursspezifischen Lernaufträge werden dann von den Studierenden häufig in einer ausschliesslich extrinsisch motivierten

Erledigungsmentalität «abgearbeitet». Im Vordergrund steht nicht, ob die gesetzten Lernziele erreicht, sondern lediglich, ob die Lernaufträge erledigt wurden. Die vielen (untereinander unverbunden) Aufgaben, die wöchentlich anfallen, werden als Zeichen von Verschulung empfunden, und es geht in der Folge darum, die von aussen auferlegten «Pflichten» mit einem möglichst geringen Zeitaufwand zu erfüllen, um die Modulbestätigung zu erhalten.

Denkbar ist, dass solche negativen Praxisphänomene durch eine Schulung der Dozierenden reduziert werden: Es könnte beispielsweise darauf hingearbeitet werden, dass die in Kapitel 3 vorgestellten Umsetzungsmodelle bewusst und vielfältig eingesetzt werden. Allerdings bleibt auch in diesem Falle die Frage bestehen, wie denn die vielen unverbundenen Aufgaben, die aus den einzelnen Modulen und Kursen anfallen, eine positive, lernförderliche Dynamik entfalten können. In diesem Sinne muss das hier beschriebene Problem auch als ein curriculares bzw. als institutionelles Problem gesehen werden: Dieses entsteht nicht zuletzt deshalb, weil die Einlösung des Anspruches, 40 Prozent Selbststudiumszeit einzuplanen, den einzelnen Modulverantwortlichen zur individuellen Lösung zugeschoben wird.

## Zum Konzept der institutionell-gesteuerten Rhythmisierung

Mit Blick auf die negativen Umsetzungserfahrungen, die in der dozierendengesteuerten Rhythmisierung implizit angelegt sind, erscheint das Konzept der institutionell gesteuerten Rhythmisierung eine viel versprechende Alternative zu sein.

Bei der institutionell gesteuerten Rhythmisierung werden die Selbststudiumsanteile von Modul zu Modul unterschiedlich festgelegt, wobei die Institution, d. h. die Leitung eines Ausbildungsganges, dafür sorgt, dass die gewünschte Proportionalität von Kontaktveranstaltung und Selbststudium durch den *Studiengang als Ganzes* erreicht wird. Mit anderen Worten: Die angestrebte Verhältniszahl 40:60 ist in diesem Konzept nicht eine fixe Grösse, die für jedes einzelne Modul gilt, sondern es handelt sich um eine Vorgabe, die vom Studiengang *in der Gesamtsumme* erreicht werden muss. Innerhalb eines Ausbildungsganges dürfen durchaus Kurse vorkommen, die gar kein begleitetes Selbststudium enthalten. Oder – um das andere Ende des Spektrums zu umreissen – es darf auch Kurse geben, die ausschliesslich als «Selbststudiumsveranstaltungen» konzipiert sind und bei denen keine Kontaktveranstaltungen vorgesehen sind (z. B. individuelle Projektarbeiten). Wichtig ist, dass die gewünschte Proportionalität (40 Prozent Kontaktveranstaltungen und 60 Prozent Selbststudium) in der *Gesamtsumme* aller Kurse/ Module erreicht wird. Dies bedeutet, dass Module mit geringem Anteil an Selbststudium durch Module mit einem grossen Anteil an Selbststudium kompensiert werden können (und umgekehrt). Wenn beispielsweise in einem Studiengang eine grössere Anzahl von «selbststudiumsintensiven» Modulen und Kursen existiert, reduziert sich für andere Module/Kurse die Notwendigkeit, einen Anteil von 60 Prozent Selbststudium zu generieren.

## 5 Die neue Rolle der Lernbegleitung: Funktionen und Aufgaben der Dozierenden im begleiteten Selbststudium

Wie bereits in Kapitel 1 ausgeführt, werden die Begriffe «geleitetes» und «begleitetes Selbststudium» in dieser Publikation mehr oder weniger synonym verwendet. Der Doppelbegriff «geleitet/begleitet» weist darauf hin, dass die Dozierendenfunktion im Selbststudium zwei Komponenten umfasst, die eng miteinander verbunden sind: einerseits eine *Steuerungs*komponente, anderseits eine *Support*komponente (Coaching im engeren Sinne). Je nach Auslegung des Selbststudiums sind – in Bezug auf diese beiden Komponenten – zwei unterschiedliche Akzentuierungen der Dozierendenrolle möglich: Es kann die Supportfunktion oder die Steuerungsfunktion in den Vordergrund gerückt werden.

Um die Rolle der Lernprozessbegleitung mit diesen beiden Funktionen genauer auszuleuchten, stützen wir uns im Folgenden auf ein einfaches Phasenmodell des Selbststudiums. Dieses Modell lässt sich gewissermassen als «Grundgerüst» aus den verschiedenen Verlaufsmodellen herauslesen, die wir in Kapitel 3 beschrieben haben: Alle Modelle zeigen nämlich im Wesentlichen ein einheitliches Grundmuster, das sich in vier Phasen beschreiben lässt.

### Phasen im Prozess des begleiteten Selbststudiums

| | |
|---|---|
| **Phase 1:** **Initiieren** | Die Studierenden erhalten einen Studienauftrag (Lernauftrag) oder entscheiden sich selbst für einen Studienauftrag (in der Regel innerhalb bestimmter curricularer Vorgaben). |
| **Phase 2:** **Realisieren** | Die Studierenden bearbeiten den Studienauftrag in eigener Regie. Die Bearbeitung geschieht in Einzel-, Partner- oder Gruppenarbeit entlang den vorgegebenen Arbeitszielen, Arbeitsanweisungen und Rahmenvorgaben. Eventuell ist eine abrufbare Hilfestellung verfügbar (Coaching), bei projektähnlichen Arbeiten – kann auch ein Controlling stattfinden. |
| **Phase 3:** **Präsentieren** | Die Studierenden geben den Dozierenden und/oder den Mitstudierenden einen Einblick in die Arbeiten/Arbeitsergebnisse – mündlich, schriftlich, unter Verwendung verschiedener (auch elektronischer) Medien. |
| **Phase 4:** **Evaluieren** | An die Präsentation schliesst in der Regel ein Prozess der Selbst- und Fremdbeurteilung an: *Selbstbeurteilung:* Die Studierenden vergleichen die eigenen Arbeitsergebnisse mit Arbeitsergebnissen von anderen Personen(gruppen), mit Modelllösungen und/oder mit vorgegebenen Kriterien/Standards. *Fremdbeurteilung:* Die Studierenden setzen sich mit der Beurteilung der Arbeit durch andere Personen und den entsprechenden Rückmeldungen auseinander. |

Entlang diesem allgemeinen Phasenmodell ergeben sich verschiedene Aufgaben, welche die Dozierenden im begleiteten Selbststudium zu erfüllen haben.

| **Lernbegleitungsaufgaben der Dozierenden** | |
|---|---|
| **Phase 1:** **Initiieren** | **Generieren und Erteilen von Aufträgen** Vorbereiten und Initiieren des begleiteten Selbststudiums durch Formulierung von Arbeitsaufträgen und/oder durch die Festlegung von verbindlichen Rahmenvorgaben. |
| **Phase 2:** **Realisieren** | **Coaching (i. e. S.)** Unterstützende Interventionen während der Realisierungsphase (orientiert am konkreten Unterstützungsbedarf der Lernenden). **Controlling/Reporting** Einfordern, Sichten und Besprechen von Zwischenberichten über den aktuellen Stand der Arbeiten. Bei Projekten: Überprüfung der Arbeit entlang den gesetzten Meilensteinen. |
| **Phase 3:** **Präsentieren** | **Ergebnisse entgegennehmen und sichten** Geleistete Arbeit zur Kenntnis nehmen; Sichten der Arbeitsergebnisse in adäquater Auseinandersetzung (d.h. in ausgewogenem Verhältnis von Sachanspruch und Zeitaufwand). |
| **Phase 4:** **Evaluieren** | **Arbeitsergebnisse bewerten und Rückmeldung an die Studierenden** Massnahmen zur Überprüfung und Bewertung der Ergebnisse; Gestaltung der Rückmeldesituation; Unterstützung der retrospektiven Reflexion (Metakognition, Metakommunikation). |

## 5.1 Lernbegleitungsaufgaben in der Phase der Vorbereitung und Initiierung

Im skizzierten Orientierungsmodell ist die erste Phase mit dem Stichwort «Initiieren» umschrieben. Für das Gelingen des begleiteten Selbststudiums ist diese Phase von entscheidender Bedeutung – hier vollzieht sich gewissermassen der Übergang vom fremdgesteuerten zum selbstgesteuerten Handeln und Lernen. Die Phase bildet die Nahtstelle, wo die Dozierenden die Prozesssteuerung an die Lernenden abgeben. Dabei sind zwei Punkte besonders zu beachten:

- Es gilt der Grundsatz der curricularen Kontextwahrung. Das, was die Studierenden in der Selbststudiumsphase selbstständig lernen/tun, muss so initiiert werden, dass das Lern- und Arbeitsergebnis – trotz der selbstgesteuerten Prozessrealisierung – zum Gesamtprozess passt, wie er im Curriculum definiert ist.
- Zudem sind die Voraussetzungen dafür zu schaffen, dass die Studierenden die Arbeiten in der Phase des selbstgesteuerten Arbeitens selbstständig und erfolgreich realisieren können.

Mit Blick auf diese beiden Punkte ergeben sich in dieser Phase für die Dozierenden die folgenden Teilaufgaben:

* Aufgabenstellung und Rahmenvorgaben (inkl. Bewertungskriterien) formulieren,
* didaktischen Kontext und Lerngehalt klären,
* die Studierenden in die Aufgabenstellung einführen,
* speziellen Anliegen der Prozessgestaltung Beachtung schenken.

### Aufgabenstellung und Rahmenvorgaben (inkl. Bewertungskriterien) formulioron

Die Studienaufgabe, die selbstständig bearbeitet werden soll, genau festzulegen ist das Kernstück der Dozierendenvorbereitung für das begleitete Selbststudium. Es geht darum, eine Aufgabe zu finden, die für eine eigenaktive, selbstständige Bearbeitung geeignet ist und hinsichtlich der gesetzten Lernziele einen angemessen Lerngehalt hat.

Die Aufgabenstellung übernimmt die Funktion einer vorgezogenen Lernprozesssteuerung. Sie soll die Intervention während des Prozesses überflüssig machen. In welcher Differenziertheit gesteuert werden soll, ist jeweils abzuwägen. Es gilt dabei das Spannungsfeld zwischen differenzierter Steuerung (z. B. Umschreibung der einzelnen Arbeitsschritte) und der Delegation von Lernprozessverantwortung an die Studierenden zu berücksichtigen.

In diesem Zusammenhang muss auf die Bedeutung von transparenten Beurteilungskriterien als Steuerungsinstrumente selbstständigen Lernens und Arbeitens hingewiesen werden. Die Vorstellungen von «Lernerfolg», die das Handeln der Dozierenden meist implizit steuern, müssen in der Regel zu Beginn des Lernprozesses explizit gemacht und den Studierenden schriftlich ausgehändigt werden, damit diese sich daran orientieren und die Dozierenden auf steuernde Interventionen während der Aufgabenbearbeitung verzichten können.[7]

### Den didaktischen Kontext klären

Eine Studienaufgabe sollte in den grösseren Zusammenhang des betreffenden Moduls bzw. des Studiengangs eingebettet sein. In der Regel geschieht dies, indem die *Lernziele* geklärt werden, die mit der Studienaufgabe erreicht werden sollen. Dieser Klärungsprozess ist nicht zuletzt deshalb wichtig, weil die Zielvorgabe und die (mündlichen oder schriftlichen) Erläuterungen zu den Zielen für die Studierenden eine Sinn stiftende Bedeutung besitzt. Das, was als Studienaufgabe vorgedacht ist, sollte mit Blick auf die Kompetenzen, die im betreffenden Modul vermittelt werden sollen, entworfen werden und für die Studierenden erkennbar sein.

---

7  Möglicherweise werden die Bewertungskriterien auch zwischen Dozierenden und Studierenden ausgehandelt. In diesem Falle kann es unter Umständen angezeigt sein, dass die Erläuterung der Bewertungskriterien erst gegen Ende des Arbeitsprozesses vorgenommen wird.

Für die selbstständige Arbeit, die im Rahmen des begleiteten Selbststudiums geleistet werden soll, sind die Lernenden auf diese curriculare Information dringend angewiesen. Andernfalls besteht die Gefahr, dass sich die Ziel- und Sinnkonstruktion verselbstständigt und unter Umständen in eine andere Richtung führt, als vom Curriculum vorgegeben wird.

Lernzielklärung und Aufgabenformulierung verlaufen in der Praxis meist zeitlich parallel mit wechselseitigen Beeinflussungseffekten. Einerseits sind die curricularen Ziele der Formulierung von Lernaufgaben vorangestellt, sie dürften somit die Aufgabenwahl und -formulierung mitsteuern; andererseits kann es durchaus auch sinnvoll sein, dass die bewusste Zielexplizierung erst nach der Aufgabenformulierung vorgenommen wird. In diesem Fall kann die Lernzielreflexion dazu führen, dass die (bereits vorformulierte) Lernaufgabe mit veränderten Akzenten versehen wird.

### Die Studierenden in die Aufgabenstellung einführen

Die Aufgabenstellung muss von den Dozierenden in die Köpfe der Studierenden «transferiert» werden. An dieser Nahtstelle zwischen Fremdsteuerung und Selbststeuerung entscheidet sich, ob die Phase des selbstorganisierten Lernens gelingt. Es sind spezifische Anforderung zu beachten.

### Anforderungen an die Einführung von Lernaufgaben
- Die Aufgabestellung sprachlich prägnant umschreiben
- Die Anforderungen an das Arbeitsergebnis transparent machen
- Die Ziele und Intentionen des Settings aufzeigen
- Die Rahmenbedingungen und Verbindlichkeiten des Arbeitsprozesses klären (inkl. zeitliche Vorgaben)

Der Verzicht auf Interventionen während des Lern- und Arbeitsprozesses zwingt dazu, der Klärung des Aufgabenverständnisses genügend Aufmerksamkeit zu schenken. Grundsätzlich gilt: Je länger die vorgesehene Phase der selbstständigen Bearbeitung dauert, desto wichtiger ist es, vorgängig Verständnis zu sichern. Häufig werden die Verständnisprobleme für die Studierenden jedoch erst sichtbar nach der ersten selbstständigen Arbeitsphase. Es kann daher sinnvoll sein, nach Arbeitsbeginn nochmals eine kurze Klärungsphase einzuschalten. Oder die Arbeit wird gemeinsam in der ganzen Lerngruppe in Angriff genommen, wie beispielsweise im PBL, bei dem die Fragestellungen für die selbstständige Informationsaufarbeitung nach einem festgelegten Verfahren gemeinsam erarbeitet werden.

### Speziellen Anliegen der Prozessgestaltung Beachtung schenken

Die Lernziele des begleiteten Selbststudiums sind normalerweise sowohl auf der Ebene des fachlichen Lernens als auch auf der Ebene des überfachlichen Lernens («Schlüsselqualifikationen» im Bereich Selbstkompetenz, Sozialkompetenz und Methodenkompetenz) angesiedelt. Der überfachliche Kompetenzgewinn setzt voraus, dass die Prozesse bewusst gestaltet und (auch nachträglich) reflektiert werden. Aus diesem Grund sollten im Zusammenhang mit der Aufgabenstellung verschiedene Fragen bedacht werden.

**Fragen zur Prozessgestaltung**

- Gibt es Prozessaspekte, auf die ein besonderes Augenmerk gerichtet werden soll?
- Gibt es spezielle Methoden/Verfahren, die zur Anwendung kommen sollten, damit die Studierenden entsprechende Lernerfahrungen sammeln können?
- Sind spezielle Erfolgskriterien für die Prozessgestaltung zu beachten?
- Können zur Unterstützung der Prozessgestaltung hilfreiche Unterlagen/Instrumente beigezogen werden?

## 5.2 Lernbegleitungsaufgaben in der Realisierungsphase: Coaching

Die Phase 2 kann mit Blick auf die Dozierendenfunktion auch als «Coachingphase» bezeichnet werden. In dieser Phase liegt die Steuerung des Lern- und Arbeitsprozesses klar bei den Studierenden – sei es bei den Individuen im Falle von Einzelarbeiten, sei es bei Lerntandems oder Lerngruppen im Falle von Partner- und Gruppenarbeiten. Für die Dozierenden geht es darum, die Lernenden bei der Realisierung eines selbstständigen Lern- und Arbeitsprozesses zu unterstützen: Support *ohne* steuernde Absicht!

Bezüglich der Interventionen und Unterstützungsmassnahmen ist Zurückhaltung angesagt; Eingriffe in das Lern- und Arbeitsgeschehen sind kritisch daraufhin abzuwägen, wie weit diese die Selbststeuerung und Eigenverantwortlichkeit torpedieren. Das Bedürfnis der Dozierenden, sich mit Hilfsangeboten und unterstützenden Interventionen nützlich zu machen, steht oft im Widerspruch zu einer didaktisch sinnvollen Hilfestellung.

Die zentrale Funktion, die dem Coach in dieser Phase zukommt, lässt sich umschreiben mit dem Begriff des «Klärungshelfers». Es geht darum, Unklarheiten und Schwierigkeiten, die den Lern- und Arbeitsprozess blockieren, so weit zu beseitigen, dass die Lernenden wieder arbeitsfähig sind. Dabei sind verschiedene Ebenen zu beachten, auf denen sich ein Klärungsbedarf zeigen kann (vgl. Thomann/Schulz von Thun 2001).

**Der Coach als Klärungshelfer: Die wichtigsten Interventionsebenen im Überblick**

- *Sachebene: Sachklärung.* Blockaden im Arbeitsprozess können entstehen, wenn auf der Sachebene wichtige Informationen fehlen, wenn notwendiges Vorwissen nicht vorhanden ist, wenn bestimmte Zusammenhänge nicht oder falsch verstanden werden.
- *Methodenebene: Methodenklärung, Klärung zum methodischen Vorgehen.* Blockaden im Arbeitsprozess können entstehen, wenn bei der Lösung einer Aufgabe das Know-how fehlt, um ein Problem richtig anzugehen, oder wenn ein falscher, irreführender Lösungsweg verfolgt wird. Oder wenn das richtige Werkzeug und Instrumentarium fehlt, um produktiv an eine Aufgabe heranzugehen.

- *Kommunikationsebene: Kommunikationsklärung.* Blockaden im Arbeitsprozess können entstehen, wenn sich innerhalb der Lerngruppe einzelne Personen gegenseitig hemmen oder gar blockieren, wenn ungelöste Konflikte das Geschehen dominieren, wenn das Kommunikationsverhalten ein produktives Arbeiten verhindert, wenn ungeklärte Rollen und Normen dazu führen, dass das Gruppengeschehen zu viel Arbeitsenergie absorbiert.
- *Personenbezogene Ebene: Selbstklärung/persönliche Rollenklärung.* Blockaden im Arbeitsprozess können entstehen, wenn sich eine Person selbst blockiert. Dies kann beispielsweise eintreten, wenn auf der emotionalen/motivationalen Ebene ungelöste Konflikte vorhanden sind, welche die Arbeitsenergie blockieren. Oder wenn konkurrierende Arbeitsaufträge und Rollen die Arbeitsfähigkeit beeinträchtigen. Oder wenn fehlende Arbeitsplanung oder mangelnde individuelle Arbeitsdisziplin ein produktives Arbeiten verunmöglichen.
- *Gesamtsituation: Kontextklärung.* Blockaden im Arbeitsprozess können schliesslich auch dann entstehen, wenn der Kontext, in dem eine Arbeit steht, falsch interpretiert oder nicht als sinnvoll wahrgenommen wird; wenn der Sinn eines Arbeitsauftrages nicht gesehen wird oder wenn die Lernziele, die mit einer Arbeit verbunden sind, grundsätzlich in Frage gestellt werden.

## Verschiedene Lerncoachingmodelle als Orientierungshilfen

Für die Coachingphase lassen sich drei Handlungsmodelle unterscheiden, die im Rahmen des begleiteten Selbststudiums als Orientierungshilfen dienlich sein können:

1. Das *offene Lerncoachingmodell*, das auf einer Problemdiagnose des Coachs basiert;
2. das *fragengeleitete Lerncoachingmodell*, bei dem die Studierenden ihren Lernbedarf selber formulieren und damit eine fragengeleitete Struktur erzeugen;
3. das *supervisorische Lerncoachingmodell*, hauptsächlich bekannt aus der Supervisions- und Intervisionspraxis in Sozialberufen, bei dem Probleme aus dem Praxisfeld besprochen werden.

Diese drei Grundmodelle des Coachingprozesses werden im Folgenden kurz umschrieben; eine ausführlichere Darstellung der einzelnen Modelle findet sich im zweiten Teil des Buches im Kapitel zu den Varianten des Lerncoaching (S. 185).

### Das offene Lerncoachingmodell

Im offenen Beratungsmodell versucht die Begleitperson, in einer Problemklärungsphase den konkreten Unterstützungsbedarf der Lernenden zu ermitteln, um dann mit einer angepassten Hilfestellung reagieren zu können. Die aktive und kommunikative Problemdiagnose, die in diesem Konzept durch die Coachs vorgenommen wird, hat die Bedeutung eines Interventionsschrittes, weil die kommunikative Problemerfassung oft bereits den ersten Beitrag zur Problemlösung leistet. Abgestützt auf die vorgenommene Problemdiagnose, entscheidet die Begleitperson über die Lösungsintervention, die sie in der betreffenden Situation vornehmen möchte. Dabei gilt es, die pädagogisch bzw. didaktisch sinnvolle Lösung zu finden – unter Beachtung des Prinzips der minimalen Hilfestellung.

*Das fragengeleitete Lerncoachingmodell (Coachbefragung)*

Im fragengeleiteten Beratungsmodell haben die Studierenden die Aufgabe, ihren aktuellen Unterstützungsbedarf selbst zu formulieren, indem sie die inhaltlichen und prozessbezogenen Schwierigkeiten, Ungereimtheiten, Klärungsbedürfnisse usw. in Frageform fassen und – wenn möglich mit einer Gewichtung versehen – den Coachs vorlegen. Diese Fragen bilden dann das inhaltliche Gerüst für das Beratungsgespräch.

Für die Begleitperson bedeutet die fragengeleitete Variante eine Vereinfachung des Coachingprozesses: Dadurch, dass die Prozessstruktur durch die Lernenden selbst inhaltlich vordefiniert wird, werden die Dozierenden von dieser Funktion entlastet. Gleichzeitig ist die fragengeleitete Variante ein gutes Instrument, um der Neigung der Dozierenden, sich allzu sehr verantwortlich zu fühlen, entgegenzuwirken. Die Lernenden ihrerseits erfahren, dass der Nutzen der Coachingphase unmittelbar davon abhängig ist, wie gut es ihnen gelingt, die Schwierigkeiten in Fragen zu fassen. In diesem Sinne wird auch diese expertenunterstützte Phase zu einem wichtigen Bestandteil des selbstgesteuerten Lernens, im Besonderen für den Kompetenzerwerb im Bereich der selbstständigen, fragengeleiteten Wissenserarbeitung.

*Das supervisorische Lerncoachingmodell (Praxisberatungsmodell)*

Das dritte Modell ist in erster Linie für berufsfeldbezogene Praxisaufträge bedeutsam, die im Arbeitsfeld – unter Einbezug des sozial-interaktiven Geschehens – umgesetzt werden. Das Lerncoaching sieht sich hier mit einer speziellen Anforderung konfrontiert. Es geht um Beratungen, bei denen der jeweilige Entstehungskontext von Schwierigkeiten in der Beratungssituation selbst nicht direkt wahrnehmbar ist.

Die *Besprechung der nicht anwesenden* Situation wird zur besonderen Herausforderung: Es braucht spezielle Verfahren, um unter diesen besonderen Umständen einen produktiven Beratungsprozess zu ermöglichen – beispielsweise indem die Praxisschwierigkeit über differenzierte Situationsschilderungen oder über ein Nachspielen der Situation eingebracht wird. Ziel ist es, die Variablen des ursprünglichen Kontextes für die Beratungsperson und die anderen anwesenden Gruppenmitglieder nachvollziehbar zu machen. In diesem Sinne wird die Arbeit mit der subjektiv gefärbten Falldarstellung zu einem Schlüssel für die klärenden und unterstützenden Interventionen.

## 5.3 Lernbegleitungsaufgaben in der Realisierungsphase: Controlling

Unter dem Gesichtspunkt des Controllings sind für die lernbegleitende Person im Wesentlichen zwei Aufgaben zu erfüllen:

- Sie muss sich einen Überblick verschaffen über den Stand der Arbeiten (entlang von vereinbarten Meilensteinen).
- Sie muss überprüfen, ob die Arbeit «auf Kurs ist», d. h., ob die Rahmenvorgaben und die vorgegebenen/vereinbarten Ziele eingehalten werden.

Die im Lernbegleitungsmodell vorgenommene Trennung von Coaching und Controlling/Reporting ist analytischer Art: In der Praxis werden diese beiden Aufgaben als zwei untrennbar miteinander verbundene Aspekte desselben Prozesses verstanden. Wir gehen jedoch davon aus, dass es hilfreich ist, wenn die beiden Aufgaben in ihrer unterschiedlichen Funktion bewusst wahrgenommen werden. Während das Coaching in erster Linie durch die Unterstützungsbedürfnisse der Studierenden bestimmt wird, ist das Controlling/Reporting vorwiegend ein Instrument zur (Aussen-)Steuerung des Lern- und Arbeitsprozesses. Als solches liegt es unter Umständen näher bei den Bedürfnissen der Dozierenden als bei denjenigen der Studierenden.

Der bewusste Umgang mit diesen beiden Komponenten der Lernbegleitung kann dazu beitragen, dass die unterschiedlichen Anliegen klarer kommuniziert werden und dass deshalb eine bewusste Auseinandersetzung mit der latenten Widersprüchlichkeit des geleiteten/begleiteten Selbststudiums stattfinden kann – mit der Tatsache nämlich, dass hier Kontrolle und Fremdsteuerung in einen Prozess eingebracht werden, der eigentlich auf Selbststeuerung hin angelegt ist. Der Einbezug einer Controllingsequenz ist vor allem bei Studienarbeiten wichtig, die sich über einen längeren Zeitraum erstrecken.

Es sind verschiedene Controllingfunktionen bedeutsam, ebenso sind verschiedene Formen des Reportings denkbar. Mit Reporting ist Berichterstattung von Einzelpersonen oder Gruppen über den zu einem bestimmten Zeitpunkt realisierten Arbeitsprozess und die Arbeitsergebnisse gemeint.

## Funktionen des Controllings

- *Die bisher geleisteten Arbeiten sichten und beurteilen:* Die Präsentation des Vorgehens und der bisher erarbeiteten Ergebnisse ermöglicht es, einen Überblick über den aktuellen Stand der Arbeit zu gewinnen und die Qualität des Geleisteten zu beurteilen. Leitfragen: Wieweit entspricht das bisher Realisierte den vereinbarten Vorgaben und Zielen? Haben sich Fehler oder falsche Überlegungen eingeschlichen, welche die Weiterarbeit erschweren oder gar verunmöglichen?

- *Weiterführende Anregungen und unterstützende Hinweise geben:* Aus der Bewertung der Arbeit können sich wertvolle Anregungen und Hinweise für die Weiterarbeit ergeben. Zudem wird es aufgrund der Zwischenbilanzierung möglich, den Auftrag und die Ziele für die nächste Arbeitsphase zu präzisieren *(Recontracting)*. Unter Umständen muss eine Entscheidung gefällt werden, ob eine Fortsetzung der Arbeit entlang der ursprünglichen Planung überhaupt möglich bzw. sinnvoll ist.

- *Die Einhaltung des Arbeitsplanes und der Rahmenbedingungen einfordern:* Gerade bei längeren Arbeitssequenzen erfüllt das Controlling/Reporting gewissermassen eine disziplinierende Funktion: Es bringt die Studierenden dazu, den Lern- und Arbeitsprozess kontinuierlich zu gestalten und – entlang den vereinbarten Meilensteinen – in einen zeitlichen Rhythmus zu bringen. Die Vereinbarung von Controlling- und Reportingsequenzen im Lern- und Arbeitsprozess wirkt der Tendenz entgegen, dass die ganze Arbeit erst kurz vor dem Abgabetermin erledigt wird.

- *Die Arbeiten verschiedener Arbeitsgruppen aufeinander abstimmen und miteinander koordinieren:* Insbesondere bei arbeitsteiligen Aufgaben kann die Controlling- und Reportingsequenz dazu verwendet werden, den verschiedenen Arbeitsgruppen Einblick in den Stand der Arbeiten der jeweils anderen Gruppen zu verschaffen. Bei Bedarf können wechselseitige Anpassungen der Arbeitspläne daraus resultieren – oder aber Gewissheit, auf dem richtigen Weg zu sein. Insbesondere bei identischen Arbeitsaufträgen kann der Einblick in die Arbeit der anderen Gruppen hilfreich sein, um eine Zwischenvalidierung der eigenen Arbeit vorzunehmen und Anregungen für die Weiterarbeit zu erhalten.

- *Motivation fördern:* Eine gelungene Zwischenpräsentation kann sehr motivierend wirken und dadurch neuen Elan und evtl. auch neue Ressourcen freisetzen. Über aufbauende Rückmeldungen des Coachs, insbesondere durch das Entgegenbringen von echtem Interesse für die Zwischenergebnisse, kann sich diese motivierende Funktion entfalten.

### Formen des Reportings

- *Individualreporting:* Das Controlling/Reporting vollzieht sich im direkten Zweierkontakt zwischen der lernprozessbegleitenden Person und den einzelnen Studierenden. Diese Form drängt sich insbesondere bei Einzelarbeiten auf; sie kann aber auch bei Gruppenarbeiten zur Anwendung kommen, beispielsweise indem die verschiedenen Gruppenmitglieder im Rotationsverfahren für das Reporting aufgeboten werden.
- *Gruppenreporting:* Das Controlling/Reporting findet im Kontakt zwischen der begleitenden Person und den einzelnen Arbeitsgruppen statt. Diese Konstellation erleichtert es der Begleitperson, Impulse für die Gruppe als Ganzes zu setzen, die Gruppensituation zu thematisieren und sich ein Bild über das Zusammenspiel der einzelnen Gruppenmitglieder zu machen.
- *Gruppensprecherreporting:* Bei dieser Variante werden Vertretende der einzelnen Gruppen für das Reporting zusammengenommen. Dieses Variante hat vor allem bei arbeitsteiligen Aufträgen den Vorteil, dass die Gruppenvertretungen Einblick in den Arbeitsstand der je anderen Arbeitsgruppen erhalten. Das Reporting ermöglicht u.a. auch eine Koordination der verschiedenen Arbeiten, sofern dies notwendig ist.
- *Reporting im Plenum:* Das Controlling/Reporting findet im Plenum statt. Die einzelnen Gruppen berichten reihum über den Stand der Arbeiten, über Erfolge, Misserfolge, Schwierigkeiten. Der Einblick in die Arbeiten der anderen kann – sowohl für Einzel- als auch für Gruppenarbeiten – wertvolle Impulse für die Weiterarbeit geben.
- *ICT-Reporting:* Das Controlling/Reporting findet mit Hilfe von ICT-Mitteln statt. Die Studierenden legen ihre Arbeitsprotokolle und Zwischenprodukte in einem digitalen Gefäss ab, das für die Lernprozessbegleitung (eventuell auch für die übrigen Personen der Kursgruppe) einsehbar ist. Die lernbegleitende Person kann – ebenfalls auf digitalem Wege oder in einem vereinbarten Direktkontakt – eine Rückmeldung und unterstützende Impulse geben.

### 5.4 Lernbegleitungsaufgaben in der Präsentationsphase

Die Präsentation der Arbeitsergebnisse hat eine grosse Bedeutung für das Gelingen von selbstgesteuerten Lern- und Arbeitsprozessen – dies nicht zuletzt unter motivationspsychologischem Aspekt. Eine Arbeit, insbesondere wenn sie mit einem grösseren Arbeitsaufwand verbunden ist, sollte nicht einfach in einer Schublade verschwinden, sondern von anderen Personen zur Kenntnis genommen und gewürdigt werden.

Die Präsentation selbst muss normalerweise von den Studierenden geleistet werden. Es gibt aber auch für diese Prozessphase eine korrespondierende Aktivität des Dozierenden. Sie lässt sich umschreiben als «Entgegennahme, Sichtung und Würdigung der Arbeitsergebnisse». Für die Lernbegleitung geht es darum, sich ernsthaft mit den Arbeitsergebnissen auseinander zu setzen, sie zu verstehen und zu würdigen – unter Anerkennung des Arbeitsaufwandes, der geleistet worden ist. Die Ernsthaftigkeit, mit der die Auseinandersetzung mit den Ergebnissen stattfindet – sei es durch die Dozierenden oder durch die anderen Lernenden und die Lerngruppen – ist über kurz oder lang ausschlaggebend dafür, ob Arbeitsaufträge in blosser Erledigungsmentalität ausgeführt werden oder ob sie ein Engagement auslösen, das auch ein nachhaltig wirksames Lernen ermöglicht.

In welcher Form die Ergebnispräsentation bzw. die Ergebnissichtung stattfindet, steht in unmittelbarem Zusammenhang mit der Art des Arbeitsauftrages: Ästhetisch gestaltete Produkte oder rein verbale Texte sind hier denkbar, Letztere in mündlicher Präsentation oder in Form eines schriftlichen Dokumentes. Der Einbezug von ICT-Instrumenten dürfte den Ergebnisaustausch in den kommenden Jahren stark verändern.

Bezüglich der Präsentation der Arbeitsergebnisse ist es wichtig zu unterscheiden, ob Lernaufträge in der ganzen Lerngruppe zu denselben Ergebnissen führen (z. B. Übungsaufgaben) oder ob die Arbeitsaufträge auf einen kreativen Prozess gerichtet sind, bei dem unterschiedliche Ergebnisse entstehen können (z. B. Projektaufträge). Gerade beim zweiten Aufgabentyp ist die Frage von Bedeutung, ob die Ergebnisse nur dem Dozenten/der Dozentin präsentiert werden sollen (in der Regel in der Form eines schriftlichen Produktes, das auf einen bestimmten Termin eingereicht wird) oder ob es Sinn macht, sie der ganzen Lerngruppe vorzustellen. Vor- und Nachteile dieser beiden Lösungen können der folgenden Übersicht entnommen werden.

### Zwei Formen der Ergebnispräsentation

| Vorstellen der Ergebnisse in der Kursgruppe | Ergebnissichtung durch den Dozenten/die Dozentin |
| --- | --- |
| Die ganze Lerngruppe kann von der Arbeit eines Einzelnen/einer Gruppe profitieren. | Der Lerngehalt der Arbeiten wird für die übrigen Lerngruppenmitglieder nicht fruchtbar gemacht. |
| Mündliche Präsentationskompetenz wird geschult. | Die Prägnanz der schriftlichen Formulierung hat einen hohen Stellenwert und wird geschult. |
| Grösserer Vorbereitungsaufwand für die Lernenden, um die Ergebnisse nachvollziehbar zu machen. | Hoher Zeitaufwand für die Dozierenden (in der Regel ausserhalb der Unterrichtszeit). |
| Für die Präsentation wird Unterrichtszeit benötigt. | Die Ergebnissichtung kann ausserhalb der Unterrichtszeit stattfinden. |
| Die Kursgruppe wirkt als zusätzlicher Motivations- und Verbindlichkeitsfaktor für die Fertigstellung der Lern- und Arbeitsergebnisse. | Gefahr, dass die Präsentation der Lern- und Arbeitsforderungen primär als Instrument der Lernkontrolle empfunden wird. |

## 5.5 Lernbegleitungsaufgaben in der Beurteilungs- und Feedbackphase

Die Auseinandersetzung mit den Lern- und Arbeitsergebnissen geht fliessend über in die fünfte und letzte Etappe des Lernbegleitungsprozesses, in der die Bewertung und Besprechung der Lern- und Arbeitsergebnisse im Zentrum steht. Im Wesentlichen sind es drei Aufgaben, die in dieser Phase die Begleitperson beanspruchen:

- die Bewertung der Ergebnisse
- die Rückmeldung an die Studierenden
- das Initiieren und Unterstützen der Prozessreflexion (Metakognition, Metakommunikation)

### Bewertung der Ergebnisse

Im Sinne eines Soll-Ist-Vergleichs werden die realisierten Arbeitsergebnisse mit dem Arbeitsauftrag und den Erfolgskriterien verglichen – etwa im Sinne der folgenden Fragen: *Wieweit entspricht das erarbeitete Ergebnis den gesetzten Erfolgskriterien? Wieweit entspricht die erarbeitete Lösung den Merkmalen einer sachkundigen Expertenlösung?*

Die Bewertung der Ergebnisse erfüllt grundsätzlich eine doppelte Funktion: eine lernorientierte (formative) und eine rechenschaftsorientierte (summative):

- In der *lernorientierten (formativen)* Funktion geht es in erster Linie darum, den Lernenden Einsicht in die Stärken und Schwächen der geleisteten Arbeit bzw. in die richtigen und falschen Ergebnisse zu vermitteln, damit sie vorhandene Kompetenzdefizite erkennen und für sich Anhaltspunkte für das weitere Lernen gewinnen können.
- Die *rechenschaftsorientierte (summative)* Funktion tritt zur formativen Funktion hinzu, wenn der Arbeitsauftrag mit der Funktion eines «Leistungsnachweises» gekoppelt ist: In diesem Fall muss das Urteil gefällt werden, ob die Arbeit den (Minimal-)Kriterien entspricht, die als Voraussetzung für die Erlangung der entsprechenden Promotion gelten.

Für den Bewertungsprozess gilt – gewissermassen als «State of the Art» – der Anspruch, dass ein *kriterienorientiertes* Vorgehen praktiziert wird. Dies bedeutet, dass der Bewertungsprozess entlang von expliziten Bewertungskriterien vorgenommen wird und dass die geltenden Bewertungskriterien *gegenüber den Studierenden offen gelegt* werden, und zwar nach Möglichkeit bereits zu Beginn des Arbeitsprozesses. Ein solches Vorgehen ermöglicht die bewusste Ausrichtung des Arbeitsprozesses auf die Zielkriterien und gewährleistet die Nachvollziehbarkeit der Bewertung durch andere Personen.

Für die Gestaltung des Bewertungsprozesses stellt sich noch eine weitere Frage: Wieweit sollen weitere Personenkreise in die Ergebnisbeurteilung einbezogen werden? Im Zusammenhang mit grösseren Studienaufgaben wie z. B. Projekten können dies externe Fachpersonen sein. Unter Umständen bietet sich auch die Möglichkeit, die Mitglieder der Kursgruppe in die Beurteilung einzubeziehen. Dies ist vor allem bei formativen Beurteilungen gut zu realisieren. In diesem Falle kann die lernprozessbegleitende Person eine Moderationsfunktion übernehmen und dafür sorgen, dass die Beurteilung entlang den geltenden Kriterien erfolgt.

### Rückmeldung an die Studierenden

Neben diesen Aspekten des Bewertungsprozesses stellt sich für die lernbegleitende Person auch die Frage, in welcher Form die Rückmeldung an die Lernenden erfolgen soll. Für die Gestaltung der Rückmeldung können verschiedene Varianten in Betracht gezogen werden.

## Entscheidungshilfen für die Planung von Rückmeldungen

- Soll die Rückmeldung mündlich oder schriftlich erfolgen? (Nur mündlich? Nur schriftlich? Schriftlich mit zusätzlicher mündlicher Besprechung?)
- Soll die Rückmeldung öffentlich (z. B. vor der ganzen Kursgruppe) erfolgen oder ausschliesslich an diejenigen Personen, die an der Arbeit direkt beteiligt waren?
- Soll vor der Rückmeldung eine Selbstbeurteilung der Arbeit durch die Lernenden vorgenommen werden? Falls Ja: Wie sollen im Rahmen der Rückmeldung die Selbstbeurteilung und die Fremdbeurteilung miteinander in Beziehung gebracht werden?

Fest steht, dass eine differenzierte Rückmeldung an die Studierenden eine wichtige Bedingung ist, damit die Lern- und Arbeitsaufträge des begleiteten Selbststudiums von den Studierenden nicht einfach als sinnentleerte Pflichtübungen «erledigt» werden, sondern die ihnen zugedachte Bedeutung als tragendes Element des Studiums zu erfüllen vermögen. Zu bedenken ist, dass auch pauschale positive Rückmeldungen ohne differenzierte Aussagen zur Qualität der geleisteten Arbeit diesen Anspruch nicht einzulösen vermögen. Dazu die Aussage eines Studierenden: «Die Arbeit, von der ich am meisten profitiert habe, war diejenige, die abgelehnt wurde; da hat sich der Dozent um eine differenzierte Rückmeldung bemüht.»

### Initiieren und Unterstützen der Prozessreflexion (Metakognition, Metakommunikation)

Arbeiten im Bereich des geleiteten/begleiteten Selbststudiums haben in der Regel eine doppelte Zielsetzung:

- Es sollen fachliche Erkenntnisse/Kompetenzen gewonnen werden. Die Evaluation der Lern- und Arbeitsergebnisse, von der bis jetzt die Rede war, hat ihren Schwerpunkt normalerweise klar in diesem Bereich.
- Es sollen neben den Fachkompetenzen auch überfachliche Kompetenzen gefördert werden: Sozial-, Selbst-, und Methodenkompetenzen, denen in der Berufspraxis ein zunehmend grösserer Stellenwert zukommt.

Es ist wichtig, dass der zweitgenannte Lernaspekt bei der Evaluation der Selbststudiumsarbeiten nicht vernachlässigt wird. Die Erfahrungen zeigen nämlich, dass der Einsatz von verschiedenen Formen des begleiteten Selbststudiums eine Kompetenzförderung im überfachlichen Bereich nicht automatisch sicherstellt, sondern dazu die bewusste Auseinandersetzung mit den Lernprozessen und den entsprechenden Erfahrungen unerlässlich ist. Aus diesem Grunde wird die Initiierung, Unterstützung und Einforderung dieser Reflexionsprozesse ebenfalls als eine Aufgabe der Lernprozessbegleitung betrachtet.

---

### Massnahmen zur Sicherung von prozessbezogenen Reflexionen

- *Zeitgefäss für gemeinsame Erfahrungsreflexion:* Der Dozent/die Dozentin kann ein Zeitgefäss und ein geeignetes Setting für den Erfahrungsaustausch und die kritische Reflexion festlegen bzw. innerhalb der Lernveranstaltung zur Verfügung stellen.
- *Vorgabe von Reflexionsimpulsen:* Der beabsichtigte Reflexions- und Austauschprozess kann durch die Vorgabe von Reflexionsimpulsen – beispielsweise in Form von Leitfragen oder Kriterien – angeregt und vorstrukturiert werden (z. B. mittels Fragen/Kriterien zum Gruppenprozess, zum methodischen Vorgehen bei der Informationsbeschaffung bzw. beim Problemlöseprozess, zur Reflexion des Lernprozesses, zum Umgang mit aufgetauchten Schwierigkeiten und Stolpersteinen usw.)
- *Prozessbezogene Dokumentation:* Es können Instrumente zur prozessbezogenen Dokumentation vorgegeben werden – beispielsweise Lernportfolios oder Lernjournale mit einer entsprechenden inhaltlichen Struktur. Dies setzt allerdings voraus, dass es im Verlaufe der Ausbildung geeignete Anlässe gibt, in denen mit Hilfe dieser Dokumentationen eine Standortbestimmung vorgenommen oder eine Lernbilanz gezogen und mit einer ausbildungsverantwortlichen Person besprochen wird.

*Tabelle 4: Übersicht – Lernbegleitungspraxis im geleiteten/begleiteten Selbststudium*

| Prozess-struktur | Zentrale Lernbegleitungs-funktion | Konkrete Lernbegleitungs-aufgaben | Q- Ansprüche an eine erfolg-reiche Lernbegleitungspraxis |
|---|---|---|---|
| Phase 1: Initiieren | Generieren und Erteilen von Studiums-aufträgen Das Selbststudium vorbereiten und initiieren, indem geeignete Arbeitsaufträge formuliert und die geltenden Rahmenvorgaben festgelegt werden. | • Den didaktischen Kontext klären<br>• Aufgabenstellung und Rahmenvorgaben (inkl. Bewertungskriterien) forulieren<br>• Die Studierenden in die Aufgabenstellung einführen<br>• Auf spezielle Anliegen der Prozessgestaltung hinweisen | • Die Lern- und Arbeitsaufträge sind sinnvoll in den jeweiligen didaktischen und thematischen Kontext eingebettet.<br>• Die Arbeitsaufträge und Rahmenvorgaben sind so festgelegt, dass dadurch ein selbstständiges, kompetenzorientiertes (zielorientiertes) Lernen und Arbeiten angeregt/ angeleitet wird.<br>• Das Anspruchsniveau der Lernaufgaben wird – unter Berücksichtigung des verfügbaren Unterstützungsangebotes – den Voraussetzungen der Studierenden gerecht.<br>• Der erforderliche Zeitaufwand ist angemessen kalkuliert.<br>• Die Einführung ist so gestaltet, dass ein angemessenes Verständnis der Lern- und Arbeitsaufträge sichergestellt ist. |
| Phase 2: Realisieren | Coaching (i. e. S.) Während der Realisierungsphase unterstützend intervenieren (orientiert am konkreten Unterstützungsbedarf der Lernenden) | • Strukturieren der Beratungshilfe gemäss adäquatem Lerncoachingmodell: a) Offenes Lerncoachingmodell; (b) Fragengeleitetes Lerncoachingmodell (Coachbefragung); (c) Supervisorisches Lerncoachingmodell (moderierter Erfahrungsaustausch) | • Die Studierenden werden durch die vorgegebenen Arbeitsaufträge und Rahmenvorgaben zu einem selbstständigen, im Sinne der gesetzten Lernziele erfolgreichen und lernwirksamen Lern- und Arbeitsprozess angeregt/angeleitet. |

*Tabelle 4 (Fortsetzung): Übersicht – Lernbegleitungspraxis im geleiteten/begleiteten Selbststudium*

| Phase / Aktivität | Beschreibung | Konkretisierung | Qualitätsmerkmale |
|---|---|---|---|
| | | • Klärungshilfen auf den verschiedenen Ebenen:<br>a) Sachebene (Sachklärung); b) Methodenebene (Klärung zum methodischen Vorgehen); c) Kommunikationsebene (Kommunikationsklärung); d) personenbezogene Ebene (Selbst- und Rollenklärung); e) Gesamtsituation (Kontextklärung) | • Die gewählten Interventionen sind für die Realisierung des selbstständigen Arbeitens förderlich und hilfreich (sie wirken nicht blockierend oder entmutigend).<br>• Hilfestellungen sind so dosiert und strukturiert, dass die vorhandenen Ressourcen der Studierenden aktiviert werden.<br>• Die unterschiedlichen Interventionsebenen sind angemessen berücksichtigt. |
| | **Controlling**<br>Zwischenberichte über den aktuellen (Zwischen-)Stand der Arbeiten einfordern, sichten und besprechen | • Sich einen Überblick über den Stand der Arbeiten verschaffen (entlang von vereinbarten Meilensteinen); überprüfen, ob die Arbeit «auf Kurs ist», d. h. ob die Rahmenvorgaben und die vorgegebenen/vereinbarten Ziele eingehalten werden | • Bei grösseren/längeren Arbeiten: Für das Controlling/Reporting sind geeignete Gefässe und Arrangements definiert, die eine zeitsparende und lernwirksame Standortbestimmung/Zwischenevaluation ermöglichen.<br>• Das Controlling/Reporting wird unter Berücksichtigung der angestrebten Ziele des begleiteten Selbststudiums durchgeführt. |
| **Phase 3: Präsentieren** | **Entgegennahme/Sichtung der Ergebnisse**<br>Sich (und anderen) ein Bild über die geleisteten Arbeiten verschaffen; die geleistete Arbeit zur Kenntnis nehmen und sich damit adäquat auseinander setzen | • Wahl einer angemessenen Präsentationsform (inkl. Festlegung einer angemessenen «Öffentlichkeit» und Klärung der Verantwortlichkeiten)<br>• Organisation/Moderation der Ergebnispräsentation in der Kursgruppe<br>• Sichtung der Ergebnisse durch den Dozenten/die Dozentin (inkl. Verständnissicherung und Würdigung) | • Die vorgesehene Zeit für die Ergebnissichtung/Ergebnispräsentation vermag den entstandenen Lern- und Arbeitsergebnissen gerecht zu werden.<br>• Die gewählte Präsentationsform ermöglicht eine angemessene Auseinandersetzung mit den Arbeitsergebnissen – unter Berücksichtigung der verfügbaren Zeit. |

*Tabelle 4 (Fortsetzung): Übersicht – Lernbegleitungspraxis im geleiteten/begleiteten Selbststudium*

| Phase 4: Evaluieren | **Bewertung der Arbeitsergebnisse und Rückmeldung an die Studierenden** Massnahmen zur Überprüfung und Bewertung der Ergebnisse ergreifen, die Rückmeldesituation gestalten; retrospektive Reflexionen (Metakognition, Metakommunikation) unterstützen | • Bewertung der Ergebnisse<br>• Rückmeldung an die Studierenden/Austausch von Selbst- und Fremdbeurteilung<br>• Initiieren und Unterstützen der rückblickenden Prozessreflexion (Metakognition, Metakommunikation)<br>• Bilanzierung (*lessons learned*) und Ausblick auf nachfolgende Lernschritte | • Bei Einbezug der Kursgruppe: Das gewählte Arrangement zur Ergebnispräsentation ermöglicht auch den übrigen Kursteilnehmenden eine lernwirksame thematische Auseinandersetzung.<br>• Die Ergebnisse werden entlang von explizierten/explizierbaren Kriterien bewertet.<br>• Die Studierenden erhalten eine differenzierte, dem geleisteten Arbeitsaufwand angemessene Rückmeldung.<br>• Es wird eine Auseinandersetzung zwischen Selbst- und Fremdbeurteilung und eine Bilanzierung (mit Ausblick auf weitere erforderliche Lernschritte) angeregt.<br>• Es wird eine rückblickende Prozessreflexion angeregt und mit Hilfe von geeigneten Evaluations- und Reflexionsinstrumenten unterstützt. |

# 6 Das Portfolio – ein Instrument zur individualisierten Steuerung und Beurteilung des (Selbst-)Studiums

Im Zuge der Bologna-Reform wird an den Hochschulen und Fachhochschulen ein Qualifikationssystem eingeführt, das auf dem Nachweis der individuellen Lernleistung *(learning outcome)* mittels ECTS-Punkten basiert. Charakteristisch für dieses Verrechnungssystem ist u.a., dass nicht (nur) die besuchten Kontaktveranstaltungen, sondern auch die im Selbststudium erbrachten Studienleistungen angerechnet werden. Parallel dazu wird die «Outputorientierung» stärker betont: Als Ausbildungsziel werden Berufskompetenzen festgelegt, die am Ende des Studiums verfügbar sein sollen. Die Wege zur Erreichung dieser Ziele jedoch werden möglichst flexibel gehalten: Für die Studierenden sollen mehrere vergleichbare Wege offen stehen, um die geforderten Berufskompetenzen zu erreichen. Nur so kann die gewünschte Mobilität zwischen den (europäischen) Hochschulen realisiert werden. Das Zauberwort heisst «Modularisierung». Dank einem umfassenden System von aufeinander abgestimmten Ausbildungselementen wird die Möglichkeit geschaffen, für bestimmte Kompetenzprofile Ausbildungsabschlüsse zu definieren, die – obwohl gleichwertig – auf unterschiedlichen Ausbildungswegen mit verschiedenen Modulkombinationen zustande kommen können.

Als Folge des erhöhten Spielraums bei der individuellen Studiengestaltung treten neue Fragen auf:

- Wie kann trotz der Variabilität der Ausbildungswege und der Individualisierung der zu erbringenden Studienleistungen Beliebigkeit verhindert werden?
- Wie können individuelle Entwicklungen und Studienverläufe gefördert, aber auch gezielt gesteuert, kontrolliert und überprüft werden?

Als Lösungsansatz bietet sich das Studierendenportfolio an. Es ist einerseits ein Instrument, das für die formative und/oder summative Beurteilung innerhalb der neuen Lehr-Lern-Konzeption eingesetzt werden kann. Anderseits dient es aber auch als prozessorientiertes Evaluations- und Steuerungsinstrument – für Studierende ebenso wie für die Ausbildungsinstitutionen.

## 6.1 Was ist ein Portfolio?

### Portfolio als pädagogischer Fachbegriff: Zur Herkunft der Bezeichnung

Der Begriff Portfolio bedeutet so viel wie eine Sammlung von Papieren bzw. Blättern (engl. *Folio)*, die sich tragen lassen *(portable)*. In der Architektur, Fotografie oder Kunst wird der Begriff seit langem für eine Präsentationsmappe verwendet, welche die Qualität der eigenen Arbeit ebenso wie den persönlichen Arbeitsstil und die persönlichen Techniken belegt. Seit Mitte der achtziger Jahre wird der Begriff in den USA in der pädagogischen Fachsprache für eine Form der Schülerbeurteilung verwendet. Im deutschen Sprachraum wurde zunächst von «Leistungsmappe» gesprochen, mittlerweile hat sich auch hier der Begriff Portfolio durchgesetzt (vgl. Jabornegg 2004, S. 155).

Unter Portfolio wird im Kontext des Lehrens und Lernens eine persönlich zusammengestellte Sammlung von Dokumenten und Essays zum individuellen Nachweis von Studien- und Lernleistungen in verschiedenen Kompetenzbereichen verstanden. Das Portfolio dokumentiert den individuellen Lernstand und den Lernfortschritt, und zwar im Hinblick auf die zu erreichenden Ausbildungsziele (Berufskompetenzen).

Im Zentrum der Arbeit mit Portfolios steht ein reflektierter, bewusst gestalteter Prozess, der darauf ausgerichtet ist, die eigene Kompetenzentwicklung mit geeigneten Belegen und ergänzenden Reflexionen zu dokumentieren. Als Produkt entsteht eine Dokumentensammlung, die einen engen Bezug nimmt auf die Lehr- und Lernaktivitäten, welche in praktischer und theoretischer Ausbildung realisiert worden sind. Dieses materialisierte Ergebnis des Portfolioprozesses kann Dozierenden und – je nach Schwerpunktsetzung und Ausrichtung – auch anderen interessierten Personen (z.B. zukünftigen Arbeitgebenden) als individueller Nachweis der Lernleistungen und des Lernerfolgs präsentiert werden.

*Tabelle 5: Zwei zentrale Dimensionen des Portfolios*

| **Portfolioprozess** Sammlung sowie kritische Sichtung und Auswahl von aussagekräftigen Lerndokumenten zur Spiegelung der eigenen Kompetenzentwicklung |  | **Portfolioprodukt** Selektiv zusammengestellte und kritisch kommentierte Präsentation von Dokumenten zum Nachweis von erbrachten Lernleistungen und Lernfortschritten |
| --- | --- | --- |

## 6.2 Portfoliovarianten

In der Ausbildungslandschaft werden gegenwärtig sehr viele Portfoliovarianten umgesetzt. Um Klarheit über die Rolle des Portfolios für entsprechende Studiengänge zu erhalten, gilt es, die wichtigsten Funktionen des Portfolios im jeweiligen Kontext festzulegen. Die folgende Tabelle soll eine Verortung ermöglichen, indem sie einige der gängigen Varianten zueinander in Bezug setzt (vgl. dazu auch Buitelaar 2005, Jabornegg 2005, Häcker 2005).

*Tabelle 6: Portfoliovarianten*

| Kriterien | Realisierungsvarianten | |
|---|---|---|
| **Geltungsbereich/ Zeitraum** | **Small Based Portfolio** Zeigt die Entwicklung einer einzelnen Kompetenz – über eine kürzere Zeitperiode | **Broad Based Portfolio** Zeigt die Entwicklung des gesamten Kompetenzprofils – über eine längere Zeitperiode |
| **Standardisierungsgrad** | **Closed Portfolio** Hohe Standardisierung (Vorgabe einer relativ differenzierten formalen Struktur) | **Open Portfolio** Geringe Standardisierung, ermöglicht eine eigene, individuelle Darstellungsweise |
| **Arbeitsmedium** | **Konventionelle Portfolios** (Papierformat) Mappen, Ringhefte, eventuell vereinzelte Ton- und Videodokumente, z. B. CD-ROMs | **E-Portfolios** (Digital) Alle Dokumente in digitaler Form. Die elektronische Form ermöglicht unter anderem eine raffinierte Steuerung der Einsichtsberechtigung und des Feedbacks: Wer nimmt Einsicht in welche Dokumente? Wer gibt wem eine Rückmeldung in Form einer Beurteilung? |
| **Ausrichtung** | **Berufsbezogenes Portfolio** Zeigt den beruflichen Entwicklungsstand – mit Bezug auf die angestrebten beruflichen Kompetenzen | **Lern- oder Kompetenzentwicklungsportfolio** Zeigt und dokumentiert die individuellen Lernfortschritte |
| **Dokumentationsschwerpunkt (schwerpunktmässige Funktion)** | **Product Portfolio** Zusammenstellung der besten Arbeiten; die *summative Beurteilung* steht im Vordergrund. | **Process Portfolio** Zusammenstellung von Arbeiten, die den Lernprozess dokumentieren; die *formative Beurteilung* steht im Vordergrund. |

Hilfreich für die genaue Bestimmung der Hauptzielrichtung, die mit der Implementierung von Portfolios innerhalb eines Studienganges angestrebt wird, ist das Schema der Tabelle auf der nächsten Seite.

*Tabelle 7: Entscheidungsdimensionen zur Verortung von Portfolios (vgl. Häcker 2005)*

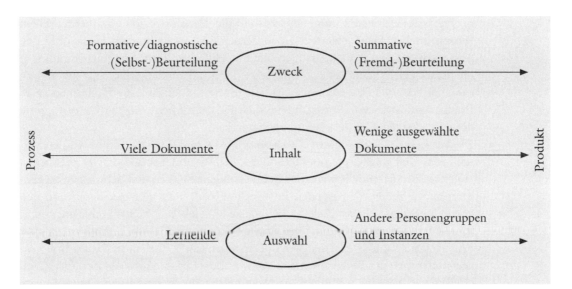

## 6.3 Funktionen des Portfolios

Das Portfolio findet seit rund zwanzig Jahren immer mehr Verbreitung, insbesondere in Bildungsgängen, in denen auf eine hohe Individualisierung und Flexibilisierung der Lernprozesse Wert gelegt wird. Im Folgenden sind didaktische Funktionen beschrieben, die mit dem Einsatz des Portfolios erfüllt werden können:

- *Förderung von Eigenverantwortung:* Indem die Studierenden ihre Kompetenzentwicklung für Aussenstehende transparent machen müssen, ergibt sich für sie so etwas wie eine «Beweislast» dafür, dass sie mit ihren individuell gewählten Zielen und Lernwegen die angestrebten Berufskompetenzen auch wirklich erreichen. Dies geht kaum, ohne dass die Studierenden früher oder später erkennen, welche Hauptrolle sie selbst in ihrem ganzen Ausbildungsprozess spielen. In diesem Sinne unterstützt und aktiviert das Portfolio die Selbstverantwortung der Studierenden.
- *Strukturierungs- und Reflexionshilfe für Lern- und Entwicklungsprozesse:* Durch die Arbeit am persönlichen Portfolio werden die Studierenden dazu angehalten, die Aufmerksamkeit auf die Reflexion, Strukturierung und Transparentmachung der eigenen Lern- und Arbeitsprozesse zu lenken: Dadurch wird die metakognitive Reflexion gefördert, die als wichtige Voraussetzung sowohl für die erfolgreiche Gestaltung von Lernprozessen als auch für den Aufbau von lernstrategischer Kompetenz gilt.
- *Sichtbarmachung des eigenen Entwicklungsprozesses:* Das Portfolio ermöglicht eine bewusste und kreativ gestaltete Abbildung des eigenen Lern- und Entwicklungsprozesses in der theoretischen und praktischen Ausbildung. Die Studierenden lernen dabei, Aussenstehenden (z.B. Mitstudierenden oder den begleitenden Dozierenden) nachvollziehbar Auskunft zu geben über die eigenen Stärken und Schwächen in den verschiedenen Kompetenzbereichen.

- *Unterstützung des Theorie-Praxis-Transfers:* Das Portfolio wird oft als Instrument zur Begleitung von Praktika eingesetzt, denn es eignet sich sehr gut dazu, Theorie-Praxis-Reflexionen zu unterstützen und die Transformation von theoretischem Wissen ins berufliche Handeln zu fördern. Dies geschieht zum einen über den Austausch mit den Begleitpersonen, die mit Hilfe des Portfolios einen Einblick in die praxisbegleitenden Reflexionsprozesse der Studierenden erhalten. Zum andern kann das Portfolio eine wertvolle Grundlage sein für den Austausch mit Peers (z. B. Erfahrungsaustausch in Praxistandems oder Praxisgruppen), was zur Unterstützung der individuellen Transferleistung beitragen kann.

- *Förderung von überfachlichen Kompetenzen:* Mit Hilfe des Portfolios werden verschiedene Teilfähigkeiten aus Methoden-, Selbst- und Sozialkompetenzbereichen erweitert: Studierende lernen zum Beispiel, eigene Stärken und Schwächen zu analysieren; sie lernen, den eigenen Entwicklungsbedarf zu diagnostizieren und sich darauf aufbauend eigene Ziele zu setzen; sie entwickeln ihre Strukturierungs- und Schreibkompetenzen (Selbstevaluations-, Schreib- und Medienkompetenzen wie Erfassen, Auswählen, Systematisieren, Darstellen usw.). Zudem ist das Portfolio ein geeigneter Ort, um Reflexionen anzustellen über (Lernprozess-)Erfahrungen (Metareflexion), was eine wichtige Voraussetzung für die Weiterentwickelung prozessorientierter Kompetenzen ist.

- *Instrument für Studienplanung und individuelle Profilbildung:* In seiner umfassenden Variante, d.h. wenn es als Begleitinstrument über das ganze Studium hinweg verwendet wird, bekommt das Portfolio den Charakter eines Planungsinstrumentes für den individuellen Studienverlauf. Es wird hier eingesetzt, um sich eine Gesamtschau über die erwünschte und geforderte Kompetenzentwicklung zu verschaffen. In dieser Funktion hilft es den Studierenden, sich nicht in der Bearbeitung von Einzelthemen zu verlieren, sondern die eigene Ausbildung entlang curricularer Ziele und der eigenen Interessen und Fähigkeiten voranzutreiben.

- *Hilfe für formative und summative Beurteilungen:* Das Portfolio kann Grundlage sein für die Beurteilung der Kompetenzentwicklung – sei es im formativen oder im summativen Sinne. Auf der einen Seite ermöglicht es den Beratenden, Einsicht in den Entwicklungsstand und weiteren Entwicklungsbedarf der Studierenden zu nehmen. Auf der anderen Seite kann das Portfolio auch zur Beurteilung der individuellen Kompetenzen hinsichtlich der Studier- und/oder Berufsfähigkeit beigezogen werden.

- *Datengrundlage in Anstellungsverfahren:* Das ganze Portfolio oder einzelne Ausschnitte daraus können in Anstellungsverfahren genutzt werden. Damit können einerseits die individuellen Schwerpunktsetzungen während der Ausbildung («create your own study», KFH, Best Practice 2004), anderseits aber auch das eigene Profil mit Stärken und Schwächen im Bereich der fachlichen und überfachlichen Kompetenzen sichtbar gemacht werden.

## 6.4 Inhalte eines Portfolios

Das Portfolio kombiniert vier grundsätzlich voneinander unterscheidbare Produkte/ Dokumente, die im Studienverlauf und Lernprozess entstehen (vgl. auch Buitelaar 2005, PHZH 2006, Richter 2005). Es sind dies

- Orientierungshilfen,
- persönliche Lernziele,
- Lernwegdokumente und
- Lernprozessreflexionen.

### Orientierungshilfen

Unter den Begriff «Orientierungshilfen» (oder auch «Navigationshilfen») fallen die – speziell für das Portfolio hergestellten – Texte, die dazu dienen, die im Portfolio darge- legten Lernziele, Lernwegdokumente und Lernprozessreflexionen zu strukturieren und zu kommentieren. Durch sie soll den Dozierenden, die den Portfolioprozess begleiten, das Nachvollziehen und Verstehen des studentischen Weges erleichtert werden.

Wichtige Orientierungshilfen/Navigationshilfen können das Inhaltsverzeichnis, (Kurz-)Kommentare zu den ausgewählten Daten und Kommentare über Vorgehen und Weg sein.

### Persönliche Lernziele (aus verschiedenen Kompetenzbereichen)

Zu Beginn jeder Portfolioperiode werden persönliche Lernziele formuliert. Diese orien- tieren sich einerseits am persönlichen Lernstand und andererseits an den Kompetenzen, die im Verlaufe der Ausbildung erreicht werden sollen. Letztere sind in der Regel im Curriculum festgeschrieben oder grob umrissen. Wenn mehrere Portfolioperioden auf- einander folgen, fliesst bei der Festlegung der neuen Lernziele jeweils das Fazit aus der vorangegangenen Periode in die Zielbestimmung mit ein.

### Lernwegdokumente

Lernwegdokumente sind Arbeiten und Werke, die im persönlichen Lernprozess in den verschiedenen Modulveranstaltungen entstehen. Dazu gehören Lern- und Arbeitser- gebnisse, die im Laufe der regulären Modulaufträge entstehen. Hinzu kommen Pro- dukte, die eigens fürs Portfolio geschaffen wurden.

Die Lernwegdokumente bilden in der Regel den eigentlichen Kern des Portfolios: Sie geben Aufschluss über (Lern-)Handlungen und Lernprodukte und dokumentieren den individuell erreichten Kompetenzstand. Gleichzeitig zeigen sie persönliche Akzent- setzungen im Studium und schlagen Brücken zwischen der Arbeit in verschiedenen Modulen.

**Beispiele für Lernwegdokumente**

- Arbeitsblätter, Notizen
- Präsentationsunterlagen von Referaten
- Leistungsnachweise
- Projektpläne und -logbücher
- Projektbegleitungsnotizen
- Referate
- Rückmeldungen zu Leistungsnachweisen
- Reviewnotizen
- Diskussionsleitfäden
- Evaluationsberichte
- Standortbestimmungen
- Reflexionsblätter
- Kritische Betrachtungen zu Lehrveranstaltungen
- Forschungsarbeiten
- Videosequenzen
- Kommentierte Literaturlisten
- Ausschnitte aus Lernjournalen und Lerntagebüchern
- Korrespondenzen
- Fallstudien
- Briefe an Behörden o. Ä.
- Sitzungsprotokolle
- Fotos
- Konzepte

Lernprozessereflexionen sind Abhandlungen, die Gedanken zur Kompetenzentwicklung enthalten. Sie setzen die Lernerfahrungen und die entsprechenden Dokumente in Bezug zu den individuell gesetzten Lernzielen.

Bei Lernprozessreflexionen kann es sich um Essays zu ausgewählten Lernsituationen im Studienalltag handeln, die geeignet sind, individuelle Lernvorhaben und Lernwege zu illustrieren. Es können aber auch individuelle Standortbestimmungen während der Portfolioperiode sein, die zeigen, was schon erreicht und was noch zu tun ist. Oder es kann sich um ein Fazit am Ende der entsprechenden Portfolioperiode handeln, das Bezug nimmt auf die eingangs definierten Lernziele und gleichzeitig den weiteren Lernbedarf aufzeigt.

## 6.5 Zur Praxis der Portfolioerstellung

Im Folgenden sind wichtige Schritte im Prozess der Portfolioarbeit umschrieben. Die Ausführungen beziehen sich auf ein Portfolio, das eine lernprozesssteuernde Funktion erfüllt (im Unterschied zu Portfolios mit ausschliesslich lernprozessdokumentierender Funktion, vgl. Kapitel 6.2, «Portfoliovarianten»). Die Verlaufsdarstellung versteht sich nicht als fixe Vorgabe, sondern hat in erster Linie illustrativen Charakter: Sie möchte dazu anregen, eigene Umsetzungserfahrungen zu machen und individuelle Umsetzungsmodelle zu generieren.

**Schritte im Prozess der Portfolioarbeit**

**Schritt 1: Rahmen und Vorgaben festlegen**

**Schritt 2: Information der Dozierenden**

**Schritt 3: Information der Studierenden**

**Schritt 4: Klärung der individuellen Lern- und Entwicklungsziele**

**Schritt 5: Zusammenstellung der Lernwegdokumente**

**Schritt 6: Reflexionen zum Lernweg**

**Schritt 7: Beurteilen des Portfolios und Rückmeldung an die Studierenden**

*Schritt 1: Rahmen und Vorgaben festlegen*

Der Einsatz eines Studierendenportfolios in einem Ausbildungsgang beginnt damit, dass die Hauptfunktionen des Portfolios und dessen Einbettung in die Studienstruktur geklärt und geregelt werden. *Leitfrage:* In welchem Studienbereich, für welche Studienschwerpunkte kommt das Portfolio als Instrument zur individuellen Lernprozesssteuerung und -dokumentation zum Einsatz? (vgl. auch Kapitel 6.2, «Portfoliovarianten»). Nach dieser Klärung wird die inhaltliche Struktur des Portfolios festgelegt. Darauf aufbauend, entstehen Wegleitung und weitere Merkblätter – beispielsweise zum Bewertungsprozedere (inkl. Bewertungskriterien), zur Funktion, Rolle und Organisation der Begleitung, zum Zeitaufwand für Studierende (inkl. Konsequenzen für die ECTS-Verrechnung) sowie zum Einsatz der Dozierenden (inkl. Konsequenzen für das Arbeitszeitportfolio).

*Schritt 2: Information der Dozierenden*

Es ist wichtig, dass die Dozierenden eines Ausbildungsganges rechtzeitig und umfassend über die Portfolioarbeit der Studierenden informiert werden. Dabei geht es um die Sensibilisierung des gesamten Dozierendenteams – auch dann, wenn nur ein Teil davon bei der eigentlichen Portfoliobegleitung engagiert ist. Nötig ist dies, weil Arbeiten und Lerndokumente aus den unterschiedlichsten Modulen zu verschiedenen fachlichen und überfachlichen Kompetenzen ins Portfolio integriert werden können. Es ist zudem vorteilhaft, wenn Modulverantwortliche in ihren Modulen Gelegenheiten schaffen, um spezielle Dokumente fürs Portfolio zu erstellen (z. B. Reflexionsblätter über Aspekte von Fach-, Selbst-, oder Sozialkompetenzen nach einer Gruppenarbeit, Leistungsnachweise oder Ähnliches).

Für Dozierende, die selbst eine Begleitaufgabe übernehmen, sollten spezielle Einführungs- und Unterstützungsangebote vorgesehen werden. Beispielsweise sollten Steuerungsinstrumente wie Wegleitung und Bewertungskriterien besprochen, aber auch mögliche Schwierigkeiten und Stolpersteine diskutiert und prozessbegleitend bearbeitet werden.

*Schritt 3: Information der Studierenden*

Im Rahmen einer speziellen Veranstaltung werden die Studierenden in die Arbeit mit Portfolios eingeführt. Zeitplan, Steuerungsinstrumente und Merkblatt zur Begleitung werden vorgestellt. Ziel der Veranstaltung ist es, Transparenz zu schaffen im Hinblick auf die Ziele und Funktionen des Portfolios und auf die Einbettung in den Studienverlauf. Für die Studierenden muss klar ersichtlich sein, dass die Kompetenzvorgaben des Curriculums auf die Ebene von individuellen Zielen und Aktionsplänen heruntergebrochen werden müssen.

Zentrales Instrument für die Studierendeninformation ist die *Wegleitung zum Portfolioprozess*. Diese ist gewissermassen das Steuerinstrument für die Portfolioarbeit. Sie enthält eine detaillierte Beschreibung des Portfolioauftrages – verbunden mit Aussagen über Begriff, Sinn und Ziele des Portfolios. Wichtig sind ferner verbindliche Vorgaben zu Inhalten und Lernzielen und zu den vorgesehenen Arbeitsschritten; schliesslich gehören auch Angaben über die Form des Endproduktes und über die Rolle und Funktion der Begleitung durch Dozierende sowie über die Praxis der Peerunterstützung dazu.

*Schritt 4: Klärung der individuellen Lern- und Entwicklungsziele*

Ein wichtiger Schritt bei der Portfolioumsetzung ist die individuelle Festlegung der Ziele, die im Rahmen der eigenverantwortlichen Arbeit angestrebt und mit Hilfe des Portfolios dokumentiert werden sollen. Ausschlaggebend für die Zielfestlegung sind einerseits die in der Ausbildung angestrebten und im Curriculum umschriebenen Professionskompetenzen und andererseits der persönliche Lernbedarf und die individuellen Lerninteressen. Durch die Rahmenvorgaben sollte für die Studierenden ersichtlich werden, auf welche Berufskompetenzen sich die Portfolioarbeit beziehen kann und wie viele solcher Kompetenzen im Zentrum der persönlichen Arbeit stehen sollen.

Da der individuelle Zielsetzungsprozess anspruchsvoll ist, sollte eine – den studentischen Selbstlernkompetenzen angepasste – Begleitung dafür vorgesehen werden, zumal dieser Prozess für den weiteren Verlauf der Portfolioarbeit entscheidend ist. Die Zielsetzungen müssen gewissen Vorgaben und Kriterien entsprechen, gleichzeitig müssen sie zwischen Studierenden und Begleitpersonen abgesprochen und verbindlich festgelegt werden.

*Schritt 5: Zusammenstellung der Lernwegdokumente*

Nach der Festlegung der individuellen Ziele beginnt der eigentliche Kern der Portfolioarbeit: Der Lernweg wird gemäss den gesetzten Zielen strukturiert und dokumentiert. Die gesammelten Dokumente werden in einem Ordner abgelegt, der als «Archiv» für die spätere Version des Portfolios, des «Präsentationsportfolios», dient.

Jedes der gesammelten Dokumente sollte mit einer kurzen Notiz versehen werden, aus der vorerst einmal provisorisch ersichtlich ist, welches persönliche Lernziel durch das betreffende Dokument illustriert wird. Bei diesen Kurznotizen handelt es sich in der Regel noch nicht um die im Endprodukt verwendeten Lernprozessreflexionen. Auch fliessen nicht alle gesammelten Dokumente im Archivordner ins Endprodukt, das «Präsentationsportfolio», ein: Der Selektionsprozess, der zur Auswahl der Dokumente führt, ist eine wichtige Etappe der Portfolioherstellung.

In der Praxis hat es sich bewährt, den Austausch unter den Studierenden zur Portfolioarbeit anzuregen – beispielsweise durch Tandems, die zu Beginn des Portfolioprozesses festgelegt werden, sowie durch vereinzelte Gruppentreffen (Zusammenkunft von mehreren Tandems), die von Dozierenden moderiert werden.

### Schritt 6: Reflexionen zum Lernweg

Anhand der gesammelten Dokumente und mit Hilfe der entsprechenden Kurznotizen werden kurze Essays[8] zur Entwicklung der eigenen Kompetenzen verfasst. Diese haben die Aufgabe, die persönliche Entwicklung in Richtung individuell gesetzter Lernziele für Aussenstehende nachvollziehbar zu machen. Ein Teil der Reflexionen gilt dabei dem eigenen Vorgehen und dem eigenen Lernprozess in der Portfolioarbeit (Metareflexion). Auf diese Weise wird wertvolles Wissen über das eigene Lernen generiert, das die persönlichen Lerngewohnheiten für die Zukunft zu optimieren hilft.

Die Selektions- und Reflexionsphase lässt sich nicht klar von der Sammelphase trennen, da ja auch in der Sammelphase fortwährend Selektions- und Reflexionsprozesse stattfinden – beispielsweise indem für den Archivordner Dokumente aus Modulen gezielt ausgewählt bzw. erstellt und einzelnen Zielen zugeordnet werden. Die reflexive Auseinandersetzung nimmt jedoch in dieser Etappe mehr Raum ein. In der Phase vor der Abgabe des Portfolios tritt in der Regel das Dokumentesammeln eher in den Hintergrund – zugunsten von Reflexions- und Dokumentationsgestaltungsaufgaben.

### Schrittt 7: Beurteilung des Portfolios und Rückmeldung an die Studierenden

Das Portfolio wird von den begleitenden Dozierenden begutachtet und bewertet. Denkbar ist auch eine mündliche Präsentation des Portfolios im Sinne eines Prüfungskolloquiums (vgl. PHZH 2006). Dies hängt von Zielen, Funktionen und Geltungsbereich des Portfolios innerhalb der Ausbildungsinstitution ab. Zudem sollte beachtet werden dass eine selektionswirksame Beurteilung die offene Darlegung von Lernschwierigkeiten behindern kann.

Das Resultat der Portfoliobeurteilung wird in einem persönlichen Rückmeldegespräch dargelegt, in dem zudem der Arbeitsprozess gemeinsam evaluiert wird. Die Kriterien zur Beurteilung des Portfolios müssen den Studierenden in Form von transparenten Angaben schon zu Beginn der Portfolioarbeit bekannt sein (Beurteilungsraster).

---

8 Lernprozessreflexionen werden als Essays verfasst.

## Mögliche Beurteilungskriterien für Portfolios

- Formale Kriterien: Vollständigkeit, Aufbau/Übersichtlichkeit, Darstellung/Gestaltung, Umfang, Quellenangaben.
- Inhaltliche Kriterien: Zielgerichtetheit/Selektion, Variabilität, Lernprozessdokumentation, Theorie-Praxis-Verknüpfung, Reflexionen, Grundhaltung.
- Gesamteindruck

## 6.6 Abschliessende Beurteilung

Abschliessend soll nochmals auf die zentralen Chancen und auf eventuelle Gefahren der Arbeit mit Portfolios hingewiesen werden. Ganz grundsätzlich gilt, dass sich das Portfolio weniger für den Einsatz in einzelnen Modulen eignet, sondern eher als Element des gesamten Ausbildungsprozesses zu sehen ist. Es kann zum integrierenden Instrument werden, das die verschiedenen Module und Studienelemente (Theorie – Praxis, Selbststudium – Kontaktstudium) miteinander in Verbindung bringt. Als Reflexionsinstrument regt es die Studierenden dazu an, die individuelle Entwicklung der Berufskompetenzen bewusst zu beobachten und daraus eine Grundlage für die eigene Lernplanung zu gewinnen.

Darüber hinaus kann es die Funktion eines «Studienführers» übernehmen, der einen roten Faden durch das Studium hindurch bildet. In dieser Funktion wird das Portfolio beispielsweise an vielen holländischen Fachhochschulen eingesetzt. Hier werden die Studierenden während der gesamten Ausbildungsdauer in ihrem Kompetenzentwicklungsprozess von der gleichen Person begleitet und beraten. Alle Studierenden erhalten zu Beginn des Studiums eine solche Begleitperson aus dem Dozierendenteam zugeteilt. Die Beratung geschieht entlang dem Portfolioprozess. In einer ersten Sequenz brauchen die Studierenden vor allem Unterstützung beim Festlegen der Lernziele. Was hier geschieht, ist richtungweisend für den weiteren Verlauf der Arbeit. Deshalb ist hier mindestens ein individuelles Beratungsgespräch angesagt. Im Anschluss hat die Begleitperson die Aufgabe, die persönlichen Standortbestimmungen und die daraus folgenden Zielsetzungen der Studierenden zu beobachten, zu kommentieren (z. B. in Form von Feedbacks zu den Produkten und Lernprozessreflexionen) und zu beurteilen. So werden allfällige Schwierigkeiten der Studierenden früh erkannt, und es können entsprechende Massnahmen eingeleitet werden. In der Sammel- und in der Reflexionsphase kann der kollegiale Austausch in Tandems oder in grösseren Gruppen (Treffen von mehreren Tandemgruppen – moderiert durch Dozierende, die für die Portfoliobegleitung vorgesehen sind) hilfreich sein. Diese Beratungsform ist als Ersatz für Einzelberatungen zwischen Dozierenden und Studierenden sinnvoll und ressourcensparend.

Insbesondere in der Einstiegsphase des Studiums kann ein in diesem Sinne integriertes und begleitetes Portfolio eine wichtige Funktion erfüllen: Als Quelle von Informationen über den individuellen Lern- und Entwicklungsprozess wird das Portfolio nutzbar, wenn die Studierfähigkeit und Berufseignung der Studierenden beurteilt werden soll. Denn in der Portfolioarbeit lässt sich gut erkennen, ob Studierende bereit und fähig sind, selbstverantwortlich ihre eigenen Bildungsprozesse in die Hand zu nehmen und sich auf (Meta-)Reflexions- und Selbstorganisationsprozesse einzulassen.

Bei der Orientierung an Berufsbefähigung und Outputkompetenzen – Kernanliegen der Bologna-Reform – leistet das Portfolio in der Verbindung von Theorie und Praxis einen wichtigen Beitrag zur Ausbildungsqualität. Es vereint Leistungen bzw. Lernwegdokumente aus beiden Ausbildungsbereichen, macht in beiden Bereichen die Lern- und Bildungsprozesse transparent und initiiert und fördert Theorie und Praxis verbindende Reflexionen.

Allerdings sind die Ansprüche an eine qualifizierte Portfolioarbeit, welche die Dokumentenauswahl- und Strukturierungsfähigkeiten der Studierenden einschliesst, nicht zu unterschätzen. Da gerade diese Fähigkeiten bei vielen Studienanfängerinnen und -anfängern noch nicht sehr ausgeprägt vorhanden sind, empfiehlt es sich, die Portfoliobegleitung zu Beginn der Ausbildung besonders sorgfältig und in der Tendenz intensiver zu gestalten als im weiteren Verlauf. So kann vermieden werden, dass die Sammlung der Lernwegdokumente zufällig und oberflächlich bleibt. Zudem können die Metareflexionsprozesse, deren Förderung eine wichtige Funktion der Portfolioarbeit ist, durch geeignete Inputs angeregt werden, so dass sich prozessbezogene Frage- und Denkgewohnheiten bei den Studierenden ausbilden können.

Im weiteren Verlauf des Studiums übernehmen zunehmend Gefässe wie Tandemaustausch oder Gruppenaustausch (von ca. drei Tandems zusammen) eine unterstützende Rolle. Die Dozierenden werden so in ihrer Begleitfunktion entlastet und können als Begleitpersonen einen Schritt zurücktreten. Am Ende von Portfoliosequenzen (oder je nach Organisation erst am Ende des gesamten Portfolioprozesses) sind sie nochmals stark in beurteilender Funktion gefordert.

Insgesamt ist die Portfolioarbeit ein gutes Instrument, um verschiedenen Gefahren und Risiken, die mit der Bologna-Reform verbunden sind, entgegenzuwirken: Wenn die Modularisierung und der hohe Anteile von begleitetem und individuellem Selbststudium eine gewisse Gefahr der Atomisierung/Zerstückelung des Bildungsprozesses in sich bergen, so ist die Portfolioarbeit der Ort, wo Verbindung und Integration hergestellt wird. Sie bündelt und konzentriert den Lernprozess auf die Kompetenzentwicklung hin und legt sozusagen den roten Faden durch den individualisierten Prozess des Lernens.

## 7 Einbezug von ICT-Instrumenten ins Selbststudium

ICT-Instrumente (Tools) schaffen die Möglichkeit, Lernen unabhängig von den vor Ort stattfindenden Lehrveranstaltungen zu realisieren. Da örtliche und zeitliche Unabhängigkeit des Lernens gerade auch als ein wesentliches Merkmal des begleiteten Selbststudiums verstanden wird (vgl. Kapitel 1), ist klar, dass der Einsatz von ICT-Instrumenten im Zusammenhang mit dem Selbststudium ein wichtiges Thema ist. Allerdings werden wir uns im Folgenden auch kritisch mit der Frage auseinander setzen, unter welchen Voraussetzungen die genannte lernorganisatorische Charakteristik des ICT-Einsatzes, also zeitliche und örtliche Unabhängigkeit, genutzt werden kann, um die pädagogisch-didaktischen Anliegen des begleiteten Selbststudiums (die Förderung des eigenverantwortlichen und nachhaltigen Lernens) tatsächlich besser zu erfüllen.

Eine ICT-Lernumgebung erlaubt es, nach individuellem Bedarf auf angebotene Informationen und Unterrichtsinhalte zuzugreifen oder Fragen durch (Web-)Kontakt zu klären. Zudem ermöglicht sie es, das Informationsangebot reichhaltiger auszugestalten als im reinen Präsenzunterricht, mit Varianten und fakultativen Zusatzunterlagen sowie mit Hinweisen auf Hintergrundinformationen und zusätzliche Informationsquellen.[9]

Die Bandbreite der ICT-Nutzung in der Lehre reicht vom angereicherten Kurskonzept bis zum komplexen Unterrichtsarrangement im Sinne von Lernprogrammen, Simulationen und interaktiven Lerneinheiten. Dazu kommen verschiedene Formen der Onlinezusammenarbeit zwischen Lernenden und Gruppen. In der Ausbildungspraxis wird in den meisten Fällen eine Kombination zwischen Präsenzunterricht und Onlinelernen angestrebt. In der Fachsprache werden solche Mischformen als *Blended Learning*[10] bezeichnet. Entscheidend für eine zukunftsorientierte Didaktik dürfte die Frage sein, wie und in welchem Ausmass die ICT-Instrumente und ICT-gestützte Verfahren in den herkömmlichen Unterricht integriert werden können, um den Lernprozess zu unterstützen.[11]

---

[9] Nützliche Web-Adressen im Zusammenhang mit ICT sind: http://www.crashkurs-elearning. ch/› (Überblick zu E-Learning und ICT-Instrumenten), ‹www.e-teaching.org/› (E-Learning für die Lehre mit Hinweisen zu Projekten, didaktischen Zugängen, Werkzeugen usw.), ‹http://www.scil.ch/›. Für eine kritische Bilanz und Auseinandersetzung mit unterschiedlichsten Aspekten des E-Learnings: Damian Miller (Hrsg.), E-Learning (Bern 2005).

[10] Die Bezeichnungen der unterschiedlichen Formen des E-Learnings sind in stetem Wandel begriffen. Für Blended Learning werden auch Bezeichnungen wie *Distributed Learning, Flexible Learning, Hybrid Teaching, Integrated Learning* verwendet. Die Bezeichnung «Hybride Lernarrangements» stehen im deutschen Sprachraum oft für Blended-Learning-Konzepte (vgl. Reinmann-Rothmeier 2003, S. 29).

[11] Eine konsequente und didaktisch sorgfältig reflektierte Verbindung von E-Learning und selbstgesteuertem Lernen wird im Projekt «Selbstlernarchitektur» der Fachhochschule Nordwestschweiz erprobt und wissenschaftlich erforscht. Die Konzeption des Lernsettings und die theoretischen Grundlagen dazu sind im Buch «Selbstlernarchitekturen und Lehrerbildung» (H. Forneck/M. Gyger/Ch. Maier Reinhard 2006) ausführlich dargelegt.

## 7.1 Verschiedene Nutzungsformen

In systematischer Betrachtung lässt sich der Nutzen, den die ICT-Instrumente für Lehre und Selbststudium erbringen, mit Hilfe der folgenden drei Kategorien umschreiben (in Anlehnung an Reinmann-Rothmeier 2003):

### Organisation und Distribution von Informationen

Informationen, die für die Organisation und Durchführung von Unterricht benötigt werden, können mit ICT-Instrumenten so organisiert und über Hard- und Softwaresysteme verteilt werden, dass die Informationen jederzeit und ortsunabhängig zur Verfügung stehen. Damit vereinfacht sich einerseits der individuelle Zugriff auf die Informationen, andererseits aber auch der Austausch von Materialien zwischen Dozierenden, Studierenden und weiteren Beteiligten. Beispiele von hierfür verwendeten Programmen sind Lernplattformen (Learning-Management Systeme) mit Dokumentenablagen (File-Systeme), News (Kurznachrichten), Aufgabenlisten, Webseiten (Erklärungen s. später im Text).

### Technisch-interaktive Steuerung von Lernprozessen

Zur Lenkung und Unterstützung des individuellen Lernprozesses sind verschiedene ICT-Instrumente wie Lernprogramme, Tests, Simulationen, Fallstudien, Planspiele im Einsatz. Lernprogramme – die vermutlich bekannteste Einsatzform von interaktiven Anwendungen im Bereich des Lernens – funktionieren in der Regel entlang dem folgenden Dreischritt:

1. Ein Lernimpuls wird durch das Medium gegeben.
2. Es folgt eine Reaktion durch die Lernenden im Sinne einer Informations- oder Dateneingabe in den Computer.
3. Der Computer gibt ein Feedback auf die Eingabe.
4. Es folgt ein neuer Lernimpuls usw.

Bekannte Beispiele für interaktive Anwendungen sind Sprachlernprogramme, Lernspiele und interaktive Lernumgebungen mit multimedialen Anwendungen für die Erarbeitung von Wissen zu bestimmten fachgebundenen Themen für Beruf und Gesellschaft.

Solche Programmierungen ermöglichen es, die unterschiedlichen Lernrhythmen und -bedürfnisse zu berücksichtigen. Die Lernenden werden individuell durch den Prozess von Wissensaufnahme, -verarbeitung und -verankerung geleitet, beispielsweise, um Struktur- und Begriffswissen in vorgegebenen Lernschritten nachzuvollziehen und selbst aufzubauen.

### Kooperative Interaktion unter Lernenden sowie zwischen Dozierenden und Lernenden (Kollaboration)

ICT-Instrumente können eingesetzt werden, um raumunabhängige Kommunikationsprozesse zu ermöglichen – sowohl unter den Lernenden als auch zwischen Lernenden und Dozierenden. Lernende arbeiten mit Hilfe von ICT-Instrumenten gemeinsam an Dokumenten, tauschen selbst hergestellte Informationen aus oder geben sich Rückmeldungen zu den Inhalten oder zum gemeinsamen Arbeitsprozess. Damit wird die Möglichkeit geschaffen, den Kommunikationsprozess über die Präsenzveranstaltung hinaus aufrechtzuerhalten.

### Einsatzformen von ICT-Instrumenten

- *Synchron:* Die Interaktion erfolgt gleichzeitig, d. h. die Reaktion der Lern- und Interaktionspartner erfolgt unmittelbar, da beide online sind.
  Beispiele für synchrone Werkzeuge:
  - der Chat als meist schriftliche Dialogform mit unmittelbaren Reaktionsmöglichkeiten der Beteiligten,
  - die Internettelefonie als Möglichkeit, über Computer mit Kopfhörer und Mikrofon zu telefonieren,
  - Videoconferencing als Möglichkeit, von verschiedenen Standorten aus an einer Lehrveranstaltung oder Besprechung durch Direktübertragung am Bildschirm teilzunehmen. Je nach Setting kann eine Beteiligung auch durch eigene Redebeiträge erfolgen.[12]

- *Asynchron:* Die Interaktion ist nicht zeitgebunden; die Reaktionen der Lern- und Interaktionspartner sind zeitverzögert möglich.
  Beispiele für asynchrone Tools:
  - E-Mails als Form des Nachrichtenaustausches zwischen zwei und mehreren Personen,
  - Diskussionsforen, in denen die diskutierten Themen mit Fragen und Antworten in einem hierarchisch dargestellten Argumentationsfaden auf dem Bildschirm wiedergegeben werden,
  - Wikis[13] und Blogs[14] als Webseiten, auf denen von Nutzerinnen und Nutzern Themen eigenständig bearbeitet und erweitert werden (Erklärungen s. später im Text).

## 7.2 Was bringen ICT-Instrumente im Selbststudium?

Die beschriebenen drei Nutzungskategorien von ICT-Instrumenten lassen sich nun zur Unterstützung des begleiteten Selbststudiums didaktisch gezielt einsetzen. Im Folgenden werden die wichtigsten Funktionen umschrieben, welche die Instrumente im Rahmen des Selbststudiums erfüllen können.

- *Unterstützung des Lehr-Lern-Prozesses:* Das Selbststudium setzt sich zusammen aus einer Vielzahl von unterschiedlichen Prozessen: Studierende lösen Lernaufgaben, lesen Texte, hören und sehen sich Filmausschnitte an. Sie ordnen und strukturieren neu erworbenes Wissen in ein organisiertes Informations- und Ablagesystem. Sie absolvieren Tests und erhalten Rückmeldungen über ihren Lernfortschritt. All diese Prozesse lassen sich mit Unterstützung von ICT-Instrumenten darstellen und

---

[12]  http://de.wikipedia.org/wiki/Videoconferencing
[13]  http://de.wikipedia.org/wiki/Wiki
[14]  http://de.wikipedia.org/wiki/Blog

optimieren. Einerseits können die Dozierenden den Studierenden ihre Informationen über E-Mail, Content-Management-Systeme wie Wikis und Blogs und über Lernplattformen zugänglich machen. Anderseits können die Studierenden diese Instrumente nutzen, um Arbeitsergebnisse mitzuteilen und gezielt Hilfe und Unterstützung anzufordern. Zudem können differenzierte Informationsablagestrukturen eingerichtet werden, die sich gemeinsam nutzen lassen und Informationen leicht auffindbar und langfristig verfügbar machen.

- *Unterstützung der Interaktion in Gruppen:* In den meisten Formen des begleiteten Selbststudiums spielen die kommunikativen und kooperativen Prozesse der Studierenden innerhalb von Lern- und Arbeitsgruppen eine entscheidende Rolle. Es geht beispielsweise darum, Informationen auszutauschen, sich gegenseitig Arbeitsergebnisse für die weitere Bearbeitung zugänglich zu machen, sich die Arbeitsprotokolle zuzustellen. Zu diesem Zweck steht eine Palette verschiedener Kommunikationswerkzeuge zur Verfügung: E-Mails für den individuellen Austausch, Foren und Chats für die Gruppenkommunikation, dynamische Webseiten wie Wikis und Blogs für gemeinsame Wissenssammlung und -bildung. Welche der genannten Werkzeuge zum Einsatz kommen, hängt von den jeweiligen Lernarrangements des Selbststudiums ab.

- *Unterstützung im Projektmanagement:* Bei verschiedenen Formen des begleiteten Selbststudiums stehen komplexe Arbeitsaufträge mit projektartigem Charakter im Vordergrund. Der Arbeitsprozess ist hier so zu planen und zu dokumentieren, dass einerseits die Komplexität angemessen berücksichtigt wird und andererseits nicht direkt beteiligte Personen Einblick nehmen und sich im gewählten Ordnungssystem zurechtfinden können. ICT-Tools erleichtern diesen Prozess. Neben spezifischen Projektmanagementtools können auch einfache Mittel, die jede Lernplattform zur Verfügung stellt, hilfreich sein, wenn es etwa darum geht, ein Informations- und Dokumentationssystem so aufzubauen, dass sich alle Projektmitarbeitenden jederzeit einen Überblick über den Projektprozess verschaffen können und Zugriffsmöglichkeiten auf die für sie relevanten Informationen haben.

- *Unterstützung der Lernprozessbegleitung:* Der Einsatz von ICT-Mitteln kann wesentlich dazu beitragen, selbst bei grosser Studierendenzahl und hohem Selbststudienanteil eine qualitativ hochwertige Lernbegleitung anzubieten. Durch den Einsatz von geeigneten ICT-Instrumenten (z. B Lernplattformen) haben die Dozierenden einen freieren Zugriff auf die Lern- und Arbeitsergebnisse der Studierenden und können den Beratungsprozess individueller gestalten, als dies im direkten Kontakt realisierbar ist. Diese neue Freiheit ist jedoch gleichzeitig eine anspruchsvolle Herausforderung fürs Zeitmanagement aller Beteiligten.

## 7.3 Spezielle Instrumente und ihre Anwendung

In den letzten Jahren wurden viele spezielle Tools und Lernprogramme für den Wissenserwerb und die Wissensproduktion entwickelt. Allerdings überschätzte man in der ersten Euphorie bei vielen multimedialen Instrumenten den Nutzen. Oft zeigt sich erst später, dass der hohe Produktionsaufwand in keinem angemessenen Verhältnis zum Lerngewinn steht. Dennoch ist in den letzten Jahren eine grosse Zahl von differenzierten Werkzeugen entwickelt worden, die den Informationsaustausch und die Kommunikation zwischen Personen massgeblich unterstützen. Im Folgenden werden drei Anwendungen beschrieben, die für den Einsatz im begleiteten Selbststudium bedeutsam sein können.

### Virtuelle Lernplattformen

Eine Lernplattform ist eine auf einem Server installierte aktive Software für die Organisation und Betreuung webunterstützten Lernens.[15] Sie versteht sich als Hilfsinstrument, um den Lern- und Arbeitsprozess innerhalb einer Bildungsinstitution zu organisieren (Learning Management-System)

### Funktionselemente von Lernplattformen

- Präsentationstools, um die Inhalte mittels Text, Grafik, Bild, Ton, Film darzustellen,
- Kommunikationswerkzeuge, um sich mit anderen Personen auszutauschen (z.B. E-Mail oder Chat),
- Autoren- und Testwerkzeuge, um Aufgaben und Übungen zu erstellen oder zu bearbeiten,
- Evaluations- und Bewertungshilfen, mit denen der eigene Lernfortschritt überprüft werden kann,
- Administrationshilfen für die Verwaltung von Zugangsrechten, Kursen, Inhalten, Terminen.

Für einzelne Module oder Projekte wird auf der Lernplattform ein virtueller Raum eröffnet, der als Dokumentenablage- und Kommunikationssystem dient. Dazu gehört normalerweise eine Benutzerverwaltung, welche die individuellen Zugangsrechte regelt: Wer hat Zugang zu welchen Informationen? Wer darf in welchen Bereichen Informationen hinzufügen oder entfernen? Um diese Zugangsrechte zu klären, werden verschiedene Rollen wie Administrator, Besitzer, Benutzer usw.[16] definiert. Durch die differenzierte Benutzerverwaltung ermöglicht eine Lernplattform die Zusammenarbeit in geschlossenen Lerngruppen, unter Umständen sogar die Durchführung und Auswertung von Tests und Prüfungen (z.B. Multiple-Choice-Tests). Letzteres setzt allerdings voraus, dass die entsprechenden Spezialtools in die Lernplattform eingebaut sind.

Oft ist «hinter» einer Lernplattform auch eine teils offene, teils verdeckte Trackingspur angelegt: Diese zeichnet das Verhalten der Plattformbenutzenden (Anzahl Zugriffe und Verweildauer sowie angewählte Dokumente und Beiträge) auf und gibt so den zur Einsichtnahme berechtigten Personen Auskunft über das Nutzungsverhalten der einzelnen Personen. Die Möglichkeiten, die solche Trackingspuren mit sich bringen, sind indessen ambivalent: Sie lassen es auf der einen Seite zu, dass individuelle Lernspuren rekonstruiert und die Beratung darauf abgestimmt optimiert werden kann. Auf der andern Seite entsteht auf diese Weise auch ein Überwachungs- und Kontrollinstrument.

---

[15] http://de.wikipedia.org/wiki/Web_Based_Training

[16] Die differenzierte Rollenkonstellation zeigt, dass in einer virtuellen Lernplattform letztlich die organisatorisch-hierarchische Struktur der gesamten Schule oder Institution einen Niederschlag findet.

### Content-Management-Systeme (Wikis, Blogs)

Content-Management-Systeme (CMS[17]) sind Instrumente, mit deren Hilfe sich Inhalte visuell ansprechend aufbereiten lassen, so dass sie über das Web verfügbar gemacht werden können. Die so aufbereiteten Inhalte lassen sich in verschiedenen Formaten zugänglich machen, z. B. als unveränderbare Datei (im pdf-Format) oder als nachbearbeitbare Datei (im Word- oder Rich-Text-Format). Mit Hilfe dieser Instrumente ist es möglich, dass auch Personen ohne Programmierkenntnisse in einem Arbeitsgang sowohl Webseiten als auch Dokumente erstellen können, die – beispielsweise für die Studierenden – im Web abrufbar sind.

Die herkömmlichen Content-Management-Systeme sind dadurch gekennzeichnet, dass sie eine starre Struktur vorgeben. Dadurch werden die Möglichkeiten zur didaktischen Aufbereitung der Inhalte stark eingeschränkt. Gegenwärtig sind aber Entwicklungen im Gange, welche die starren Systeme durch dynamischere und flexiblere Formen ablösen. Diese Entwicklungsvorhaben sind nicht zuletzt deshalb wichtig, weil der Datenfluss immer rascher und individualisierter vor sich geht und neue Ansprüche an einen effizienten Umgang stellt.

Die bekanntesten flexiblen Content-Management-Systeme sind Wikis und Blogs. Mit Blick auf das Selbststudium eignen sich beide Werkzeuge, wenn es darum geht, Wissen im Austausch mit anderen Personen zu entwickeln und eigene Fragen bzw. inhaltliche Beiträge für andere Personen zugänglich zu machen, oder wenn es darum geht, Informationen zu einem Thema im gegenseitigen Austausch mit anderen Webbenutzerinnen und -benutzern zu gewinnen und sukzessive anzureichern. Soll die Entwicklung des neuen Wissens chronologisch nachverfolgt werden können, sind Blogs geeignet. Steht hingegen die Konstruktion von grösseren thematischen Beiträgen, bei denen die systematische und komplexe Vernetzung der Wissensbeiträge wichtig ist, im Zentrum, erfüllen Wikis den Zweck besser (z. B. für Fachartikel).

---

**Flexible Content-Management-Systeme (CMS): Blogs und Wikis**

- Ein *Blog* (Weblog, engl. Zusammenzug aus Web und Log) ist eine Webseite, die im Netz von jedermann ohne HTML-Kenntnisse eingerichtet werden kann und die regelmässig mit meist persönlichen Beiträgen aktualisiert wird. Die einzelnen Beiträge werden dabei in chronologischer Ordnung aufgeführt, wobei der letzte Eintrag an den Anfang der Seite gestellt wird. So entsteht eine fortlaufende Seite, die oft nicht thematisch, sondern nur chronologisch strukturiert ist. Die verschiedenen Blogbeiträge können von den Leserinnen und Lesern kommentiert werden. Zudem lassen sie sich auch mit Beiträgen in andern Blogs verlinken. Auf diese Weise entstehen Bloggergemeinschaften, die Wissensnetzwerke bilden und damit einen gezielten und schnellen Informationsaustausch zu bestimmten Themen mit wenig Aufwand realisieren können.
- *Wikis* sind Webseiten, die von mehreren Benutzenden gemeinsam gestaltet bzw. verändert und mit komplexen inhaltlichen Verlinkungen versehen werden können. Im Unterschied zu Blogs geschieht die Darstellung der Beiträge nicht in chronologischer Ordnung. Vielmehr sind es thematische Cluster, die den Aufbau und die Ordnungsstruktur der Wikis prägen. In Wikis wird gemeinschaftlich Wissen konstruiert, sie leben durch vielfältige Verknüpfungen – dies immer mit den entsprechenden Vorteilen und Nachteilen in Bezug auf die Verlässlichkeit der Informationen.

---

[17] http://de.wikipedia.org/wiki/Content-Management-System

### Lernprogramme

Von den verschiedenen Arten von Lernprogrammen sind zwei typische Vertreter die tutoriellen Lernprogramme und die Autorenprogramme.[18]

### Zwei unterschiedliche Typen von Lernprogrammen

- *Tutorielle Lernprogramme* sind dadurch gekennzeichnet, dass sie eine spezifische Nutzerführung haben (sog. Hypertextsysteme). Die Lernenden werden hier mittels Leitfragen oder einer personalisierten Leitfigur durch ein spezifisch angefertigtes Lernprogramm geführt. Tutorielle Lernprogramme eignen sich besonders für die Vermittlung von theoretischen Inhalten bzw. zur Unterstützung des Aufbaus von neuem Wissen bei den Lernenden. Zu den tutoriellen Lernprogrammen gehören auch verschiedene Formen von Computerspielen.
- *Autorenprogramme* sind Entwicklungswerkzeuge, die es den Lehrenden ermöglichen, selbst interaktive Lernprogramme für den Unterricht herzustellen. In der Regel geht es um verschiedene Formen von Frage- und Antwortimpulsen zu einem bestimmten Thema, die den Lernenden zur Verfügung gestellt werden. Autorenprogramme bieten meist unterschiedliche Bearbeitungsmodi an, z. B. den «Übungsmodus», in dem die Möglichkeit besteht, eine Übung beliebige Male zu wiederholen, oder den «Testmodus», bei dem die Übungen nur einmal durchgeführt werden. Autorenprogramme eignen sich für die Vertiefung und Einübung von Lernstoff.

Der Aufwand für die Erstellung von Lernprogrammen ist in der Regel hoch, die Realisation ausserordentlich anspruchsvoll und der Lerngewinn oft umstritten. Es überrascht daher nicht, dass Lernprogramme im Rahmen des begleiteten Selbststudiums bisher eher eine bescheidene Rolle spielen. Je nach Inhalt kann sich aber ein Lernprogramm für die Erarbeitung von Grundwissen lohnen – vor allem dann, wenn es für ein breites Publikum eingesetzt werden kann, so dass der hinter der Programmierung stehende Aufwand von vielen Nutzerinnen und Nutzern getragen wird.

Für die Erstellung von qualitativ hochwertigen Lernprogrammen empfiehlt sich die Zusammenarbeit mit Spezialistinnen und Spezialisten. Didaktische Kriterien sollen dabei neben fachlich-inhaltlichen und computertechnischen zu gleichen Anteilen erfüllt werden. Viele kommerzielle Lernprogramme lassen gerade diesbezüglich zu wünschen übrig.

## 7.4 Anforderungen an die praktische Umsetzung

Beim Einsatz von ICT-Instrumenten im Selbststudium begegnen Studierende und Dozierende Unsicherheiten und Schwierigkeiten, die oft nicht voraussehbar sind, weil individuelle (Dozierende und Studierende), technische (Hard- und Software) und instituti-

---

[18] Die Inhalte können durch Autoren selbst eingegeben werden. Die Programme geben die Prozessschritte vor. Auch Fallbearbeitungs- und Simulationsprogramme können in diese Kategorie eingereiht werden.

onelle Faktoren in komplexer Art und Weise zusammenwirken. Im Folgenden werden einige Stolpersteine genannt und mögliche Lösungsansätze skizziert.

- *Fehlende Zeit und Bereitschaft bei den Dozierenden und Studierenden für die Entwicklung neuer Routinen:* Der Einbezug von neuen ICT-Instrumenten kann von Dozierenden und Studierenden nicht nur als zeitaufwendig empfunden werden, sondern auch als Eingriff in die gewohnten Lern- und Arbeitsroutinen. Es können sich Widerstände gegen die Instrumente ausbilden, weil in einer Übergangsphase vertraute und gut eingespielte Gewohnheiten, die sich im bisherigen Studium bewährt haben, verändert werden müssen. Es braucht Bereitschaft und Offenheit, sich mit Neuem vertraut zu machen und bewährte Routinen aufzubrechen, damit sich die neuen Tools als Bestandteile der individuellen Arbeitsstrategie etablieren können.
- *Mängel der Software:* Auf dem Hintergrund der ohnehin hohen Anforderungen an die Umlernbereitschaft der Nutzerinnen und Nutzer bilden mangelnde Bedienerfreundlichkeit von ICT-Tools und unausgereifte Programme eine weitere Hürde. Die Qualität der Software lässt oft zu wünschen übrig, da entweder die Vorgehensweisen zu kompliziert oder die Oberflächen zu unübersichtlich sind. Solche technischen Unzulänglichkeiten verstärken bei vielen ICT-Anwenderinnen und -Anwendern die ohnehin negativen Vorurteile gegenüber den neuen Arbeitsinstrumenten.
- *Zu wenig bedarfsgerechte Einführung der Studierenden:* Bei der Planung von Einführungsveranstaltungen wird oft von falschen individuellen Voraussetzungen ausgegangen. Oft stehen differenzierte technische Informationen im Vordergrund, die für Bedienungsanfängerinnen und -anfänger noch gar nicht von Bedeutung sind. Dafür wird den Fragen und alltäglichen Problemen, auf die Anfängerinnen und Anfänger stossen, zu wenig Beachtung geschenkt. In der Folge davon entstehen vermeidbare Unklarheiten und unnötige Frustration.
- *Unverhältnismässiger Entwicklungszeitaufwand für die Dozierenden:* Es besteht die Gefahr, dass der Zeitaufwand, den die Dozierenden in die Aufbereitung von Themen mit Hilfe von ICT-Tools investieren (z.B. Lernprogramme, Lerneinheiten usw. vgl. Kapitel 7.3), weder zur «normalen» Lehrvorbereitungszeit noch zum studentischen Lerngewinn in angemessenem Verhältnis steht. Die Dozierenden werden unter der Hand zu Lehrmittelautoren und sehen sich für die Produktion der Unterrichtsmittel mit qualitativen Ansprüchen konfrontiert, denen sie weder von ihrer Qualifikation noch von den verfügbaren zeitlichen Ressourcen her zu entsprechen vermögen. Die Lernenden profitieren letztlich nicht angemessen vom geleisteten Einsatz.
- *Hoher Anspruch an die schriftliche Sprachkompetenz:* Interaktionen und Kommunikationen, die mit Hilfe von ICT-Tools ausgeführt werden, finden zu einem grossen Teil schriftlich statt. Diskussionen, Feedbacks zu Textbeiträgen, gemeinsame Textproduktionen mit Hilfe des Internets – überall sind schriftsprachliche Kompetenzen gefordert. Die Anforderungen an die Präzision der digitalen Botschaften (vgl. Watzlawick et al. 1996) steigert sich hier zusätzlich, denn das Verstehen dessen, was das Gegenüber denkt und ausdrücken will, basiert gänzlich auf den schriftlichen Mitteilungen. Nonverbale Signale in Mimik und Gestik fallen weg, Nachfragemöglichkeiten und die Aufklärung von Missverständnissen sind erschwert oder finden

– wenn überhaupt – mit zeitlicher Verzögerung statt. So kann fehlende Sprachkompetenz oder fehlende Sensibilität für die Wirkung von digitalen Botschaften zur Ursache von kommunikativen Schwierigkeiten und Konflikten werden.

- *Ungenügende didaktische Planung führt zu falschen Ansprüchen an die Lernbegleitung:* Bei der Planung und Organisation der Selbststudiumssequenzen wird oft der zeitliche, administrative und technische Aufwand für die Begleitung unterschätzt bzw. zu wenig sorgfältig in die Planung einbezogen. So geschieht es, dass die Dozierenden überhäuft werden mit E-Mails und Meldungen, auf die sie – allein schon aufgrund der Menge – nicht oder nur punktuell eingehen können. Aufgrund der ausbleibenden Rückmeldungen kann bei den Lernenden der Eindruck entstehen, ihr Engagement werde nicht beachtet oder die Erledigung der Arbeit sei unverbindlich. Dies kann bei den Studierenden sehr schnell Demotivation und eine nachlässige Arbeitsmentalität auslösen.

- *Anspruch an die permanente Verfügbarkeit der Dozierenden:* Die Möglichkeit, ICT im Lehr- und Lernprozess einzusetzen, erleichtert nicht nur eine örtlich und zeitlich unabhängige, sondern auch eine schnellere Kommunikation. Die neuen Möglichkeiten wecken auch neue Begehrlichkeiten: Parallel zu den neuen technischen Möglichkeiten entsteht der Druck, dieses Potenzial auszuschöpfen, d.h. sich dem raschen Rhythmus anzupassen. Nachrichten sind schnell versandt, Antworten werden sofort erwartet – die permanente Verfügbarkeit der Dozierenden möglichst rund um die Uhr wird als selbstverständlich vorausgesetzt. Diese Erwartungshaltung wird auch als Selbstanspruch auf Seiten der Dozierenden aufgebaut. Das Finden eines sinnvollen Arbeitsrhythmus wird für die Dozierenden zu einer individuell zu bewältigenden Herausforderung.

- *Der ICT-Einsatz innerhalb eines Moduls wird den didaktischen Anforderungen nicht gerecht:* Es besteht die Gefahr, dass ein Lerninhalt vorschnell – d.h. ohne vorausgehende differenzierte didaktische Analyse – den einfach verfügbaren technischen Möglichkeiten der ICT-Instrumente angepasst wird. Dies kann entweder zu einer Unzahl banaler und trivialisierter Übungen führen oder zu überfordernden, aus studentischer Sicht «sinnlosen» Ansprüchen an die Studierenden. Gegen beides entwickeln Studierende offen oder verdeckt Widerstand.

- *Der ICT-Einsatz in einem Studiengang überfordert die Studierenden durch die Menge an unkoordinierten Einzelaktivitäten:* Die mangelnde Koordination bei der Einführung von ICT-Tools kann zu einer Überforderung der Studierenden führen, weil die Lernenden in verschiedensten Modulen mit komplizierten Lernsettings konfrontiert werden, die nicht nur viel Einarbeitungszeit verlangen, sondern im unverbundenen Nebeneinander auch für Verwirrung sorgen und die Einübung in die technische Handhabung erschweren.

### Lösungsansätze

Schwierigkeiten und Stolpersteine, wie sie hier beschrieben sind, lassen sich vermeiden, wenn der ICT-Einsatz innerhalb der Hochschule sorgfältig vorbereitet und begleitet wird. Die folgenden Empfehlungen sind als Anregungen gedacht, um den Aufbau einer funktionsfähigen ICT-Praxis zu erleichtern.

- *Langfristige Einführungsstrategie:* Da die Veränderung von Einstellungen und Gewohnheiten, wie sie für die Benutzung von ICT-Instrumenten im Lern- und Arbeitsprozess notwendig ist, nicht von heute auf morgen in einer einmaligen Akti-
on geschehen kann, empfiehlt sich ein längerfristiges Vorgehenskonzept, das eine
schrittweise Einführung der ICT-Tools vorsieht. Innerhalb eines Studienganges
müssen die Lehrsequenzen oder Module, in denen mit ICT-Instrumenten gearbeitet wird, schrittweise an die Arbeit mit ICT-Instrumenten angepasst werden.
Zudem muss das kurz- und langfristige Supportangebot für die Beteiligten geklärt
werden.

- *Sorgfältige Einführung der Studierenden in die Benutzung der ICT-Tools:* Für die
Studierenden hat sich eine obligatorische Veranstaltung zur Einführung in die In-
frastrukturen und in die wichtigsten Regeln der ICT-Verwendung zu Beginn des
Studiums bewährt. Idealerweise können die Studierenden in dieser Veranstaltung
ihren Computerarbeitsplatz so einrichten, dass sie nach dieser Einführung prinzi-
piell arbeitsfähig sind (z. B. die entsprechenden Studienaufgaben selbständig aus
führen können). Innerhalb der verschiedenen Module kann dann die Arbeit mit den
Tools schrittweise vertieft werden, indem die konkrete Benutzung besprochen wird
und den Studierenden Zeit und Gelegenheit eingeräumt wird für die Klärung der
spezifischen Fragen, die bei der konkreten Anwendung auftauchen.

- *Koordination des ICT-Einsatzes innerhalb des Studienganges:* Innerhalb eines Studiengangs sollten Dozierende und Studierende mit der gleichen Lernplattform arbeiten, um so die Ausbildung von entlastenden Routinen zu erleichtern. Die Tools, die
zum Einsatz kommen, sind zwischen den Dozierenden abzusprechen; sie sollten
einen variantenreichen Methodenmix ermöglichen, ohne das technische Interesse
und die technische Lernbereitschaft der Studierenden übermässig zu strapazieren.
Wichtig ist, dass die ICT-Benutzung und die Onlinearbeit ebenso verbindlich wie
andere Arbeiten in den Studiengang eingebunden werden. Dies gelingt nur, wenn
die nötigen Arbeitsregeln dazu geklärt sind.

- *Didaktische Reflexion der ICT-Anwendungen:* ICT-Tools ersetzen die didaktische
Analyse nicht. Es gehört zur didaktischen Professionalität, dass die methodisch-
didaktischen Arrangements begründet ausgewählt werden und dass eine Abstim-
mung vorgenommen wird zwischen den einzelnen Komponenten eines Lehr-Lern-
Arrangements, d. h. zwischen den Zielen, den Inhalten, den Methoden sowie den
verwendeten Medien. Der Lernstoff und die Lernaufgaben müssen – für die Studierenden erkenntlich – auf das Gesamtkurskonzept abgestimmt sein. Die ICT-Anwendungen sollen eine Hilfsfunktion im didaktischen Gesamtarrangement erfüllen
und nicht das Ausbildungsgeschehen einseitig dominieren – es sei denn, ICT wird
für einzelne Sequenzen bewusst zum zentralen Lerngegenstand gemacht.

- *Funktionsfähiger technischer Support:* Mangelnde Bedienerfreundlichkeit und Funk-
tionsstörungen dürften vermutlich nie ganz vermeidbar sein. Es ist daher wichtig,
dass diese Defizite durch ein entsprechendes Unterstützungsangebot, beispielsweise durch ein Supportnetz oder Supportteam, ausgeglichen werden. Das Vorgehen
bei möglichen Problemen muss sowohl für Studierende als auch für Dozierende
klar definiert und transparent sein; insbesondere muss die Frage geklärt sein, wer
für welche Art von Fragen als erste Ansprechperson zur Verfügung steht. Insgesamt
ist darauf zu achten, dass die Beanspruchung der Dozierenden durch ICT-Spezi-
alkenntnisse und -Spezialarbeiten möglichst gering bleibt. Für spezielle, besonders

anspruchsvolle Einsatzformen von ICT-Anwendungen muss ein professionelles Dienstleistungsangebot verfügbar sein.

- *Vorbereitung der Dozierenden auf das veränderte Aufgabenfeld:* Eine gemeinsame Einführungsveranstaltung für das ganze Lehrteam hat sich bewährt; u. a. wird so die Voraussetzung dafür geschaffen, dass sich die Mitglieder des Dozierendenteams bei Fragen und Unsicherheiten gegenseitig niederschwellige Hilfe geben können – was sich wiederum auf die Veränderungsbereitschaft der Betroffenen positiv auswirken kann. Ein besonderes Augemerk ist darauf zu richten, dass die veränderten Anforderungen an den Kommunikationsprozess bewusst gemacht werden. Beispielsweise können sprachliche Sensibilitäten, wie sie angesichts der einseitigen schriftsprachlichen Kommunikation mit verzögerten Reaktionsmöglichkeiten erforderlich sind, geschult werden. Wichtig ist zudem, dass die Dozierenden lernen, ihre Begleitfunktion angemessen in die Planung einbeziehen.

- *Notebookobligatorium als Massnahme zur ICT-Etablierung in der Ausbildung:* Immer mehr Hochschulen und Fachhochschulen führen ein Notebookobligatorium für die Sudierenden ein. Die Institution ist besorgt für den Internetzugang – verbunden mit den entsprechenden Sicherheitsmassnahmen – und stellt den Onlinezugang für alle Studierenden innerhalb wie ausserhalb der Institution sicher. Die Studierenden besorgen sich ihre Computer, suchen die technischen Dienstleister selbst auf und erhalten von der Institution Hilfe zur Selbsthilfe für Unterhalt und Pflege ihrer Geräte. Mit der technologischen Entwicklung erweitern sich die Möglichkeiten in diesem Bereich jährlich, was von Seiten der Lernenden und Dozierenden eine hohe Flexibilität verlangt.

# 8 Bedingungen für das Gelingen des begleiteten Selbststudiums

Dieses letzte Kapitel des ersten Teiles basiert auf den Gedanken, die in den vorange-gangenen Kapiteln systematisch ausgeführt und differenziert erörtert worden sind. Im Sinne eines Fazits möchten wir einzelne Gedanken nochmals aufgreifen, die wir für eine gelungene Realisierung des begleiteten Selbststudiums als besonders bedeutsam betrachten.

Während in den bisherigen Ausführungen die Praxisgestaltung durch die Do-zierenden im Mittelpunkt des Interesses stand, setzen wir im Folgenden den Hauptak-zent auf die institutionelle Ebene. Es interessiert vorrangig die Frage, welche struktu-rellen Vorkehrungen von Seiten der einzelnen Hochschule getroffen werden müssen, damit das begleitete Selbststudium gelingt, d. h. zu den erwünschten Ergebnissen führt. Diese Leitfrage macht gleichzeitig deutlich, dass die Suche nach den Gelingensbedin-gungen unmittelbar verbunden ist mit der Frage, welches denn die *wünschenswerten Ergebnisse* des Selbststudiums sind (Wann gilt das Selbststudium als «gelungen» bzw. als «erfolgreich»?). Wir werden uns im Folgenden zunächst mit dieser zweiten Frage auseinander setzen, bevor wir dann die zentrale Frage nach den Gelingensbedingungen differenziert zu beantworten suchen.

## 8.1 Wünschenswerte Ergebnisse des begleiteten Selbststudiums

Das Selbststudium kann dann als «gelungen» bezeichnet werden, wenn damit bestimm-te – als wünschenswert erachtete – Wirkungen erreicht werden. Unter «Wirkungen» werden hier einerseits die kurzfristigen und langfristigen Lernergebnisse verstanden, und zwar sowohl im fachlichen als auch im überfachlichen Bereich. Darüber hinaus wird hier aber auch die Zufriedenheit der Studierenden mit dem Lernprozess und den Lernergebnissen als Qualitätsmerkmal in Betracht gezogen – dies in der Annahme, dass Lehr- und Lernprozesse, die von den Betroffenen als negativ eingestuft werden, auch wenig wirksam sind, weil die Motivation für wichtige Verarbeitungsprozesse fehlt.

Insgesamt sind vier Erfolgskriterien dafür ausschlaggebend, dass wir im Zusammen-hang mit dem (Selbst-)Studium von einem gelungenen Lernprozess sprechen.

> ### Erfolgskriterien für das begleitete Selbststudium
>
> - *Kriterium 1: Das Selbststudium erweist sich bei der Förderung der fachlichen Kompetenzen als wirksam.* Dieses Kriterium versteht sich als fachliches Effizienzkriterium und orientiert sich am Anspruch, dass das Selbststudium im Hinblick auf die fachlich-inhaltliche Wissensaneig-nung einem Vergleich mit der dozierendengesteuerten Wissensvermittlung standzuhalten vermag. Das fachliche Effizienzkriterium gilt aber auch mit Blick auf die Forderung nach einer nachhaltigen Lernwirksamkeit, wie sie in Kapitel 2 ausgeführt wurde: Die fachlich-inhaltlichen Lernergebnisse sollten demnach nicht nur im schulischen Kontext (z. B. unter Prüfungsbedingungen) kurzfristig abrufbar sein, sondern auch im längerfristigen Kontext der Berufstätigkeit verfügbar bleiben.

- *Kriterium 2: Das Selbststudium erweist sich bei der Förderung überfachlicher Kompetenzen als wirksam.* Dieses überfachliche Effizienzkriterium greift den Anspruch auf, dass das (Selbst-)Studium auch bezüglich der Aneignung von fachunabhängigen Schlüsselqualifikationen wirksam ist. Im positiven Fall trägt das Selbststudium dazu bei, dass im Bereich der Selbst-, Sozial- und Methodenkompetenz Lernwirkungen erzielt werden, die sich auf die künftige Gestaltung der Lern- und Arbeitsprozesse positiv auswirken.
- *Kriterium 3: Der mit dem Selbststudium verbundene Selbststeuerungs- und Eigenverantwortlichkeitsanspruch kann von den Studierenden umgesetzt werden.* Dieses dritte Kriterium nimmt unmittelbar Bezug auf die zentrale Prozessqualität, die das Selbststudium für sich selbst beansprucht: Das Selbststudium soll von den Studierenden als ein Ausbildungselement erlebt werden, das es erlaubt, mehr Eigenverantwortung für das eigene Lernen zu übernehmen, als dies im üblichen, dozierendengesteuerten Unterricht möglich ist. Im positiven Fall gelingt es den Studierenden, in ihrem Lernprozess eigene Akzente zu setzen und im Spannungsfeld zwischen eigenen Lernvoraussetzungen und (vorgegebenen) Lernzielen für sich den individuell richtigen Weg zu finden.
- *Kriterium 4: Das Selbststudium wird von den Studierenden als wertvolle/sinnvolle Studienkomponente wahrgenommen und erlebt.* Das letzte Kriterium versteht sich als ein «Akzeptanzkriterium»: Es geht davon aus, dass das Selbststudium eine höhere Wirksamkeit zeigen wird, wenn es von den Studierenden als wichtiges Element der Ausbildung wahrgenommen und geschätzt wird. Eine positive Einschätzung dürfte einerseits aufgrund der wahrgenommenen Lernwirksamkeit im fachlichen und überfachlichen Bereich zustande kommen, anderseits aufgrund der didaktisch sorgfältigen Ausgestaltung der Prozessvorgaben und der Prozessteuerung durch die Dozierenden.

## 8.2 Zwölf Gelingensbedingungen

Welches sind nun die Voraussetzungen, die auf der institutionell-strukturellen Ebene geschaffen werden müssen, damit das Selbststudium die genannten Erfolgskriterien erfüllt – damit es also bei den Studierenden die erwünschten fachlichen und überfachlichen Lernprozesse auszulösen vermag und gleichzeitig von ihnen als ein sinnvoller und effizienter Prozess erlebt wird? Diese Fragestellung lädt verständlicherweise dazu ein, nach empirisch gestützten Ursache-Wirkungs-Zusammenhängen (oder zumindest nach entsprechenden Faktorenkorrelationen) zu suchen. Angesichts der Komplexität der Zusammenhänge werden wir uns an dieser Stelle mit hypothetischen Feststellungen begnügen müssen, für die wir – mit Bezug auf die Erläuterungen in den vorangegangenen Kapiteln – zwar argumentative Plausibilität beanspruchen, für die wir aber keinen empirischen, forschungsgestützten Gültigkeitsnachweis erbringen können.

**Übersicht über die Gelingensbedingungen des begleiteten Selbststudiums**

- Das Selbststudium ist sinnvoll in das didaktische Gesamtkonzept des Moduls bzw. des Ausbildungsganges integriert.
- Es gibt eine sinnvolle Verteilung der studentischen Arbeitszeit (1800 Stunden jährlich) und der Selbststudienzeit auf das kursorische Semester und das Zwischensemester.
- Neben dem begleiteten Selbststudium wird auch dem individuellen Selbststudium ein angemessener Platz eingeräumt.
- Die prozentuale Verteilung der Selbststudienanteile in den einzelnen Modulen oder Veranstaltungen wird auf der Ebene des Studiengangs vorgenommen.
- Die Studienaufgaben werden untereinander koordiniert – wobei die verschiedenen Formen des begleiteten Selbststudiums gezielt einbezogen werden.
- Für die Dozierenden werden Unterstützungsmassnahmen angeboten, die eine erfolgreiche Umsetzung des begleiteten Selbststudiums fördern und unterstützen.
- Die Aufgaben der Lernbegleitung werden im Pensum der Dozierenden angemessen berücksichtigt.
- Die Studierenden werden schrittweise und sorgfältig in das Selbststudium eingeführt.
- Ein studiumbegleitendes Portfolio wird als Instrument zur individuumsbezogenen Planung, Steuerung und Koordination des (Selbst-)Studiums eingesetzt.
- Die infrastrukturellen Voraussetzungen lassen es zu, dass auch anspruchsvolle Umsetzungsmodelle mit der notwendigen Sorgfalt realisiert werden können.
- Bei Bedarf ist eine komfortable und funktionstüchtige ICT-Unterstützung abrufbar.
- Es gibt auf allen Ebenen des begleiteten Selbststudiums Reflexionsschlaufen, die dafür sorgen, dass die Umsetzungspraxis schrittweise optimiert werden kann.

**Bedingung 1: Das Selbststudium ist sinnvoll in das didaktische Gesamtkonzept des Moduls bzw. des Ausbildungsganges integriert.**

Begleitetes Selbststudium und Kontaktstudium sollten zusammen ein sinnvolles Ganzes bilden – sowohl innerhalb eines Moduls als auch innerhalb des gesamten Studienganges. Dies bedeutet, dass die Integration des Selbststudiums ins curriculare Gesamtkonzept in zweifacher Hinsicht zu bedenken ist:

a) Integration von Selbststudium und Kontaktstudium *innerhalb eines Moduls:* Es ist sicherzustellen, dass die Elemente des Selbststudiums und des Kontaktstudiums von den Studierenden als ein kohärentes Ganzes erlebt werden. Bei der Unterrichtsplanung muss jeweils die Frage im Vordergrund stehen, welche Formen des Selbststudiums und des Kontaktstudiums für die Zielerreichung des betreffenden Moduls geeignet sind. Dabei bleibt zu beachten, dass nach Möglichkeit auch aktive Arbeitsformen in die Kontaktveranstaltung eingeplant werden. Andernfalls kann die stärkere Gewichtung des Selbststudiums die postulierte hochschuldidaktische Entwicklung torpedieren: Lehrpersonen werden zum reinen Dozieren verleitet und verzichten darauf, ihre Lehrveranstaltungen anzureichern mit aktiven Lern- und Arbeitssequenzen (z. B. aktive Klärungs- und Verarbeitungsprozesse), die für einen nachhaltig wirksamen Lernprozess unverzichtbar sind.

b) Integration von Selbststudium und Kontaktstudium *innerhalb des gesamten Studienganges:* Die verschiedenen Elemente des Kontaktstudiums und des begleiteten

Selbststudiums müssen, *über die gesamte Ausbildungszeit gesehen*, ein in sich stimmiges Ganzes bilden, d. h. sich mit Blick auf die Erreichung der zentralen Studienziele und der angestrebten Berufskompetenzen wechselseitig ergänzen. In diesem Sinne sind auch eigentliche «Selbststudienmodule»[19] in den Studiengang einzuplanen, in denen gezielt die Kompetenzen des selbstständigen und kooperativen Lernens und Arbeitens aufgebaut und eingeübt werden können – in einer angemessenen Verteilung über die verschiedenen Ausbildungsjahre hinweg.

Die einzelnen Modulbeschreibungen müssen einen klaren Hinweis darauf geben, in welchem Umfang und in welcher Form das Selbststudium vorgesehen ist. Empfohlen wird, in der Modulbeschreibung eine Rubrik vorzusehen, in der beispielsweise folgende Angaben platziert werden:

- Zeitanteil, der für das begleitete Selbststudium vorgesehen ist,
- Art der Studienaufgabe,
- Kreditpunkte, die für die Studienaufgabe zu erlangen sind,
- Art und Umfang der verfügbaren Begleitung.

Solche Angaben im Studienplan bzw. in der Modulausschreibung erfüllen im Wesentlichen zwei Funktionen. Auf der einen Seite werden *die Studierenden* rechtzeitig über die zu erbringenden Arbeitsleistungen informiert, was für eine realistische Studienplanung hilfreich ist und dadurch auch die Bedeutung und die Akzeptanz der betreffenden Studienaufträge erhöht. Auf der anderen Seite werden *die Dozierenden* gezwungen, den Studienauftrag als Bestandteil des betreffenden Moduls von Beginn weg in den Verlauf der Veranstaltung einzuplanen – und nicht nur als «Restgefäss» zu nutzen für Inhalte bzw. für Arbeiten, die in den «offiziellen» Kurszeiten keinen Platz mehr finden.

**Bedingung 2:** **Es gibt eine sinnvolle Verteilung der studentischen Arbeitszeit (1800 Stunden jährlich) und der Selbststudienzeit auf das kursorische Semester und auf das Zwischensemester.**

Die im Rahmen der Bologna-Reform vorgenommene einheitliche Zeitstruktur für das Studienjahr sieht eine definierte Zeit von 14 bis 15 Wochen für das kursorische Semester vor. Wird nun – neben der Kontaktstudienzeit – auch die Zeit des begleiteten Selbststudiums ausschliesslich auf diese 14 bis 15 Studienwochen verteilt, führt dies in der Semesterzeit zu Belastungsspitzen, die eine seriöse Bearbeitung der Studienaufgaben verunmöglicht.

Wir empfehlen daher, für einen Teil der Arbeiten, die für das begleitete Selbststudium zu erbringen sind, die zeitlichen Rahmenvorgaben so zu wählen, dass auch die Zwischensemesterzeit dafür verwendet werden kann. Konkret bedeutet dies beispielsweise, dass der Abgabetermin von grösseren Projektarbeiten und von individuellen Vorhaben so angesetzt werden sollte, dass die Zwischensemesterzeit für die selbstständige Arbeit

---

[19] Als «Selbststudienmodule» bezeichnen wir Module, in denen das Selbststudium den überwiegenden Zeitanteil einnimmt und gleichzeitig auch für die inhaltliche Substanz und den «roten Faden» des betreffenden Moduls sorgt (Beispiele: Projektmodule, PBL-Module usw.).

genutzt werden kann. Für integrierte Studienaufgaben, wie sie im Umsetzungsmodell 1 beschrieben sind, dürfte eine solche Lösung schwieriger zu realisieren sein, da hier die selbstständigen Arbeiten und die Kontaktveranstaltungen oft in einem wechselseitigen Bezug stehen, Dennoch kann es auch in diesem Falle hilfreich sein, wenn – zumindest bei grösseren Arbeiten – die Möglichkeit einer Fristerstreckung eingeräumt wird, die eine Nutzung der Zwischensemesterzeit ermöglicht.

Vorstellbar sind auch Selbststudiumsaufgaben, die den Kontaktveranstaltungen des nachfolgenden Semesters *voraus*gehen. Wir denken hier an Studienaufgaben, die in der Zwischensemesterzeit ausgeführt werden, um vorbereitend den Boden für das Lehren und Lernen im nachfolgenden Modul zu ebnen. So können z. B. Versuche, Experimente und Interviews vorgängig in Auftrag gegeben und später gezielt im Modul genutzt werden.[20]

### Bedingung 3: Neben dem begleiteten Selbststudium wird auch dem individuellen Selbststudium ein angemessener Platz eingeräumt.

Die 40-40-20-Rahmenvorgabe, wie sie in der KFH-Best-Practice-Empfehlung formuliert ist,[21] sieht bekanntlich eine Unterteilung des Selbststudiums in 20 Prozent individuelles Selbststudium und 40 Prozent begleitetes/geleitetes Selbststudium vor.[22] Diese Vorgabe mit dem relativ hohen Anteil an begleitetem Selbststudium führt in der Praxis zu zwei Begleiteffekten: einerseits zu einer hohen Belastung der Studierenden mit dozierendengesteuerten (d.h. fremdbestimmten) Studienaufträgen; andererseits zu einer relativ hohen Belastung der Dozierenden mit Begleitaufgaben (mit entsprechenden Kostenfolgen).[23]

Eine Veränderung dieser beiden Begleiteffekte ist u. E. nur möglich, wenn die KFH-Rahmenvorgabe verändert und ein anderes Verhältnis von individuellem Selbststudium und begleitetem/angeleitetem Selbststudium vorgesehen wird: beispielsweise 30 Prozent individuelles und 30 Prozent begleitetes Selbststudium. Fest steht, dass das

---

[20] Es ist darauf zu achten, dass die im Studienplan vorgesehene zeitliche Belastung für Studierende ernst genommen wird, denn immer mehr Studierende sind darauf angewiesen, neben dem Studium einer beruflichen Tätigkeit nachzugehen. Mit der Zunahme von quereinsteigenden Studierenden, die ihre Berufsrichtung wechseln, wird dieser Aspekt immer wichtiger.

[21] 40 Prozent Kontaktstudium, 40 Prozent begleitetes/geleitetes Selbststudium, 20 Prozent individuelles Selbststudium, vgl. Kapitel 1.

[22] Wir stützen uns hier auf die Begriffsbestimmung, die wir im ersten Kapitel vorgenommen haben. «Individuelles Selbststudium meint: Individuelle, nicht durch spezielle Aufträge strukturierte Lernzeit, die den einzelnen Modulen zugeordnet ist (z.B. individuelle Vor- und Nachbereitung der Kontaktveranstaltungen; Vertiefungslektüre, individuelles Üben, Prüfungsvorbereitung usw.); keine strukturierende Auftragslenkung (mit Verbindlichkeitsanspruch); keine Kontaktbegleitung; keine Einforderung/Sichtung der Arbeitsergebnisse. Der individuelle Wissenszuwachs kann – trotz Freiwilligkeit – prüfungsrelevant sein!»

[23] Erfahrungsgemäss ist der Zeitaufwand, der von den Dozierenden für die «Nachbereitung» des begleiteten Selbststudiums erbracht werden muss, kaum geringer ist als der Zeitaufwand, der für die Vorbereitung einer herkömmlichen Kontaktveranstaltung erbracht werden muss! Mit anderen Worten: Das begleitete/angeleitete Selbststudium wird zu einer relativ teuren Form des Selbststudiums.

individuelle Selbststudium (d.h. die wirklich selbstverantwortliche, nicht auftragsgebundene Studienzeit) mit 20 Prozent der Studienzeit anteilsmässig sehr tief dotiert ist. Ein anderer Verteilungsschlüssel zwischen diesen beiden Formen des Selbststudiums würde u. E. eine wichtige Voraussetzung schaffen, damit das begleitete Selbststudium von Studierenden und Dozierenden mit einer grösseren Sorgfalt umgesetzt werden kann.

**Bedingung 4: Die prozentuale Verteilung der Selbststudiumsanteile in den einzelnen Modulen und Veranstaltungen wird auf der Ebene des Studiengangs vorgenommen.**

Viele Bildungsinstitutionen folgen bei der Umsetzung des begleiteten Selbststudiums der 40-40-20-Rahmenvorgabe. Diese Rahmenvorgabe wird in der Praxis beispielsweise wie folgt ausgelegt: Von der jährlichen Gesamtarbeitszeit von 1800 Arbeitsstunden werden 20 Prozent für das individuelle Selbststudium abgezogen; vom verbleibenden Rest (1440 Std.) werden 50 Prozent (720 Std.) für Kontaktveranstaltungen reserviert und curricular «verplant». Die verbleibenden 720 Stunden gelten als Zeit für das begleitete Selbststudium, die den Dozierenden für die Umsetzung übertragen wird: Es liegt in ihrer Kompetenz, zusätzlich zu den Kontaktlektionen Studienaufgaben für das begleitete Selbststudium zu erteilen, wobei die Lernaufträge ungefähr denselben zeitlichen Umfang beanspruchen sollten wie die Kontaktveranstaltung.

Auf das Hauptproblem dieser Umsetzungspraxis haben wir in Kapitel 4 bereits hingewiesen: Die Studierenden werden mit einer Fülle von Studienaufgaben überhäuft, die letztlich nicht als Raum des selbstbestimmten Lernens, sondern als Form der Fremdbestimmung und als «Gängelung» der Selbststudienaktivitäten erlebt werden.

Mit Blick auf diese Problematik empfehlen wir eine Umsetzungspraxis, welche die Verteilung des begleiteten Selbststudiums auf der *Ebene des Studienganges* (nicht auf der Ebene der einzelnen Veranstaltung bzw. des einzelnen Moduls!) regelt. Dies bedeutet, dass die von der KFH empfohlenen Verteilungsprozente von Selbststudium und Kontaktstudium als *Richtgrösse für ein ganzes Studienjahr oder eventuell sogar für die gesamte Ausbildungszeit* verstanden werden sollten, während die Verhältniszahlen in den einzelnen Veranstaltungen und Modulen variieren können. Beispielsweise kann eine Veranstaltung, in der mit Problem-Based Learning gearbeitet wird, mit 80 Prozent als begleitetes Selbststudium verrechnet werden. Oder eine Veranstaltung, in der individuelle Vorhaben realisiert werden, zählt zu 100 Prozent der veranschlagten Zeit als begleitetes Selbststudium. Gleichzeitig sind auch Veranstaltungen möglich, die bis zu 100 Prozent als Kontaktveranstaltungen zählen, d.h. ohne begleitetes Selbststudium verrechnet werden.

**Bedingung 5: Die Studienaufgaben werden untereinander koordiniert – unter gezieltem Einbezug der verschiedenen Formen des begleiteten Selbststudiums.**

Werden die Studierenden nach ihren Erfahrungen mit dem begleiteten Selbststudium befragt, ist häufig die Klage zu hören, dass die Fülle von wöchentlich zu erledigenden

Lernaufträgen in ihrer Gesamtheit als ein zusammenhangsloses Gebilde von fremdgesteuerten Lernanlässen empfunden wird. Dies kann zu Überforderungsgefühlen führen und die Arbeitsmotivation beeinträchtigen. Viele Studierende entwickeln in der Folge eine Erledigungsmentalität, die sich in erster Linie am verbindlichen und kontrollierbaren Bearbeitungsminimum orientiert und eine vertiefte Bearbeitung vermeidet.

Eine bessere Koordination der Studienaufgaben innerhalb des Studienganges kann dieses Problem entschärfen. Dabei muss auf folgende Punkte geachtet werden:

## Massnahmen zur Koordination der Studienaufgaben

- Die kleineren, veranstaltungsspezifischen Studienaufgaben, die von Woche zu Woche zu erledigen sind, müssen beschränkt bleiben.
- Grössere Studienaufgaben sind zeitlich sinnvoll zu staffeln. Leitend ist die Frage, an wie vielen grösseren Projekten können die Studierenden parallel und gleichzeitig arbeiten, ohne dass die Arbeitsmotivation darunter leidet.
- Veranstaltungsübergreifende und -verbindende Studienaufgaben sind gezielt in den Studiengang einzuplanen und müssen zwischen den Dozierenden abgesprochen werden.

Die Studiengangleitung muss in diesem Zusammenhang Einfluss darauf nehmen, dass die vielfältigen Formen des Selbststudiums, wie sie in Kapitel 4 beschrieben sind, in angemessenem Umfang angewendet werden. Beispielsweise sind neben dem Modell der integrierten Studienaufgaben auch anspruchsvollere Umsetzungsmodelle wie z.B. PBL-Module, Lern- und Übungsprojekte, Echtprojekte usw. einzusetzen. Diese sorgen dafür, dass Arbeitsaufträge mit grösserer Spannweite und grösserem Gestaltungsraum im Studiengang einen angemessenen Platz finden.

Eine solche Koordination ist natürlich nur möglich, wenn im Rahmen der Modulvorbereitung für die konzeptionelle Planung der Studienaufgaben dieselbe Sorgfalt aufgewendet wird wie für die inhaltliche Planung der Kontaktveranstaltungen. Dies setzt bei den Dozierenden und bei der Studiengangleitung ein Commitment in Bezug auf die Bedeutung des Selbststudiums voraus. Selbststudium ist nicht nur eine für die Zeitplanung relevante «Füllgrösse», sondern ein wesentlicher Bestandteil des Curriculums!

**Bedingung 6: Für die Dozierenden werden Unterstützungsmassnahmen angeboten, die eine erfolgreiche Umsetzung des begleiteten Selbststudiums fördern und unterstützen.**

Das begleitete Selbststudium ist für viele Dozierende eine neue Herausforderung. Zwar dürfte das Umsetzungsmodell der integrierten Lernaufgaben einem grossen Teil der Dozentinnen und Dozenten bereits vertraut sein. Lernaufträge wurden bis anhin bereits verwendet, und zwar vor allem, um das passive Aufnahmeverhalten der Studierenden während der dozierendengesteuerten Informationsdarbietungen mit aktiven Verarbeitungsprozessen zu ergänzen (beispielsweise im Sinne von «Gruppenarbeiten» während der Kontaktveranstaltung oder im Sinne von «Hausaufgaben»). Neu ist der Anspruch, dass diese aktivierenden Elemente einen relativ umfangreichen und explizit ausgewiesenen Platz im Ausbildungsgang einnehmen (mit entsprechender ECTS-Wirksamkeit) und gleichzeitig einen gezielten Beitrag zur Förderung der überfachlichen Kompetenzen leisten sollen. Dies bringt nicht nur den bereits erwähnten höheren Koordinationsanspruch mit sich (vgl. Gelingensbedingung 5), sondern setzt auch voraus, dass Formen des Selbststudiums zur Anwendung kommen, die für die Studierenden einen höheren Selbststeuerungsgrad enthalten. Zudem müssen die Dozierenden die Rolle als Lernbegleiterinnen und Lernbegleiter bewusster wahrnehmen und die Förderung der Selbst-, Sozial- und Methodenkompetenzen gezielt angehen.

Die Dozierenden müssen die Möglichkeit haben, sich auf ihre neue Rolle als Lernbegleiterinnen und Lernbegleiter vorzubereiten. Dazu gehören *Kursangebote* zu den verschiedenen Umsetzungsmodellen des begleiteten Selbststudiums, zu den vier Elementen der Lernbegleitung sowie zu den neuen didaktischen Kompetenzen, die im erweiterten Lehr-Lern-Konzept notwendig sind (z. B. Moderation von Arbeitsprozessen in Gruppen, Projektmanagement, partizipative Problemanalyse u. a.). Besonderes Gewicht wird darauf zu legen sein, wie mit geeigneten Steuerungs- und Reflexionsimpulsen die Studierenden bei der Erweiterung der Selbst-, Sozial- und Methodenkompetenzen gefördert und unterstützt werden können. Neben Weiterbildungsveranstaltungen kann in diesem Zusammenhang auch die Einrichtung von praxisbegleitenden *Intervisions- und Supervisionsgruppen empfohlen werden,* in denen Erfahrungen ausgetauscht und Lösungen für auftauchende Schwierigkeiten gemeinsam erarbeitet werden können.

### Bedingung 7: Die Aufgaben der Lernbegleitung werden im Pensum der Dozierenden angemessen berücksichtigt.

Wie in Kapitel 5 aufgezeigt wurde, ist die Lernbegleitungsfunktion, welche die Dozierenden im Rahmen des begleiteten Selbststudiums zu erfüllen haben, aus mehreren Komponenten zusammengesetzt: 1) Generieren und Erteilen von Aufträgen; 2) Coaching und Controlling während der selbstständigen Arbeitsphase; 3) Entgegennehmen und Sichten der Ergebnisse; 4) Bewerten der Arbeitsergebnisse und Rückmeldung an die Studierenden.

Diese vier Teilfunktionen ergeben den gesamten Arbeitsaufwand, der von Seiten der Dozierenden für das begleitete Selbststudium zu erbringen ist. Es ist klar, dass diese Funktionen nicht einfach als ein integrierter Bestandteil des herkömmlichen (auf Präsenzstunden hin berechneten) Lehrauftrages sein können. Wir stellen fest, dass in den meisten Umsetzungsformen der Hauptteil des Begleitaufwandes nicht im Generieren von Aufträgen und der prozessbegleitenden Beratung der Studierenden liegt, sondern dass mindestens ebenso viel Zeit für die Sichtung und Bewertung der Arbeitsergebnisse und für die Rückmeldung an die Studierenden aufgewendet werden muss. Mit diesen Begleitfunktionen erhält die Dozierendentätigkeit einen völlig anderen Charakter als gewohnt: Der Vorbereitungsaufwand für eine «Lektion» wird zwar kleiner, dafür erhält der *Nachbereitungsaufwand* einen hohen Stellenwert!

Wir gehen davon aus, dass das begleitete Selbststudium bei sorgfältigem Erfüllen der genannten Begleitfunktionen von den Dozierenden ungefähr denselben Aufwand erfordert wie eine herkömmliche Lehrveranstaltung. Das begleitete Selbststudium darf daher nicht als Sparpotenzial verstanden werden – beispielsweise indem für die Berechnung der Studienkosten bzw. für die Dozierendenentschädigung nur die eigentlichen Präsenzveranstaltungen gerechnet werden, während die 40 Prozent der Ausbildungszeit, die für begleitetes Selbststudium vorgesehen sind, nur in der Kreditierung der Studierenden, nicht aber in der Entschädigung der Dozierenden berücksichtigt werden.

**Bedingung 8:  Die Studierenden werden schrittweise und sorgfältig in das Selbststudium eingeführt.**

Das begleitete Selbststudium bedeutet nicht nur für die Dozierenden, sondern auch für die Studierenden eine neuartige Herausforderung, die neue Fähigkeiten und Routinen erforderlich macht. Im Vergleich zum herkömmlichen Unterricht müssen neue Methoden-, Sozial- und Selbstkompetenzen zur Anwendung kommen: Kompetenzen, die zur effizienten Steuerung von (individuellen und kooperativen) Lern- und Arbeitsprozessen notwendig sind. Diese Kompetenzen können nicht als gegeben vorausgesetzt werden, da sie von den zubringenden Schulen gegenwärtig meist nicht mit der notwendigen Konsequenz «einsozialisiert» werden.

Die Aneignung dieser Kompetenzen muss im Rahmen eines Studienganges gezielt gefördert und unterstützt werden, wobei der Koordination zwischen den Modulen bzw. unter den betreffenden Dozierenden eine besondere Bedeutung zukommt. Für den Aufbau der Selbststudiumskompetenz lassen sich verschiedene Vorgehensweisen unterscheiden.

## Vorgehensweisen für den Aufbau von Selbststudiumskompetenzen

- *Variante 1:* Im Rahmen des Studienganges wird ein Aufbau- und Trainingsmodul zum begleiteten Selbststudium angeboten, in dem sich die Studierenden bestimmte Basisfähigkeiten im Bereich der Selbst-, Sozial- und Methodenkompetenzen aneignen können. Wenn auch die Wirksamkeit von solch systematischen, themenunabhängigen Lehr-Lern-Prozessen in diesem Bereich umstritten ist, so sollte doch ein solches Angebot in jedem Studiengang enthalten sein – als Grundlage für die bewusste Prozessgestaltung und -reflexion in den verschiedenen themen- und fachbezogenen Modulen.
- *Variante 2:* Der Kompetenzaufbau findet integriert innerhalb derjenigen Module statt, in denen das Selbststudium zur Anwendung kommt. Dies bedeutet, dass die verantwortlichen Dozierenden nicht nur für die prozessorientierte Beratung, sondern vor allem auch für die nachfolgende Reflexion der Selbststudiumsanteile mit den Studierenden zuständig sind.
- *Variante 3:* Der Kompetenzaufbau findet in ausgewählten Modulen statt, in denen das begleitete Selbststudium einen hohen Stellenwert einnimmt. Eine speziell ausgebildete Person ist in diesen Modulen als Prozessbegleiterin vorgesehen, die u.a. auch gezielte – thematisch integrierte – Schulungssequenzen zur Vermittlung der entsprechenden Prozesskompetenzen vorsieht.

**Bedingung 9:   Ein studiumbegleitendes Portfolio wird als Instrument zur individuumsbezogenen Planung, Steuerung und Koordination des (Selbst-)Studiums eingesetzt.**

Verschiedene Gründe sprechen dafür, das Portfolio als ein festes Element in das begleitete Selbststudium einzubeziehen. Zum einen leistet es einen nicht unerheblichen Beitrag, um unterschiedliche Studienaktivitäten, die in den verschiedenen Veranstaltungen, Modulen und Studienbereichen von den Studierenden verlangt werden, miteinander zu verbinden. In diesem Sinne wird das Portfolio zu einer Art «Studienführer», der einen roten Faden durch das gesamte Studium legt. Diese Funktion ist nicht zuletzt deshalb wichtig, weil durch die individuelle Komposition des Studiums, wie sie durch die Modularisierung ermöglicht wird, die Integration der einzelnen Studienelemente zu einem Ganzen vermehrt in die Verantwortung der einzelnen Studierenden gelegt wird. Zum andern kann das studiumbegleitende Portfolio auch verwendet werden, um die eigene Kompetenzentwicklung zu dokumentieren und zu reflektieren. Nicht zuletzt mit Hilfe dieser Reflexionskomponente können die Studierenden dazu gebracht werden, ihre Verantwortung für den eigenen Lernprozess bewusster wahrzunehmen. Zudem fördert das Portfolio in dieser Funktion als prozessbezogenes Reflexionsinstrument die Entwicklung von überfachlichen Kompetenzen (Selbstkompetenzen, Sozialkompetenzen, Methodenkompetenzen), die ja gerade im Selbststudium – neben dem inhaltlichen Lerngewinn – als wichtige Zieldimension gelten. Den Dozierenden schliesslich eröffnet das Portfolio die Gelegenheit, die Coachingrolle besser zu erfüllen, denn es ist ein Ort, wo Informationen zum individuellen Entwicklungsprozess, zu Schwierigkeiten und Stolpersteinen, die in den Lern- und Arbeitsprozessen auftauchen, festgehalten und für eine Besprechung verfügbar gemacht werden. Allerdings sind bestimmte Bedingungen zu beachten, wenn die Chance, die Portfolios bieten, genutzt werden soll.

### Voraussetzungen für das Gelingen der Portfolioarbeit

- Der Einsatz des Portfolios muss auf allen Ebenen geklärt werden. Portfolioarbeit stellt hohe Anforderungen an die Beteiligten (Lehr- und Begleitteam, Studierende) und muss daher sorgfältig eingeführt und begleitet werden. Die Studierenden müssen in der Verantwortung fürs eigene Portfolio und bei dessen Herstellung unterstützt werden. Die beratenden Dozierenden ihrerseits brauchen klare Richtlinien von Seiten der Institution in Bezug auf Inhalte und Begleitung der Portfolios.

- Die Institution hat Richtlinien zu erarbeiten und die organisatorischen Rahmenbedingungen zu klären, sie hat Einführungsveranstaltungen und allenfalls Begleitveranstaltungen für die Coachs anzubieten. In den Richtlinien sind Inhalte, Beratungsaufwand und Verwendungszweck (Benotung und/oder ECTS-Verpunktung) zu klären.

- Wir empfehlen zudem, für alle Studierenden eine persönliche Portfoliobegleitperson zu bezeichnen. Diese Person kann zur individuellen Studienberaterin werden, die den Studierenden bei Beginn des Studiums hilft, sich in der Institution und im komplexen Lehr-Lern-Angebot zurechtzufinden. Bei gravierenden Schwierigkeiten fungiert sie als Ansprechperson. Während des Studiums nimmt sie halbjährlich oder jährlich mit den zugeteilten Studierenden ein Standortgespräch vor. Sie beurteilt die Entwicklung der Prozesskompetenzen und berät – *last but not least* – im Portfolioprozess.

**Bedingung 10: Die infrastrukturellen Voraussetzungen lassen es zu, dass auch anspruchsvolle Umsetzungsmodelle mit der notwendigen Sorgfalt realisiert werden können.**

Die Studienaktivitäten, die zum begleiteten Selbststudium gehören, finden grundsätzlich nicht in institutionell vordefinierten Zeiten und Räumen statt. Die Studierenden müssen für diese Belange selbst die Verantwortung übernehmen; es bleibt ihnen überlassen, sich so zu organisieren, dass sie arbeitsfähig sind und die Lern- und Arbeitsaufträge effizient realisieren können.

### Anforderungen an die Infrastruktur einer Ausbildungsinstitution

- Für Selbststudiumsaufgaben, die in Form von Gruppenarbeiten zu realisieren sind, braucht es Gruppenräume mit einer geeigneten moderationstechnischen Infrastruktur (z.B. für anspruchsvolle Planungs- und Entwicklungsarbeiten im Rahmen von Projekten). Daneben bewähren sich auch Schulhausgänge und -nischen für Gruppengespräche. Schliesslich spielen auch Mensen und Mediotheken eine wichtige Rolle als offene Lernorte.
- Für Selbststudiumsaufgaben, in denen mit umfangreichen Literaturrecherchen gearbeitet werden muss (z.B. Fallstudien), braucht es eine gute Fachbibliothek sowie eine Handbibliothek, die den Ansturm ganzer Kursgruppen zu bewältigen vermag.
- Für Selbststudiumsaufgaben, die sich auf den Einsatz von ICT-Instrumenten abstützen, braucht es Computerarbeitsplätze, geeignete Netzwerklösungen, für die Studierenden verfügbare Software sowie einen leicht zugänglichen IT-Support.
- Für Selbststudiumsaufgaben, die teures Lern- und Übungsmaterial voraussetzen und dadurch an bestimmte Räumlichkeiten gebunden sind (z.B. für Trainingsaufgaben im Sport, für Laboraufgaben usw.), muss die freie Zugänglichkeit für die entsprechenden Räume *ausserhalb der Kurszeiten* gewährleistet sein.

Diese Beispiele machen deutlich, dass Hochschulen, die das begleitete Selbststudium als wichtigen Bestandteil ihres Ausbildungskonzeptes betrachten, die Eigenverantwortlichkeit nicht als infrastrukturelles Sparprogramm verstehen dürfen. Insbesondere die anspruchsvolleren Formen des begleiteten Selbststudiums setzen Investitionen voraus, die den Studierenden eine professionelle Arbeitsweise erlauben.

**Bedingung 11: Bei Bedarf ist eine komfortable und funktionstüchtige ICT-Unterstützung abrufbar.**

Insofern das begleitete Selbststudium darauf abzielt, Lernen unabhängig von der Dozierendenpräsenz auszuführen, weist es den ICT- Instrumenten eine besondere Bedeutung zu. Diese können die orts- und zeitunabhängige Realisierung von Lern-, Arbeits- und Kommunikationsprozessen in verschiedener Hinsicht erleichtern und unterstützen. In diesem Sinne gibt es eine enge Verbindung zwischen Selbststudium und Einsatz von ICT-Instrumenten.

Die Erfahrungen zeigen, dass ICT-Instrumente im Selbststudium nur dann auch wirklich verwendet werden, wenn der technische Aufwand für die Benutzerinnen und

Benutzer so gering wie möglich gehalten wird. Von Seiten der Nutzerinnen und Nutzer wird erwartet, dass das Lernmedium die Auseinandersetzung mit dem Lerninhalt unterstützt und dass die Instrumente möglichst wenig Aufmerksamkeit für sich selbst beanspruchen. Wer lernt, will sich auf den Lerninhalt konzentrieren und möchte nicht durch das Lernmittel vom eigentlichen Lernen abgelenkt werden! Zudem wird erwartet, dass der Einarbeitungs- und Anwendungsaufwand für ICT-Instrumente in einem guten Verhältnis steht zum erreichten Nutzen. Der Aufwand muss sich lohnen, verglichen mit den Erleichterungen und Optimierungen, die durch die betreffenden ICT-Anwendung ermöglicht werden.

## Grundregeln für den Einsatz von ICT-Instrumenten im begleiteten Selbststudium

- Der Einsatz von ICT-Instrumenten muss innerhalb eines Studienganges abgesprochen werden. Die eingesetzten Instrumente dürfen nicht als Instrumente einzelner Dozierender wahrgenommen werden, sondern sind als «offizielle» Instrumente eines Studienganges zu verstehen. Nach Möglichkeit sollte der Einsatz der offiziellen ICT-Studieninstrumente in verschiedenen Modulen gleichzeitig erfolgen, damit Dozierende und Studierende in kurzer Zeit die notwendige Anwendungsroutine ausbilden können.
- Die Erleichterungen und Optimierungen, die mit Hilfe der «offiziellen» ICT-Instrumente erreicht werden, müssen überzeugend kommuniziert werden; nach wenigen praktischen Anwendungen muss der Nutzen für die Benutzerinnen und Benutzer auch konkret spürbar sein.
- Sowohl der Einarbeitungsaufwand als auch der Anwendungsaufwand, der mit dem alltäglichen Einsatz der ICT-Instrumente verbunden ist, muss möglichst gering sein und in einem guten Verhältnis zum Ertrag stehen. Es darf nicht sein, dass ICT-Instrumente – nach der Phase der Routineaneignung – mehr Zeit und Energie beanspruchen, als dies beim Lernen und Arbeiten mit den herkömmlichen Lernmedien notwendig wäre.
- Die Systeme müssen zuverlässig funktionieren und dürfen nicht fehler- bzw. fehlmanipulationsanfällig sein. Für die unvermeidlichen Restprobleme muss ein technischer Support für die Studierenden und Dozierenden gut erreichbar sein.
- Die ICT-Instrumente müssen gut verfügbar sein. Eigene Notebooks der Studierenden (als obligatorische Lernmittel) dürften hier aus institutioneller Sicht die einfachste Lösung sein.

### Bedingung 12: Es gibt auf allen Ebenen des begleiteten Selbststudiums Reflexionsschlaufen, die dafür sorgen, dass die Umsetzungspraxis schrittweise optimiert werden kann.

Das begleitete Selbststudium ist für die verschiedenen Beteiligten eine neuartige und noch ungewohnte Form des Lehrens und Lernens an der Hochschule. Umso wichtiger wird es sein, dass die Umsetzungspraxis sorgfältig evaluiert und sukzessive optimiert wird. Dazu braucht es Evaluations- und Feedbackinstrumente, mit deren Hilfe Schwierigkeiten, Schwachstellen, unerwünschte Effekte, aber auch erfolgreiche Formen der Praxisgestaltung erkannt und als Lernanlass genutzt werden können. Vorausgesetzt wird zudem eine Lernkultur, in der Reflexions- und Rückmeldeschlaufen von

Lehrenden und Lernenden geschätzt werden, weil sie ein schrittweises Optimieren des eigenen Tuns ermöglichen.

*Für Studierende* wird es wichtig sein, im Anschluss an längere Arbeitsphasen die selbstgesteuerten Lern-, Arbeits- und Kommunikationsprozesse auszuwerten, beispielsweise entlang von Kriterien, die zu Beginn der Arbeitsphase als wünschenswerte Leitwerte festgelegt worden sind. Der Vergleich von Selbsteinschätzung und Fremdwahrnehmung (innerhalb der Lerngruppe, mit einem ausgewählten Lernpartner, einer Lernpartnerin) ist eine wichtige Möglichkeit, um Stärken und Schwächen im eigenen Verhalten und in den kommunikativen Prozessen zu identifizieren und um Verbesserungsmöglichkeiten zu erkennen.

*Für Dozierende* kann es hilfreich sein, die neue Rolle der Lernbegleitung entlang den fünf Lernbegleitungsfunktionen, wie sie in Kapitel 5 («Die neue Rolle der Lernbegleitung») ausgeführt wurden, zu evaluieren. Hier empfiehlt es sich, neben einer kritischen Selbsteinschätzung auch eine Studierendenbefragung durchzuführen, die über die Wahrnehmungen und Einschätzungen aus Sicht der komplementären Rollenträger Auskunft gibt. Eine Sammlung von möglichen Evaluationsitems, die auf die Phasen, Tätigkeiten und Qualitätsansprüche der Lernbegleitrolle abgestimmt ist, findet sich im letzten Kapitel des zweiten Teils.

*Für die Studiengangleitung* wird empfohlen, die vorhandenen Rahmenvorgaben (z. B. curriculare Vorgaben, Einbettung ins Gesamtdesign, Unterstützungsangebote usw.) mit den hier vorgeschlagenen Gelingensbedingungen zu vergleichen. Eine quantitative und/oder qualitative Befragung der Studierenden und Dozierenden zu möglichen Nebenwirkungen und Stolpersteinen kann zusätzliche Hinweise liefern zu den verbesserungsbedürftigen Rahmensetzungen.

# Teil 2

Anregungen und Umsetzungshilfen
für die Praxis

# Einleitung

Im Folgenden werden die in Kapitel 3 des ersten Teils bereits skizzierten Modelle so ausführlich beschrieben, dass die Darstellung als Ideenpool für praktische Umsetzungen dienen kann. Einige der Modelle lassen sich gut an die eigenen Lehrvorhaben anpassen, und gerade die Instrumente lassen sich problemlos in andere Lehrkontexte integrieren. Es sind aus der Praxis heraus entwickelte Modelle, zu denen wir an verschiedenen Hochschulen im In- und Ausland – auch vor Ort – recherchiert haben.

Die Darstellung der *acht Umsetzungsmodelle* hält sich an eine einheitliche Struktur, welche die folgenden Punkte umfasst:

- *Charakterisierung:* Die jeweilige Form des begleiteten Selbststudiums wird zusammenfassend charakterisiert.
- *Ziele und begründende Argumente:* Es wird dargelegt, worin der Nutzen des betreffenden Modells liegt.
- *Vorgehen:* Es werden die wichtigsten Handlungsschritte beschrieben, die bei der Umsetzung als Orientierungshilfen dienen können.
- *Instrumente und Umsetzungshilfen:* Für einzelne Schritte werden konkrete Hilfsmittel angeführt, die für die eigene Praxis übernommen und bei Bedarf adaptiert werden können. Wir gehen davon aus, dass einzelne Instrumente auch in diversen anderen Lernsettings, allenfalls in abgeänderter Form, eingesetzt werden können.
- *Stolpersteine:* Hier wird auf mögliche Umsetzungsschwierigkeiten hingewiesen, denen besondere Aufmerksamkeit geschenkt werden sollte, damit Qualitätsansprüche eingelöst werden können.

Nach der Darlegung der acht Umsetzungsmodelle folgt eine praxisbezogene Umsetzungshilfe für die Coachingfunktion der Dozierenden. Drei unterschiedliche *Coachingmodelle* (fragengeleitetes Lerncoaching, offenes Lerncoaching und supervisorisches Lerncoaching) werden ausführlich beschrieben. Dies geschieht auf dem Hintergrund der Überzeugung, dass der in der (Hochschul-)Didaktik geforderte Rollenwechsel vom *Sage on the Stage to the Guide by the Side* für viele Dozierende eine Veränderung ihrer Haltung verlangt. Um in der neuen Rolle erfolgreich zu sein, brauchen sie Werkzeuge zur Begleitung der Studierenden beim vornehmlich selbstgesteuerten Erwerb von Wissen. Coaching ist nicht einfach nur eine spezielle Form von Interaktionsverhalten, sondern eine didaktisch bewusst gestaltbare Phase im Lehr-Lern-Prozess. Aufgrund der konkreten Beschreibungen können Handlungsschritte abgeleitet werden.

Das letzte Kapitel dieses zweiten Teils ist der *Evaluation des begleiteten Selbststudiums* gewidmet. Es werden Qualitätsansprüche für die verschiedenen Phasen formuliert und entsprechende Evaluationsfragen für Studierende und Dozierende aufgeführt. Auch hier gilt: Die Fragenlisten sind als Ideenpool gedacht, aus dem sich massgeschneiderte Lösungen für eigene Evaluationsbefragungen mit selbst gewählten Schwerpunkten gewinnen lassen.

## Acht Verlaufsmodelle des begleiteten Selbststudiums

### Modell 1: Integrierte Lernaufgaben

### 1. Charakterisierung

Integrierte Lernaufgaben stellen diejenige Form des begleiteten Selbststudiums dar, die gegenwärtig vermutlich am häufigsten eingesetzt wird. Die Grundstruktur dieser Form ist einfach: Innerhalb der Lehrveranstaltung werden den Studierenden Aufgaben gestellt, die in selbstständiger Arbeit als Einzel-, Partner- oder Gruppenarbeit zu lösen sind. Die Aufgaben stehen meist in einem engen Bezug zum Stoff, der im Kontaktunterricht vermittelt wird. In diesem Sinne sind sie in das herkömmliche Unterrichtsarrangement integriert, daher die Bezeichnung «integrierte Lernaufgaben».

Je nach didaktischem Kontext können Lernaufgaben eine *vorbereitende*, eine *verarbeitend/nachbereitende* oder eine *transferunterstützende Funktion* erfüllen. Im gepflegten didaktischen Arrangement werden die Aufgabestellungen sorgfältig konzipiert, das heisst schriftlich ausformuliert und mit verschiedenen Angaben wie Lernziel, Auswertungsform, Beurteilungskriterien versehen. Zudem werden die Ergebnisse in einer geeigneten Form im nachfolgenden Kontaktunterricht besprochen.

Grundsätzlich lassen sich zwei Einsatzvarianten der integrierten Lernaufgaben unterscheiden, abhängig von der Art und Weise, wie Lernaufgaben in den zeitlichen Ablauf der Lehrveranstaltung eingebettet sind: Entweder findet die Bearbeitung der Lernaufgabe im Rahmen des Kontaktunterrichtes vor Ort statt oder aber ausserhalb, als Hausaufgabe in der selbstorganisierten Lernphase.

### Zwei Einsatzvarianten der integrierten Lernaufgaben

- *Variante 1:* Die Lernaufgaben werden innerhalb des Zeitgefässes bearbeitet, das für den Kontaktunterricht zur Verfügung steht. Die «Präsenzveranstaltung» umfasst in diesem Falle nicht nur Lehrsequenzen, in denen Wissen präsentiert wird, sondern auch eingeschobene Sequenzen, in denen Wissen aktiv verarbeitet wird.
- *Variante 2:* Die Lernaufgaben werden ausserhalb des vordefinierten curricularen Zeitgefässes bearbeitet: Sie werden den Studierenden gewissermassen als «Hausaufgaben» mitgegeben. Die unterrichtsfreie Zeit *zwischen* den Veranstaltungen wird als eigenaktive Lern- und Arbeitszeit definiert. Diese Einsatzform ist vor allem dann geeignet, wenn die Studierenden während der Selbstlernzeit keine Betreuung brauchen.

Im Zusammenhang des begleiteten Selbststudiums geht es ausschliesslich um die zweitgenannte Form, bei der die Zeit für die Bearbeitung/Lösung ausserhalb der eigentlichen Kontaktveranstaltung angesiedelt ist.

## 2. Ziele und begründende Argumente

*1. Unterstützung der Wissenskonstruktion:* Aus konstruktivistischer Sicht findet sinnhaftes Lernen letztlich immer als eigenaktive Konstruktionsleistung der Lernenden statt. In dieser Betrachtung dienen Lernaufgaben dazu, die Studierenden zur aktiven Auseinandersetzung mit den Lerninhalten anzuregen und diesen Auseinandersetzungsprozess so zu steuern, dass eine sinnhafte Verbindung zwischen dem bereits vorhandenen (subjektiven) Wissen mit dem neuen Fachwissen entstehen kann. Lernaufgaben sind demnach als Instrumente zu verstehen, die den Prozess des individuellen Wissensaufbaus durch äussere Impulse so steuern, dass sich die subjektive Konstruktionsleistung möglichst nachhaltig vollziehen kann.

Während bei der Wissensaufnahme über die dozierende Stoffpräsentation die Gefahr besteht, dass die Einbindung des neuen Wissens in die eigenen kognitiven Strukturen zu kurz kommt, haben Lernaufgaben diesbezüglich eine kompensatorische Funktion: Sie stellen sicher, dass neue Wissensinhalte nicht einfach als beziehungslose Informationen übernommen und abgespeichert werden, sondern vielmehr eine wirksame Verbindung zwischen den inneren (subjektiven) Sinnstrukturen und von aussen angebotenen (objektiven) Wissensstrukturen entstehen kann.

---

**Funktionen von integrierten Lernaufgaben im Prozess der individuellen Wissenskonstruktion**

- Lernaufgaben können zur Vorbereitung der *Wissensaufnahme und -verarbeitung* dienen, indem sie für die Aktivierung des bereits vorhandenen subjektiven Wissens sorgen und dieses als «Integrationsbasis» für die neuen Wissensinhalte verfügbar machen. Oder anders gesagt: Lernaufgaben können die Voraussetzungen dafür schaffen, dass neue Wissensinhalte bei den lernenden Personen auf fruchtbaren Boden fallen.

- Lernaufgaben können die *Verarbeitung von neuem Wissen* anregen und lenken mit dem Ziel, die Verbindung des bereits vorhandenen (subjektiven) Wissens mit den neu aufgenommenen Wissensinhalten bewusst herzustellen. In der Regel handelt es sich um Lernaufgaben, die während oder nach einer Phase der Informationsdarbietung gestellt und bearbeitet werden.

- Lernaufgaben können dazu anregen, eine *Übertragung des neuen Wissens auf komplexe Situationen* – insbesondere auf ausserschulische Praxisfelder – vorzunehmen. Diese Funktion ist vor allem dann bedeutsam, wenn es darum geht, neues Wissen auf Situationen zu übertragen, die eine Anpassung von abstrakten Konzepten, Grundsätzen und Verfahrensschritten auf die Kontextbedingungen verlangen.

---

*2. Entlastung des Kontaktstudiums:* Lernaufgaben, die den Studierenden zur selbstständigen Bearbeitung ausserhalb der Präsenzzeit aufgegeben werden, ermöglichen eine «Auslagerung» der Lernaufgaben aus dem Kontaktstudium in die Selbststudiumsphase. Auf diese Weise kann die beschränkte Kurszeit besser genutzt werden für Lehraktivitäten, bei denen die Dozierendenpräsenz unerlässlich ist.

*3. Signal für eigenverantwortliches Lernen:* Durch die Auslagerung der eigenaktiven Lernphase aus der Präsenzzeit wird die Eigenverantwortlichkeit für die Bearbeitung der Lernaufgaben deutlicher signalisiert und von den Lernenden bewusster wahrgenommen. Auftauchende Schwierigkeiten müssen weitgehend selbstständig gelöst werden. Zudem werden Selbstdisziplin und individuelles Zeitmanagement der Studierenden herausgefordert, da der Zeitpunkt und die Dauer für die Lernaktivität individuell (fast) beliebig festgelegt werden kann.

*4. Individualisierung in Bezug auf Lerntempo und -niveau:* Der Zeitaufwand, der für die Bearbeitung der Lernaufgaben notwendig ist, kann individuell und massgeschneidert dosiert werden. Unterschiedliche Arbeitstempi, die innerhalb einer Studierenden- oder Kursgruppe vorhanden sind, können auf diese Weise aufgefangen werden. Die Streuung des individuellen Zeitbedarfs für den Lernprozess muss nicht künstlich normiert werden: Studierende, die für ihre Lern- und Verstehensprozesse mehr Zeit aufwenden wollen oder müssen, bekommen durch integrierte Lernaufgaben die Gelegenheit, sich die Zeit zu nehmen, die sie individuell dafür benötigen.

## 3. Vorgehen

Integrierte Lernaufgaben sind eingebettet in einen grösseren didaktischen Zusammenhang. Sie bilden einen Bestandteil eines umfassenden, didaktisch gestalteten Lehr-Lern-Prozesses, der in die folgenden vier Teilschritte aufgegliedert wird:

*Schritt 1: Lernauftrag vorbereiten*

Bei der Vorbereitung von Lernaufträgen sind hauptsächlich drei Aspekte zu berücksichtigen.

- *Der Lernzielbezug:* Die Studierenden sollen durch die Bearbeitung der Lernaufgaben etwas lernen, was einen substanziellen Beitrag zur Erfüllung der Lernziele der betreffenden Lehrveranstaltung/des betreffenden Moduls leistet.
- *Die Funktionalität im Lehr-Lern-Prozess:* Lernaufgaben müssen ein funktionaler Bestandteil des Lehr-Lern-Arrangements sein. Sie sollen sich im Zusammenspiel mit der Kontaktveranstaltung als lernförderlich (im Sinne der unter den Instrumenten genannten Funktionen) erweisen.
- *Eine verlässliche Arbeitsbasis:* Lernaufgaben müssen für die Studierenden eine verlässliche Arbeitsbasis bilden. Sie sollten daher schriftlich vorliegen – so ausformuliert, dass die Ziele und Erwartungen der Dozierenden transparent und verständlich sind. Eine ausformulierte Aufgabenstellung ist nicht zuletzt deshalb wichtig, weil die Selbststudiumsarbeit ohne zusätzliche Erläuterungen und Präzisierungen durch die Dozierenden auskommen muss.

*Schritt 2: Lernauftrag vorstellen und erläutern*

Der schriftliche Lernauftrag muss den Studierenden vorgestellt und erläutert werden. Dabei geht es darum, die Verbindlichkeiten zu klären und zu verdeutlichen, was bewusst als ein offener und gestaltungsfähiger Rahmen gedacht ist. Zudem können Begründungsinformationen wichtig sein: Die Studierenden müssen den Sinn der vorgesehenen Arbeit mit Blick auf die Ziele des Moduls bzw. der Veranstaltung als eine lernwirksame Herausforderung verstehen. Schliesslich sollte den Studierenden klar werden, zu welchem Zeitpunkt und in welcher Form die Arbeitsergebnisse in die Folgeveranstaltungen einfliessen, d. h. dort aufgegriffen, besprochen und bewertet werden.

## Klärungsebenen bei der Einführung von Lernaufgaben

- *Klärung der Zielsetzung:* Was wird mit dem Lernauftrag beabsichtigt? Inwiefern leistet der Lernauftrag einen wichtigen Beitrag zur Erfüllung der Modul- bzw. Veranstaltungsziele?
- *Klärungen zur Ausführung:* Was ist zu tun? Welches sind die verbindlichen Vorgaben, die zu beachten sind? Welches ist der Gestaltungsraum, der kreativ, eigenverantwortlich-gestaltend wahrgenommen werden sollte? Welches ist der Zeitaufwand, mit dem gerechnet werden muss? Können bei auftretenden Schwierigkeiten Dozierende um Unterstützung angefragt werden?
- *Klärungen zur didaktischen Einbettung:* In welcher Form fliessen die Ergebnisse in den nachfolgenden Unterricht ein? Werden die Ergebnisse als Leistungsnachweis gewertet? (Falls ja: Welches sind die Erfüllungskriterien?)

*Schritt 3: Selbstständige Arbeitsphase*

Es folgt die selbstständige Bearbeitung der Lernaufgaben durch die Studierenden entlang den festgelegten Rahmenvorgaben. Wieweit bei auftretenden Schwierigkeiten Rückfragen gestellt werden können oder ob bei Bedarf sogar auf ein Unterstützungsangebot zurückgegriffen werden kann, ist im Vorfeld der Arbeit zu klären. In der Regel empfiehlt es sich, ein Unterstützungsangebot vor allem dann vorzusehen, wenn sich eine Lernaufgabe über einen längeren Zeitraum erstreckt und im betreffenden Zeitraum keine Kontaktveranstaltungen stattfinden. Unter Umständen können ICT-Instrumente in diesem Zusammenhang eine wichtige Funktion erfüllen (vgl. Kapitel 7 des ersten Teils).

*Schritt 4: Ergebnisse besprechen*

Bei der Bearbeitung von Lernaufgaben entstehen Ergebnisse, sei es in schriftlicher Form (z. B. Zusammenfassung eines Textes), in medialer Aufbereitung (z. B. Herstellen einer Videosequenz) oder in kognitiver Form (z. B. Gedanken, die sich Studierende bei der Textlektüre machen). Solche Ergebnisse, die verbindlich angefordert werden, sollten einerseits gewürdigt und anderseits unter fachlichem Gesichtspunkt besprochen werden.

Der Austausch innerhalb der Studierenden- oder Kursgruppe kann in diesem Zusammenhang wertvoll sein. In der Konfrontation mit den Arbeitsergebnissen anderer Personen, die mit denselben (Rahmen-)Vorgaben gearbeitet haben, werden die eigenen Arbeitsergebnisse einem Vergleich ausgesetzt, der normalerweise eine kritische (Selbst-)Reflexion auslöst.

In der Praxis zeigt es sich, dass gerade bei integrierten Lernaufgaben die Bedeutung des Ergebnisaustausches und der Ergebnisbesprechung unterschätzt wird. Oft wird für diese Phase zu wenig Zeit eingeräumt. Bei den Studierenden kann dies als Entwertung sowohl des Arbeitsauftrages als auch der geleisteten Arbeit empfunden werden – was sich tendenziell negativ auf die Bearbeitung künftiger Arbeitsaufträge auswirkt.

## 4. Instrumente und Umsetzungshilfen

Im Folgenden sind zwei Instrumente beschrieben, die bei der Vorbereitung und der didaktischen Einbettung von Lernaufgaben helfen können: Die Zusammenstellung der Lernaufgabentypen ist als Anstoss gedacht, um funktionsgerechte Aufgaben zu (er-)finden; die Struktur eines vollständigen Lern- und Arbeitsauftrages kann als Checkliste dienen, um Lern- und Arbeitsaufträge auf unbeabsichtigte Lücken zu überprüfen.

### Typen von Lernaufgaben

1.  *Lernaufgaben mit vorbereitender Funktion (zur Aktivierung des subjektiven Wissens)*
    *   *Interesse wecken, Informationsaufnahme und -verarbeitung inhaltlich vorbereiten.* Durch die Vergegenwärtigung eigener Erfahrungen sollen «Andockstellen» geschaffen werden, um die nachfolgende Informationsvermittlung produktiv werden zu lassen.
        *Beispiel:* Die Studierenden erhalten den Auftrag, (möglichst kontroverse) Zeitungsartikel zu einer Thematik zu suchen. Im anschliessenden Unterricht werden die Spannungsfelder systematisiert und analysiert.
    *   *Ausgleich individueller Lernvoraussetzungen* («homogenisieren»): Die Einzelnen sollen sich auf das Wissensniveau des Unterrichts bringen.
        *Beispiel:* Die Dozierenden formulieren die inhaltlichen Voraussetzungen für den nachfolgenden Lernstoff und geben Textquellen/Übungen an, die der individuellen Vorbereitung dienen.
    *   *Inhaltliche Voraussetzungen schaffen, damit der Unterricht auf einem anspruchvolleren kognitiven Niveau einsetzen kann:* Es geht darum, dass die ganze Kursgruppe auf einem höheren Lernzielniveau gefordert/gefördert werden kann.
        *Beispiel:* Aufgabe ist die Lektüre eines Fachtextes mit dem Ziel, diesen zu verstehen (Informationsaneignung: Lernzielstufen nach Bloom[24]: Kennen und Verstehen). Im Unterricht selbst wird dann eine kritische Analyse des Textes vorgenommen (Stufen nach Bloom: Analyse, Synthese, Beurteilung).
2.  *Lernaufgaben mit verarbeitender/nachbereitender Funktion*
    *   *Memorierende Verarbeitung:* Der Stoff wird durchgearbeitet mit dem Ziel, die gedächtnismässige Verfügbarkeit zu erhöhen (wird meistens mit der Prüfungsvorbereitung gekoppelt).
    *   *Verstehensorientierte Verarbeitung:* Der Stoff wird individuell durchgearbeitet mit dem Ziel, das individuelle Verstehen des Stoffes zu ermöglichen oder zu vertiefen.
        *Beispiel:* Die Studierenden erhalten eine Anzahl von Leitfragen/Aufgaben, die sich mit dem behandelten Stoff selbstständig beantworten/lösen lassen (Bloom-Taxonomie: Verstehen).
    *   *Weiterführende Verarbeitung:* Die Lernaufgaben öffnen Möglichkeiten zur interessengeleiteten oder thematischen Vertiefung.
        *Beispiel:* Lektüre von Texten, die den behandelten Stoff vertiefen und das vermittelte Grundwissen erweitern.

---

[24] Stufen nach Bloom (1974): Kenntnis – Verständnis – Anwendung – Analyse – Synthese – Beurteilung.

3. *Lernaufgaben mit transferunterstützender Funktion (Übertragung von neuem Wissen auf (Kontext-)Situationen)*

- *Training durch Anwendungs- und Übungsaufgaben:* Fähigkeiten/Fertigkeiten werden durch individuelles Üben geschult durch Aufgaben, die selbstständiges Wiederholen (Reproduktion) einer Verhaltens- bzw. Handlungssequenz oder die eine kreative Anpassung des Gelernten an veränderte Anwendungsbedingungen verlangen.
  *Beispiel:* Probleme/Aufgaben werden gestellt, die mit einer in der Lehrveranstaltung vermittelten Lösungsstrategie zu lösen sind.

- *Situationsbezogener (kontextbezogener) Wissenstransfer:* Lernaufgaben regen dazu an, praxisbezogene Wissensinhalte (z. B. Verfahrensregeln, Handlungsgrundsätze usw.) auf Handlungssituationen zu transferieren, d. h., sie mit situationalem Kontextwissen in Verbindung zu bringen.
  *Beispiel:* Eine Handlungsstrategie wird im Praxisfeld angewendet; die gemachten Erfahrungen müssen reflektiert/dokumentiert werden.

## Struktur eines vollständigen Lern- und Arbeitsauftrages

1. *Beabsichtigtes Lernziel*
   Welches Lernziel soll durch die Bearbeitung dieser Aufgabe erreicht werden?

2. *Aufgabestellung*
   Was ist zu tun? Welches ist die Aufgabe/Problemstellung, die zu bearbeiten ist?

3. *Hinweise zum Vorgehen*
   Gibt es beim Vorgehen spezielle Hinweise, die zu beachten sind? Kann eine bestimmte Abfolge von Lern- und Arbeitsschritten oder eine bestimmte Arbeitstechnik empfohlen werden?

4. *Material/Unterlagen/Arbeitsmittel*
   Welches Lern- und Arbeitsmaterial kann/soll verwendet werden? Auf welche Texte/inhaltlichen Vorlagen bezieht sich der Arbeitsauftrag?

5. *Sozialform*
   Ist es sinnvoll, eine Sozialform zu empfehlen? Wenn ja: Welche Sozialform (Einzelarbeit, Tandem, Kleingruppe) ist für die Bearbeitung angemessen?

6. *Ergebnisdarstellung*
   Wie und wo sollen die Ergebnisse dokumentiert bzw. festgehalten werden?

7. *Auswertungsform*
   Welche Form der Überprüfung/Ergebnisevaluation ist geplant? (Präsentation oder Besprechung in der Klasse? Selbstkontrolle? Austausch mit anderen Gruppen? Korrektur/Gespräch/Rückmeldung der Dozierenden?)

8. *Beurteilungskriterien*
   Gibt es Kriterien, nach denen der Arbeitsprozess und/oder die Arbeitsergebnisse beurteilt werden (Selbstbeurteilung und/oder Fremdbeurteilung)? Hat die Beurteilung eine rein formative Funktion, oder hat sie eine summative Bedeutung (Verrechnung für die Modulanerkennung, Verrechnung für die Abschlussnote)?

9. *Zeitaufwand*
   Mit wie viel Zeit muss für die Bearbeitung ungefähr gerechnet werden? Steht ein Zeitgefäss während der curricular festgelegten Kurszeit zur Verfügung?

10. *Begleitung*
    Wann/zu welchen Zeiten/in welchem Umfang stehen während der Bearbeitung die Dozierenden für Beratungen zur Verfügung?
11. *ICT-Plattform*
    Steht die ICT-Plattform für bestimmte Funktionen zur Verfügung? In welchen Funktionen macht der Einbezug von ICT-Instrumenten Sinn?
12. *Termine*
    Wann ist Abgabetermin/Präsentationstermin/Besprechungstermin?

## 5. Stolpersteine

*Funktionalisierung des Selbststudiums zugunsten des Erwerbs von fachlichen Kompetenzen:* Integrierte Lernaufgaben sind – ihrer Bestimmung nach – ins didaktische Konzept des Kontaktstudiums integriert. Dies führt dazu, dass das begleitete Selbststudium gewissermassen zu einem Hilfsinstrument für das Kontaktstudium wird – von den Dozierenden so geplant, dass die Lehrveranstaltung dadurch komplettiert wird. Damit besteht die Gefahr, dass die dem Selbststudium ursprünglich zugedachte Bestimmung als Ort des selbstgesteuerten Lernens, wo neben fachlichen auch überfachliche Kompetenzen erworben werden, verloren geht. Das Selbststudium wird auf die Dimension der «Eigentätigkeit» reduziert, während die Dimension der Eigenverantwortlichkeit marginalisiert wird und für die Studierenden kaum mehr erlebbar ist (vgl. Kapitel 4 im ersten Teil).

*Verschulung durch unkoordinierte und grosse Mengen von Teilaufgaben:* Die unterschiedlichen Aufgaben, die in den verschiedenen Veranstaltungen einer Unterrichtswoche erteilt werden, führen in der Studienwirklichkeit zu einem Set von verschiedensten Lernaufträgen bzw. – aus der Sicht der Studierenden – zu einem Mix von unzusammenhängenden Lernaktivitäten. Diese Aufstückelung der selbstständigen Arbeit in kleine Häppchen lässt zwar Selbstständigkeit bei der Aufgabenerledigung, nicht aber wirkliche Selbststeuerung des Lernens zu. Das Selbststudium kann auf diese Weise zu einer Verschulung führen, die in grossem Widerspruch zu einem Hochschulstudium und einem kompetenzorientierten Lernen steht. Statt zu einem Raum für eigenverantwortliches Lernen wird die mit Lernaufträgen voll gepackte Selbststudiumszeit zu einem Gefäss der möglichst zeitökonomischen Aufgabenerledigung.

*Demotivierung durch unterbrochene und zerstückelte Lernprozesse:* Der didaktische und inhaltliche «Bogen» zwischen Input, Lernaufgaben und Rückmeldung zu den Ergebnissen wird durch die Auslagerung der Lernaufgaben unterbrochen. Die im Unterricht aufgebaute Sachmotivation kann dabei verloren gehen und muss zu einem anderen Zeitpunkt individuell wiederhergestellt werden. Dies gilt auch für die verschiedensten Lernaktivitäten, die aus den unterschiedlichen Veranstaltungen anfallen (s. nächsten Punkt): Für jede einzelne Lernaktivität muss die Lernmotivation jeweils wiederaufgebaut werden. Bei den Studierenden kann so eine «Erledigungsmentalität» entstehen: Das Fertigstellen der Aufgabe steht im Mittelpunkt, der lernzielorientierte Reflexionsbogen («Habe ich die Sache verstanden, habe ich die gesetzten Lernziele erreicht?») rückt in den Hintergrund.

*Stress durch Arbeitsüberlastung:* Durch die Auslagerung aus der vordefinierten Lehr-Lern-Zeit tritt die Aufgabenbearbeitung in Konkurrenz mit anderen Lern-, Arbeits- und Freizeitanlässen. Dies kann durchaus eine wertvolle Herausforderung für die Selbstdisziplin sein. Es kann aber auch zu Überforderungs- und Stresssituationen führen, indem sich die Studierenden unter permanentem Arbeitsdruck fühlen.

*Oberflächliche Aufgabenerledigung:* In der Regel variiert bei der selbstständigen Bearbeitung von Lernaufgaben nicht nur der benötigte Zeitaufwand, sondern auch die Lerntiefe individuell. Der Anspruch, effizient zu arbeiten, kann immer auch dazu führen, dass die Tiefe der thematischen Auseinandersetzung beschränkt wird. Dies zeigt deutlich, dass mit der Individualisierung der Arbeitszeit letztlich auch die Entscheidung über die Lerntiefe an die Studierenden delegiert wird.

*Überforderung bei unangemessener Lernaufgabe und mangelndem Support:* Der Support von Seiten der Mitstudierenden und der Dozierenden ist bei der Erledigung von integrierten Lernaufgaben schlecht verfügbar, es ist schwierig, die gemeinsame Bearbeitung von Lernaufgaben in Gruppen zu realisieren. Dies kann sich bei einer angemessen konzipierten Lernaufgabe positiv auf die Selbstständigkeit und Motivation auswirken. Wenn jedoch die Aufgabenstellung unklar ist oder gewisse Studierende überfordert sind, kann den auftauchenden Schwierigkeiten nicht begegnet werden. Die Folge können Lernblockaden und Demotivierung sein.

*Schlechte Stoffplanung geht zulasten der Studierenden:* Es besteht die Gefahr, dass Dozierende, die den Stoff bzw. die Lernzeit innerhalb eines Themas/eines Moduls schlecht dosieren, dieses Problem unbemerkt an die Studierenden delegieren. Die unangemessene Stoffplanung der Lehrenden führt so zur Überlastung der Studierenden, nicht zur Überlastung des Unterrichts.

## Modell 2: Skriptbasiertes Selbststudium

### 1. Charakterisierung des Ansatzes

Das herkömmliche universitäre Modell der Wissensvermittlung gliedert den Lehr-Lern-Prozess in zwei Phasen: In einer ersten Phase erfolgt die mündliche Darbietung des Wissens durch die Dozierenden (Vorlesung), in der nachfolgenden Phase wird das Wissen durch die Studierenden im Selbststudium oder im Seminar verarbeitet.

Charakteristisch für das skriptbasierte Selbststudium ist die Auslagerung der mündlichen Wissensdarbietung (Vorlesung) in schriftliche Lerntexte: Statt einer mündlichen Präsentation des Lernstoffes durch die Dozierenden wird den Studierenden ein Skript abgegeben, mit dem sie sich selbstständig auseinander setzen. Anschliessend treffen sie sich in Gruppen von etwa sechs Studierenden, um das Gelesene im Team zu besprechen und Nichtverstandenes gemeinsam zu klären. Die verbleibenden Fragen werden schliesslich im Kontakt mit den Dozierenden geklärt.

Vier Elemente sind charakteristisch für diesen Ansatz: das *Skript*, die *Lernaufgaben*, die *Lernteams* und das *Lernteamcoaching*.

- *Das Skript:* Das Skript ist der schriftliche Lerntext, der dem thematischen Auseinandersetzungs- und Lernprozess der Studierenden zugrunde liegt. Im Skript wird das Fachwissen in Form einer konzentrierten und systematischen Abhandlung dargestellt. Die Herstellung des Skripts wird erleichtert durch bereits vorhandene Vorlesungsmaterialien und Texte aus Lehrbüchern.

**Kriterien für die Skriptgestaltung**

- Begrenzter Umfang und trotzdem klar in Bezug auf die Kerngedanken, denn es muss ohne zusätzliche mündliche Erläuterungen grundsätzlich gut verständlich sein.
- Klare Zielinformationen für jedes Kapitel, damit für die Studierenden erkennbar wird, was wichtig ist bzw. welche Wissensinhalte auf welchem Niveau verfügbar sein müssen.
- Eine prägnante, sachlich fundierte, optisch gut sichtbare Struktur, die den Studierenden die Orientierung ermöglicht und dafür sorgt, dass bei der selbstständigen Auseinandersetzung der rote Faden nicht verloren geht.

- *Lernaufgaben:* Der Prozess der aktiven Auseinandersetzung wird gesteuert durch Lernaufgaben. Diese sorgen dafür, dass die Aufmerksamkeit der Studierenden auf diejenigen Inhalte gelenkt wird, die für das betreffende Thema von besonderer Bedeutung sind. Die Lernaufgaben ersetzen die in einer mündlichen Präsentation durch die Vortragenden geleistete Akzentsetzung.

## Funktionen der Lernaufgaben (vgl. S. 118)

- *Unterstützung der Wissensaufnahme:* Die Lernaufgaben lenken die Aufmerksamkeit gezielt auf die Informationen, die für den betreffenden Inhalt besonders wichtig sind.
- *Verarbeitende Funktion:* Die Lernaufgaben sind so angelegt, dass die Verknüpfung der vorhandenen Wissensstrukturen mit dem neuen Wissen angeregt wird.
- *Transferunterstützende Funktion:* Abstrakte Regeln und Gesetzmässigkeiten sollen mit konkreten Phänomenen und Anwendungssituationen in Verbindung gebracht, mögliche Anwendungsschwierigkeiten antizipiert und diskutiert werden.

- *Lernteams:* Die aktive Auseinandersetzung mit dem Lernstoff findet zu einem grossen Teil in Lerngruppen statt. Die Präsenzzeit der Studierenden wird als Zeitgefäss genutzt, um den Austausch unter den Studierenden für die – bei der individuellen Stoffverarbeitung – entstehenden Fragen womöglich zu klären. Der unterschiedliche Wissensstand und Erfahrungshorizont der Studierenden und die individuell unterschiedlichen Wege der Stofferschliessung und des Verstehens werden so für den Prozess der Wissensverarbeitung und -aneignung nutzbar gemacht. Es wird in verschiedenen (Gruppen-)Konstellationen gearbeitet.
  - *Einzelarbeit:* Individuelle Erschliessung des Textes.
  - *Lernteamarbeit ohne Dozierendenbegleitung:* Austausch des Wissens, Überprüfung, Ergänzung, Korrektur durch gemeinsames Lösen der Lernaufgaben und weitere Verständnisklärungen. Formulierung und Priorisierung von Fragen für das Lernberatungsgespräch.
  - *Lernteamcoaching mit Dozierendenbegleitung:* Klärung der Fragen und Lernaufgaben, die in den vorhergehenden Phasen nicht befriedigend gelöst werden konnten. Besprechung von (Schwierigkeiten) bei Gruppenprozessen.
- *Lernteamcoaching und Restklärung von Fragen:* Die dozierende Person geht von Gruppe zu Gruppe, um im direkten Gespräch die Fragen zu klären, welche die Gruppe für die «Restklärung» ausgewählt hat.

## Funktionen des Lernteamcoachings

- *Modellfunktion:* Die Studierenden werden dazu angeregt, auch ihre Lernteamtreffen in einer analogen Form strukturiert zu führen (z. B. Einsetzen von Moderationstechniken, um Besprechungen effektiv und zielorientiert zu führen; Verwendung von Mindmaps usw.).
- *Prozessberatungsfunktion:* Schwierigkeiten im bisherigen Prozess werden thematisiert und analysiert.

## 2. Ziele und begründende Argumente

*Systematische Darstellung des Lernstoffes:* Beim skriptbasierten Selbststudium handelt es sich um eine Lehr-Lern-Form, die insofern nahe bei der herkömmlichen Unterrichtsauffassung liegt, als hier die Verantwortung für die sachlich richtige und fachsystematisch adäquate Präsentation des Lehr- bzw. Lernstoffes nach wie vor bei den Dozierenden liegt. Sie geschieht hier allerdings in schriftlicher Form – statt wie bis anhin in mündlicher Präsentation. Im Unterschied zu anderen Formen des begleiteten Selbststudiums wird in diesem Modell der Fach- bzw. Inhaltssystematik ein hoher Stellenwert beigemessen.

*Effiziente Nutzung der Dozierendenpräsenz:* Der Wechsel des Präsentationsmediums hat eine entscheidende Veränderung der Dozierendenrolle zur Folge: Die Dozierenden werden frei für prozessorientierte, unterstützende Funktionen. Sie können die Lerngruppen insbesondere bei auftretenden Lernschwierigkeiten gezielter unterstützen. Auf diese Weise entsteht eine sehr effiziente Nutzung der Dozierendenpräsenz.

*Interaktive Erschliessung und Konstruktion von Wissen:* Das Zeitgefäss zur Präsentation des Unterrichtsstoffes wird hier in ein Zeitgefäss zur interaktiven Wissensverarbeitung umgewandelt. In diesem Sinne findet eine «Umnutzung» nicht nur der Dozierenden-, sondern auch der Studierendenpräsenz statt: Die Anwesenheit der Kursgruppe wird – statt für die Informationsaufnahme – für diskursive Auseinandersetzungen und gemeinsames Lernen genutzt. Die Interaktion unter den Teilnehmenden macht es möglich, dass verschiedene Komponenten genutzt werden können, die für einen Prozess der nachhaltigen Wissensaneignung bedeutsam sind: gegenseitiges Aufdecken von Scheinklarheiten und Missverständnissen, Austausch von unterschiedlichen Verstehens- und Erklärungsansätzen, gemeinsame Suche nach Erfahrungs- und Praxisbezügen, interaktives Entwickeln von Problemlösungen. Zudem bewirkt der Austausch im Team, dass das (objektive) Wissen aktiv strukturiert und mit dem eigenen (subjektiven) Wissen in Verbindung gebracht werden muss («mit eigenen Worten wiedergeben»).

*Eigenaktive Erschliessung von Wissen und Erwerb von Selbstlernkompetenzen:* Das skriptbasierte Selbststudium basiert auf einer eigenaktiven Erschliessung von theoretischem Wissen. Damit wird eine Komponente der Lernkompetenz gefördert, die für das *Lifelong Learning* in der heutigen Wissensgesellschaft von zentraler Bedeutung ist: Wissenserschliessung über schriftliche Informationsunterlagen wird im künftigen Berufsleben zunehmend wichtig sein. In diesem Sinne dient das skriptbasierte Lernen zur Einübung in eine zukunftsfähige Form des Wissenserwerbs. Dazu gehört auch der bewusste Einsatz von lerntechnischen und lernstrategischen Instrumenten: Wie wurde gelernt, was hat sich gut oder weniger gut bewährt, was kann verbessert werden? Gemeinsames Nachdenken über die Wissensaufarbeitung und evaluierende Reflexion über die gemachten Erfahrungen, die Prozessreflexion, bilden einen festen Bestandteil des Lernteamcoachings. Auf diese Weise wird der Aufbau von Lernkompetenzen – insbesondere der lernstrategischen und metakognitiven Fähigkeiten – unterstützt.

*Förderung der Teamfähigkeit:* Beim beschriebenen teamorientierten Vorgehen kommen so genannte *Softskills* zur Anwendung, die heute in den meisten Berufen von grosser Bedeutung sind: sich gegenseitig im Lernen unterstützen, sich für andere verständlich ausdrücken, Problemlöseprozesse kooperativ angehen, effiziente Kooperationsstrategien erproben usw. Zudem kann der bewusste, formell festgelegte Einbezug der Kooperation in den Lehr-Lern-Prozess die Motivation für die individuelle, selbstständige Arbeit unterstützen, da der Gruppenaustausch nur funktioniert, wenn die vorangegangene individuelle Arbeitsphase aktiv genutzt wurde. In diesem Sinne ist die Gruppe darauf angewiesen, dass die individuellen Arbeiten tatsächlich ausgeführt werden!

*Eigenverantwortliches und richtiges Fragen:* Im Zentrum der interaktiven Lehr-Lern-Sequenzen des skriptbasierten Selbststudiums steht das Prinzip des eigenverantwortlichen Lernens durch eigenverantwortliches Fragen. Insbesondere in der Phase des Lernteamcoachings tragen die Studierenden selbst die Verantwortung für eine effiziente Nutzung der Zeit mit den Dozierenden: Diese lassen ihren Beratungseinsatz durch Fragen steuern, die von der Lerngruppe an sie gerichtet werden. Nur wenn die richtigen und wichtigen Fragen gestellt werden, kann die Gruppe in der zur Verfügung stehenden Zeit von den Lernteamcoachs optimal profitieren. Damit wird die Qualität des Fragens – ein Schlüsselinstrument der Wissensaneignung und Wissensverarbeitung – zu einer wichtigen Gelingensbedingung.

## 3. Vorgehen

*Vorbereitender Schritt: Erstellen des Skripts und der Lernaufgaben*

Das Skript bildet die Basis dieser Form des Selbststudiums. Die Texte müssen «selbstredend», d.h. ohne zusätzliche Erklärungen, verständlich sein. Die schriftliche Stoffpräsentation wird ergänzt durch Lernaufgaben, welche die selbstständige Auseinandersetzung unterstützen. Diese dienen der aktiven Vertiefung des Gelernten und der Lernkontrolle (vgl. Punkt 1 in diesem Kapitel und Instrumente zum Modell 1).

*Schritt 1: Kick-off*

Im Rahmen der ersten regulären Veranstaltung des betreffenden Moduls werden die Studierenden ins Thema eingeführt. Die Einführung enthält Hinweise zur Einbettung des Themas in die Ausbildungssystematik und zeigt die Bedeutung des Themas auf. Zudem werden Erläuterung zur vorgesehenen Arbeitsweise abgegeben:

1. Aufteilung der Klasse in Lernteams (vier bis maximal sieben Personen).
2. Grober Zeitplan (was sollte bis wann in den Lernteams bearbeitet werden?) mit Fixpunkten für Plenumsveranstaltungen.
3. Klärung der vorgesehenen Unterstützungsform (Lernteamcoaching).
4. Hinweise, wie die Arbeit in den Lernteams produktiv gestaltet werden kann (siehe unten: Instrumente und Umsetzungshilfen).

*Schritt 2: Selbstständige Auseinandersetzung mit dem Skript (individuelle Arbeitsphase)*

Die Studierenden setzen sich selbstständig mit dem Skript auseinander und lösen die dazugehörenden Lernaufgaben (eventuell als Partnerarbeit), wobei der grobe Zeitplan Anhaltspunkte für die Verteilung des Stoffes über den vorgesehenen Zeitraum gibt. Die Zeitgefässe für die individuelle Arbeit liegen in der Regel ausserhalb der stundenplanmässig festgelegten Unterrichtszeiten und sind in diesem Sinne Teil der Selbststudiumszeit. Wichtig ist, dass bei der individuellen Arbeit die Themen und Fragen festgehalten werden, die in der nachfolgenden Gruppenphase besprochen werden sollen.

*Schritt 3: Lernen im Team (Phase der Lernteamarbeit)*

Die Lernteams treffen sich zu den vereinbarten Zeiten (je nach curricularer Zeitbudgetierung) während, teilweise aber auch ausserhalb der Unterrichtzeit, die für das betreffende Modul im Studienplan festgelegt ist. In diesen Lernteamphasen werden die individuell erarbeiteten Aufgabenlösungen ausgetauscht; zudem werden die Schwierigkeiten und Fragen besprochen, die bei der individuellen Skripterarbeitung aufgetaucht sind. Ziel dieser Phase ist es – neben der interaktiven Verständnissicherung – Fragen zu formulieren, die in der folgenden Lernteamcoachingphase mit den Dozierenden besprochen werden sollen.

Welche Fähigkeiten braucht es, um hilfreiche Fragen zu entwickeln?

- Es braucht die Fähigkeit, Fragen zu einem bestimmten Sachverhalt auf unterschiedlichem Niveau zu formulieren: als einfache (oberflächliche) Informationsfragen oder aber als analytische, auf die Tiefenstruktur gerichtete Verständnisfragen.
- Es braucht die Fähigkeit, Fragen danach zu beurteilen, ob sie für das Verständnis des Gesamtzusammenhanges relevant oder eher marginal sind. Wieweit eine Person, die im betreffenden Sachgebiet noch wenig kompetent ist und noch keinen Überblick über das Wissensgebiet hat, die richtigen Fragen überhaupt stellen kann, bleibt ein Diskussionspunkt.

*Schritt 4: Lernteamcoaching durch die Dozierenden*

Das Lernteamcoaching wird im vorliegenden Modell verstanden als ein Lernberatungsgespräch zwischen Dozierenden und dem Lernteam. In einem festgelegten Zeitrhythmus gehen die Dozierenden bei den einzelnen Lernteams vorbei («rotierende Lerngruppenberatung»). Die Studierenden stellen den Dozierenden die Probleme vor, die sie nicht selbstständig lösen konnten. Zu diesem Zweck haben sie im Team einen systematisierten Fragenkatalog erarbeitet. Der Ablauf der Besprechung richtet sich nach diesen Fragen («Restklärung»).[25] Auch Erfahrungen und Schwierigkeiten im Gruppenprozess werden hier zum Gegenstand der Besprechung gemacht. Grundsätzlich sind drei unterschiedliche Formen der Unterstützung denkbar, wobei die dritte Form, das Lernteamcoaching, in der klassischen Version des skriptbasierten Selbststudiums fester Bestandteil des Ablaufplans ist.

## Formen der Lerngruppenunterstützung

- Es gibt eine Zusammenstellung von Antworten zu so genannten FAQ *(Frequently Asked Questions),* die den Lernteams in einem geeigneten Medium (auf Papier oder per Internet) zugänglich gemacht werden.
- Es gibt eine Form der webbasierten Unterstützung, in der die Dozierenden auf die aktuellen Fragen eingehen (E-Mail, Chat, Diskussionsforum).
- Es gibt eine Begegnung zwischen Gruppe und dozierender Person zur Besprechung der aktuellen Fragen, das Lernteamcoaching.

---

25 Der Zeitraum zwischen dem Alleine-Lernen und Lernteamcoaching sollte zu Beginn zwei Wochen nicht überschreiten (auch im Hinblick auf die Kontinuität des Kontaktes im Lernteam und den Erhalt der Motivation).

*Schritt 5: Abschliessende Plenumsveranstaltung*

Am Schluss der skriptbasierten Studiensequenz, bei umfangreicheren Sequenzen eventuell bereits in der Halbzeit, findet eine Plenumsveranstaltung statt. Diese kann verschieden genutzt werden:

- *als Fragestunde:* Es werden Fragen aufgegriffen, die in den Lernteams noch nicht zufrieden stellend geklärt werden konnten.[26]
- *als Möglichkeit, gezielt Akzente zu setzen:* Die dozierende Person greift von sich aus nochmals Themen auf, die sie – aufgrund der Begegnung mit den Lernteams – speziell hervorheben möchte, beispielsweise weil ihnen in den Lernteams zu wenig Bedeutung beigemessen wurde.
- *als Anlass zur Prozessreflexion:* Der Prozess in den Lernteams wird gemeinsam reflektiert, eventuell mit Hilfe eines Instrumentes zur Analyse der Lernteamarbeit. Auf dieser Grundlage werden Konsequenzen für die künftige Lernteamarbeit formuliert.
- *als vertiefende Informationsveranstaltung:* Die Dozierenden bringen Themen ein, die im Skript zu wenig berücksichtigt wurden, und erläutern diese im Sinne einer klassischen Lehrveranstaltung.

## 4. Instrumente und Umsetzungshilfen

Im Folgenden sind zwei Anleitungen beschrieben, die den Studierenden aufzeigen, wie sie die beiden Phasen der selbstständigen Skriptbearbeitung strukturieren können, um zu einer produktiven Arbeit zu finden.

### Arbeitsanleitung für die individuelle Skriptlektüre

«Lesen Sie die einzelnen Kapitel des Skripts gemäss dem vorgegebenen Zeitplan durch und bearbeiten Sie die dazugehörenden Lernaufgaben. Die folgenden Leitfragen können die Lektüre begleiten:

- Welches sind die Begriffe, die ich nicht verstehe?
- Welches sind Aussagen/Zusammenhänge, die ich nicht verstehe?
- Welche Aussagen provozieren bei mir kritische Einwände positiver oder negativer Art?

Die klärungsbedürftigen Begriffe/Aussagen/Abschnitte und die diskussionsbedürftigen Punkte werden im Skript markiert und mit geeigneten Zeichen versehen. Diese Notizen sind eine wichtige Grundlage für das Lernteamtreffen.»

---

[26] An der Hochschule St. Gallen wird das skriptbasierte Selbststudium als so genanntes Kaskademodell umgesetzt: Dabei werden verschiedene Stufen der Unterstützung unterschieden. Stufe 1: internetbasierte Unterstützung; Stufe 2: Lernteamcoaching durch Assistierende; Stufe 3: Plenumsveranstaltung mit Dozierenden. Auf jeder Stufe wird jeweils das geklärt, was auf der vorangegangenen Stufe nicht zufrieden stellend geklärt worden ist. Die Plenumsveranstaltung erhält hier den speziellen Akzent, dass erst bei dieser letzten «Restklärung» die zuständigen Dozierenden die Bühne betreten.

## Anleitung zur Durchführung der Lernteamtreffen

### 1. Organisatorische Vorbereitung

Die Gruppe sollte für die Arbeit einen Raum wählen, in dem die Infrastruktur für eine einfache Moderation (Flipchart, Wandtafel oder Pinwand) vorhanden ist.

Eine Person übernimmt die Moderation. Ihre Aufgaben sind:
- Gesprächsverlauf strukturieren (gemäss den nachfolgenden Punkten),
- darauf achten, dass die vereinbarte Zeit eingehalten wird,
- Prozessschwierigkeiten ansprechen,
- öffentliche Protokollführung auf einer Flipchart oder an der Wandtafel (diese Funktion kann u. U. auch eine andere Person übernehmen).

### 2. Einstiegsrunde

Jeder Teilnehmer/jede Teilnehmerin teilt in wenigen Sätzen seinen/ihren persönlichen Gesamteindruck zum gelesenen Skriptabschnitt mit: «Wie ist es mir bei der Skriptlektüre/Aufgabenbearbeitung gegangen?»

### 3. Sammeln von Diskussions- und Klärungspunkten

Die Teilnehmenden tragen die Diskussions- und Klärungspunkte zusammen, die im Verlauf des Treffens bearbeitet werden sollen. Mögliche Leitfragen:
- Wo sind bei der Skriptlektüre Verständnisschwierigkeiten – bei Begriffen, Aussagen, ganzen Skriptpassagen – aufgetaucht?
- Zu welchen Aussagen/Abschnitten gibt es inhaltliche Diskussionspunkte und kontroverse Auffassungen?

Es wird empfohlen, die Bestandsaufnahme laufend auf einer Flipchart zu protokollieren: Begriffe, die zu klären sind, Stichworte und Angaben zu nicht verstandenen Aussagen und Textpassagen, Fragen zu den diskussionsbedürftigen Skriptinhalten.

### 4. Schwerpunkte festlegen

Mit Blick auf die Bestandsaufnahme folgt eine kurze Absprache bezüglich der Zeiteinteilung und der inhaltlichen Strukturierung des weiteren Gesprächsverlaufs: Wie viel Zeit soll für Klärung der Verständnisschwierigkeiten, wie viel für Diskussionsfragen reserviert werden? Die Klärung der Verständnisschwierigkeiten hat Vorrang, weil das Verstehen Voraussetzung für die Diskussion ist. Wenn nötig, werden die gesammelten Diskussionsfragen priorisiert.

### 5. Inhaltliche Arbeit

Zunächst geht es um die Klärung der Verständnisschwierigkeiten:
- Bei unklaren/nicht verstandenen Begriffen: Versuch einer gemeinsamen Begriffsdefinition.
- Bei unklaren/nicht verstandenen Skriptabschnitten: Versuch, den betreffenden Abschnitt mit eigenen Worten wiederzugeben. Divergierende Auffassungen werden diskutiert; evtl. Suche nach anschaulichen Beispielen und Erfahrungen.
- Bei längeren Skriptpassagen: Herausarbeiten von Kernaussagen; Formulierung von aussagekräftigen Abschnittsüberschriften; bei komplexen Inhalten: Visualisierung der Aussagestruktur.

Anschliessend werden die Diskussionsfragen bearbeitet: Hier ist – neben offenen Diskussionen – auch ein strukturiertes Vorgehen entlang den folgenden Punkten denkbar:
- unterschiedliche Auffassungen benennen (auf einer Flipchart festhalten!),
- Suche nach Kriterien, um die unterschiedlichen Auffassungen zu bewerten (auf einer Flipchart festhalten!),
- Beurteilung der verschiedenen Auffassungen entlang den genannten Kriterien.

6. *Abschluss des Lernteamtreffens*
- *Inhaltliche Rückbesinnung:* Welche Begriffe, Aussagen, Fragen wurden nicht zufrieden stellend geklärt? Was gehört in die «Restklärung» mit dem Dozenten/der Dozentin? (Wie muss die Frage formuliert sein, damit wir die gewünschte Antwort erhalten?)
- *Prozessbezogene Rückbesinnung (Meta-Reflexion):* Wie zufrieden sind die Teilnehmenden mit dem Verlauf der Auseinandersetzung (Vorbereitung der Teilnehmenden, Moderation, aktive Teilnahme, Gesprächsverhalten) und mit dem Ergebnis? Gibt es Optimierungsvorschläge für künftige Austauschgespräche?

## 5. Stolpersteine

*Ungewissheit über das effektiv Gelernte:* Bei den Dozierenden können bei der Arbeit mit dem skriptbasierten Modell vor allem in der Anfangsphase Irritationen entstehen, weil die gewohnten verbalen und nonverbalen Signale des Verstehens oder Nichtverstehens während der eigentlichen Stoffvermittlung ausbleiben. Unter anderem fehlt auch die Möglichkeit der mündlichen Darbietung, gezielt verbale und nonverbale Akzente zu setzen, um Wichtiges, Schwieriges usw. besonders hervorzuheben. Eine gewisse Verunsicherung ist daher unvermeidlich:

- Haben die Studierenden den Stoff wirklich verstanden?
- Wie merke ich, ob bei den Studierenden Missverständnisse und Verständnislücken vorhanden sind – beispielsweise wenn sie gewisse (erwartete) Fragen nicht stellen?
- Haben die Studierenden überhaupt einen angemessenen Anspruch an ihr Stoffverständnis? Merken sie überhaupt, wenn sie etwas nicht richtig verstanden haben?

Im skriptbasierten Modell lässt sich erst bei der Prüfung feststellen, ob der Anspruch ans Stoffverständnis von Seiten der Dozierenden mit dem realisierten Verständnis auf Seiten der Studierenden übereinstimmt.

*Unqualifizierte Steuerung des Lehr-Lern-Prozesses durch die Studierenden:* Im Modell des skriptbasierten Selbststudiums wird das eingespielte Sender-Empfänger-Muster zwischen Dozierenden und Studierenden und die damit verbundene traditionelle Verantwortlichkeitsverteilung teilweise umgekehrt. Die Studierenden übernehmen nicht nur bei der Wissensaneignung, sondern auch im interaktiven Prozess der Wissensverarbeitung eine aktive, strukturierende Rolle. Selbst beim Coachingsprozess durch die Dozierenden übernehmen sie eine steuernde Funktion, indem sie mit Hilfe von Fragen die Klärungsprozesse selbst vorstrukturieren. Es besteht damit die Gefahr, dass bei fehlenden Selbstlernkompetenzen grössere Wissenslücken innerhalb des betreffenden Fachgebietes zurückbleiben.

*Fragekompetenz als Voraussetzung für die Qualität des Lehr-Lern-Prozesses:* Studierende müssen in diesem Modell die Fähigkeit haben bzw. entwickeln, hilfreiche Fragen zu stellen. Die Fragen müssen so formuliert werden, dass sie nützliche und zielführende Antworten erwirken können. Dies ist ein Anspruch, dem im Verlauf der bisherigen Schulkarriere der Studierenden vermutlich noch wenig Beachtung geschenkt wurde. *Verunsicherung der Dozierenden und Studierenden in der neuen Rolle:* Im skriptbasierten Modell verschiebt sich das Tätigkeitsprofil der Lehrenden von der Rolle der Wissen Darbietenden hin zur Rolle der Lernberatung, der Begleitung und Reflexion von Lernprozessen. Ohne entsprechende Schulung und Unterstützung der Dozierenden besteht die Gefahr, dass das Potenzial der Methode bezüglich der fachlichen und überfachlichen Kompetenzvermittlung nicht ausgeschöpft wird. Auch die Lernenden können sich durch den hohen Anspruch an ihre Selbststeuerungsfähigkeiten verunsichert oder gar überfordert fühlen. Sie verharren vielleicht in den eher vertrauten, passiven Lernhaltungen. Die erhoffte Eigeninitiative und Leistungsbereitschaft kann ausbleiben, was die Wirksamkeit des skriptbasierten Arbeitens vermindern dürfte. Weil der Erfolg des Modells stark von der Begleitkompetenz der Dozierenden abhängt, wird beraterische Unterstützung durch erfahrene Trainer und Trainerinnen empfohlen.[27]

*Hoher Zeitaufwand für Studierende und Dozierende:* Wie bei allen neuen Formen stellt sich auch beim skriptbasierten Modell die Frage, ob der Zeitaufwand, der sich für die Dozierenden und die Studierenden ergibt, in einem angemessenen Verhältnis steht zum Mehrwert, den diese Methode – z. B. im Vergleich mit einer Vorlesung – mit sich bringt.

Zu dieser Frage wurden an der Technischen Universität München Befragungen durchgeführt, die zu folgendem Ergebnis führten: Der Zeitbedarf bei den Studierenden ist bei dieser Vermittlungsstrategie etwas mehr als das Doppelte einer Vorlesung, während in der konventionellen Lehre die Formel gilt: Vorlesung mal zwei (wegen notwendiger Nachbereitung des Lehrstoffes und Vorbereitung auf die Prüfung). Diese – allerdings überraschend geringe – Differenz lässt sich nach Geupel rechtfertigen durch die intensivere Durchdringung der Lerninhalte und den qualitativ höheren Lernerfolg im Sinne von Wissen, das nicht nur im Kurzzeitgedächtnis bis zur nächsten Prüfung zur Verfügung steht. Für die Dozierenden ist der Zeitaufwand bei der Neueinführung dieser Methode mit der Erstellung eines Lernskriptes erhöht. Mittelfristig jedoch ergibt sich für sie keine höhere Belastung, wenn der Lerntext nach einigen Durchgängen optimiert ist (vgl. Geupel 2003).

---

[27] Als Unterstützungselement gilt das Dozierendencoaching: Es dient den Dozierenden dazu, die eigene Rolle als Lernberaterin und Lernberater zu reflektieren und zu optimieren.

## Modell 3: Das Social-Support-Modell

### 1. Charakterisierung

Das Social-Support-Phasenmodell wurde von Diethelm Wahl (2005) zur flankierenden Unterstützung von Lernprozessen entwickelt, die auf die Umsetzung des Wissens ins berufliche Handeln ausgerichtet sind. Gerade hier, im Bereich des transferorientierten Lernens, erhält die gegenseitige Unterstützung – der *Social Support* – von Lernenden, die sich mit denselben (Transfer-)Schwierigkeiten auseinander setzen, eine besondere Bedeutung.

Im Zentrum des didaktischen Modells steht das Anliegen, die «KOmmunikative Praxisbewältigung IN Gruppen», kurz KOPING[28] genannt, systematisch in den Lehr- und Lernprozess einzubauen. Zu diesem Zweck werden die individuelle Selbststudiumsphase und die Kontaktstudiumsphase (Präsenzphase) durch eine «KOPING-Phase» ergänzt – im Sinne der folgenden Modellskizze:

---

28  Der Begriff KOPING wurde von Diethelm Wahl (2005) gewählt in Anlehnung an den Copingbegriff, wie er aus der Belastungsforschung bekannt ist (Coping als Bewältigungsstrategie im Umgang mit Belastungssituationen). Nach Lazarus & Folkman (1984) sind Copingprozesse psychische Vorgänge, die darauf ausgerichtet sind, bereits bestehende oder erwartete Belastungen entweder innerpsychisch (emotional/kognitiv) oder durch Handeln auszugleichen, zu verarbeiten, zu meistern. Mit Coping werden alle Anstrengungen, Verhaltensweisen und Gedanken bezeichnet, die ein Individuum verwendet, um Stresssituationen zu bewältigen und zu kontrollieren (vgl. ebd. S. 248 f.).
Copingstrategien dienen dazu, das gestörte psychische Gleichgewicht wiederzuerlangen. Ob die Bewältigung gelingt, hängt u. a. auch von sozialen Ressourcen ab: von der Einbindung in ein tragfähiges soziales Netzwerk.

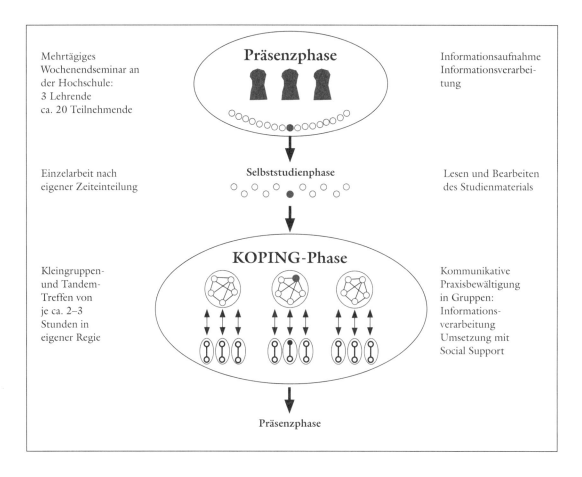

Mehrtägiges Wochenendseminar an der Hochschule: 3 Lehrende ca. 20 Teilnehmende

Informationsaufnahme Informationsverarbeitung

Einzelarbeit nach eigener Zeiteinteilung

Lesen und Bearbeiten des Studienmaterials

Kleingruppen- und Tandem-Treffen von je ca. 2–3 Stunden in eigener Regie

Kommunikative Praxisbewältigung in Gruppen: Informations-verarbeitung Umsetzung mit Social Support

*Schematische Darstellung des KOPING-Konzeptes (nach Schmidt 2001, S. 15)*

In der KOPING-Phase können unterschiedliche Sozialformen (Tandem, unbegleitete und begleitete KOPING-Gruppen) in ihrer wechselseitig ergänzenden Funktion zum Tragen kommen. Es wird Wert darauf gelegt, dass die Zusammensetzung der Gruppierungen auf längere Dauer (z.B. über zwei bis drei Semester hinweg) konstant bleibt, damit die Vertrauensbeziehungen ermöglicht werden, die für die Erfüllung der beabsichtigten Social-Support-Funktion unerlässlich sind.[29]

---

[29] Das Social-Support-Phasenmodell ist Bestandteil der berufsbegleitenden Weiterbildung an der PH Weingarten im Bereich Erwachsenenbildung. Ziel dieses Ausbildungsganges ist es, bereits tätige Dozierende mit neuen Formen des Lehrens und Lernens vertraut zu machen. Es handelt sich um ein «angeleitetes Selbststudium», das über lange Jahre in Zusammenarbeit mit dem Deutschen Institut für Fernstudien Tübingen (DIFF) veranstaltet wurde und jetzt in eigener Regie von der PH Weingarten durchgeführt wird.

## Drei KOPING-Gruppierungsformen als Orte des sozialen Supports

- *Tandems:* Zwei Studierende als Lernteam. Mehrmalige Treffen zwischen den Präsenzphasen. Bearbeitung allgemeiner Fragen (gegenseitige Praxisbesuche, Hilfe bei der Identifizierung von Verbesserungsmöglichkeiten, Unterstützung bei auftauchenden Problemen) oder spezifischer Tandemaufgaben zur Vorbereitung für die Präsenzphase. KOPING-Tandems sind geeignet für differenziertes Arbeiten an (schriftlichen) Produkten.
- *Unbegleitete KOPING-Gruppen:* Zusammenschluss von etwa drei Tandems. Treffen finden mindestens einmal zwischen den Präsenzphasen statt. Dauer eines Treffens: ca. zwei bis drei Stunden. Bearbeitung von aktuellen Fragen aus dem Praxistransfer (s. Tandems), oder spezielle Gruppenaufträge aus und für die Plenumsphase. KOPING-Gruppen sind geeignet für die Aufarbeitung von Studientexten, die Klärung von Verständnisproblemen und die Vertiefung der Inhalte, ebenso für den Austausch über die Inhalte der Selbststudientexte und über die Erkenntnisse aus den Präsenzphasen. Weitere Themen sind (Miss-)Erfolge bei Umsetzungsversuchen und systematische Problemlösungen aus der Berufspraxis (Fallbearbeitungen und kollegiale Praxisberatung). Es geht dabei um gruppenunterstützte Selbstreflexion, d.h. die Ermöglichung einer besseren kognitiven und emotionalen Einsicht in berufliche Probleme. Die Beziehungen sind weniger emotional geprägt als in den Tandems (Anzahl beteiligter Personen höher), aber der Verpflichtungscharakter ist höher. Das Fach- und Erfahrungswissen ist grösser als in Tandems.
- *Begleitete KOPING-Gruppen:* Einsatz je nach thematischem Schwerpunkt zusätzlich zu den beschriebenen Gruppierungen. Eine Fachperson übernimmt eine beratende/strukturierende/moderierende Funktion. KOPING-Gruppen können sich für begleitete Treffen zusammenschliessen und in dieser grösseren Gruppierung einen moderierten Erfahrungs- und Gedankenaustausch oder einen moderierten Problemlöseprozess realisieren.

## 2. Ziele und begründende Argumente

*Unterstützung beim Aufbau von subjektiv integriertem Wissen:* Wahl verwendet den Begriff «Sandwich-Prinzip» «zur Charakterisierung der Grundidee, dass zwischen die Phasen der Vermittlung wissenschaftlichen Wissens unbedingt Phasen der subjektiven Auseinandersetzung mit diesem Wissen geschoben werden müssen. Geschieht dies nicht, so wird der Lernprozess unfruchtbar, weil keine Beziehung hergestellt wird zwischen den einzigartigen subjektiven Theorien und den allgemein gültigen wissenschaftlichen Theorien» (Wahl 2005, S. 31). Präsenzphasen (Instruktion) und Aneignungsphasen danach, also KOPING- und Tandem-Arbeit, wechseln sich demzufolge ab wie die verschiedenen Lagen im Sandwich.[30] Mit diesem Vorgehen wird sichergestellt, dass subjektives und objektives Wissen miteinander in Verbindung treten können.

---

[30] KOPING ist im «grossen Sandwich» (Wechsel von Instruktion und Aneignung) die Aneignungsphase, analog dazu, was im «kleinen Sandwich» innerhalb der Präsenzphase Gruppenarbeiten, Vergewisserungsphasen, nach Wahl wechselseitiges Lehren-Lernen oder «WELL» (Wahl 2005, S.154) sind.

*Erleichterung des Theorie-Praxis-Transfers:* Im Zentrum steht die Überbrückung der Kluft zwischen schulischem Lernen und beruflichem Handeln. Das Modell basiert auf der Erfahrung und der empirisch nachgewiesenen Erkenntnis, dass die Umsetzung von neuem Wissen und von neuen Methoden ins berufsbezogene, praktische Handeln (Berufspraxis) mit vielfältigen Schwierigkeiten verbunden ist. Dies zeigt sich beispielsweise darin, dass oft nur ein verschwindend kleiner Teil des schulisch Gelernten im ausserschulischen Kontext verfügbar ist (Problem des «trägen Wissens»; vgl. dazu auch Mandl/Gerstenmaier 2000). Nach Wahl ist der wichtigste Grund für diese Problematik weniger in der Praxisferne der vermittelten Theorien zu suchen als vielmehr darin, dass herkömmliche hochschuldidaktische Verfahren die komplizierten individuellen Übersetzungs- und Umstrukturierungsprozesse, die zur Überwindung der Kluft zwischen Wissen und Handeln notwendig wären, zu wenig berücksichtigen. Die Lernenden sollten mit diesem anspruchsvollen Prozess nicht alleine gelassen werden; die Lernvorgänge müssen bewusst angeregt und unterstützt werden. Das KOPING-Modell greift dieses Anliegen auf. Es basiert auf der Idee eines «Stütznetzwerks», das den Schritt vom Wissen zum Handeln stressfreier, risikoärmer und damit wahrscheinlicher macht (vgl. Schmidt 2001, S. 43).

*Stütznetzwerk mit verschiedenen Support-Funktionen:* Die KOPING-Gruppierungen bilden ein kleines, überschaubares, berufshomogenes «Stütznetzwerk», das den Gruppenmitgliedern im Bedarfsfalle – jederzeit relativ leicht erreichbar – Unterstützung zukommen lässt. Wahl spricht in diesem Zusammenhang, in Anlehnung an Mutzeck (2005) auch von «Schutzschildern», die gegen die bei Transferprozessen unweigerlich auftauchenden Schwierigkeiten gebildet werden müssen. Es lassen sich drei Supportfunktionen unterscheiden (vgl. Wahl 2005, S. 248 f.).

## Drei Support-Funktionen von Gruppen

- *Emotional Support:* Unterstützung einer positiven emotionalen Befindlichkeit (beispielsweise indem die Gruppe einen Ort des gegenseitigen Verständnisses, des Aufgehobenseins, des Mittragens bildet).
- *Tangible Support:* Konkrete, praktische bzw. materielle Hilfe bei der Bewältigung von Aufgaben und Vorhaben. *Beispiele:* Praktische Mithilfe bei der Erledigung von speziellen Aufgaben, bei der Herstellung von Materialien und Medien, durch Zurverfügungstellen von Gegenständen, Einrichtungen.
- *Informational Support:* Theoretisches Wissen und Erfahrungswissen werden innerhalb der Gruppe ausgetauscht bzw. zur Verfügung gestellt. Die Gruppe liefert z.B. Ideen, Zusatzinformationen, Erklärungen, sie gibt Anregungen und (kognitive) Lösungshilfen, macht auf mögliche Schwierigkeiten aufmerksam, unterstützt bei der Reflexion von Erfahrungen, ermöglicht die individuelle Wahrnehmung blinder Flecken (vgl. Schmidt 2001, S. 31).[31]

---

[31] Schmidt (2001) führt in diesem Zusammenhang den «Network Support» als weitere Funktion an: Unterstützung aufgrund des Eingebundenseins sowie durch die direkte und indirekte Wirkung von Gruppennormen und Gruppenzielen. Uns scheint, dass diese motivationale Funktion sehr nahe bei der Funktion des *Emotional Support* liegt.

*Verhaltenswirksames Lernen durch Modelllernen:* Die Wirksamkeit von KOPING-Gruppen lässt sich mit Hilfe der Theorie des «Modelllernens» nach Bandura (1976) untermauern: Die Beobachtung anderer Personen – beispielsweise bei der Ausführung einer (beruflichen) Tätigkeit – ist nachweislich eine wirksame Strategie, um neue Verhaltensweisen zu lernen. So kann man beispielsweise von den Erfahrungen anderer profitieren, ohne gewisse Fehler selbst machen zu müssen. Dank der geringen Kompetenzdistanz, wie sie normalerweise innerhalb von Lerngruppen besteht, kann eine «hilfreiche Reziprozität der Beziehungen» entstehen: Da sich Modell und beobachtende Person relativ ähnlich sind, entwickelt sich eine hohe Bereitschaft, ein beobachtetes Verhalten vom «Modell» auch wirklich zu übernehmen (vgl. Bandura 1976). Ein Netzwerk von Personen mit gleichen Zielen und/oder gleicher Problemlage ist in diesem Sinne ein sehr wirksames Lernarrangement zur Aneignung von neuem Verhalten.

## 3. Vorgehen

*Vorbereitender Schritt: Prozessdesign mit KOPING-Gruppen*

Die verschiedenen Gruppierungsformen bzw. die entsprechenden Lerngefässe werden systematisch in die Planung eines Kurses/eines Moduls einbezogen – mit der Absicht, die unterschiedlichen Gruppierungsformen in ihrem jeweils spezifischen Lern- und Unterstützungspotenzial zu nutzen. Die konkrete Abfolge der Gruppierungsformen/ Lerngefässe ist dabei abhängig von den jeweils vorhandenen Lehr- und Lernzielen eines Moduls und kann entsprechend variieren.

*Schritt 1: Präsenzphase (Plenum)*

In einer ersten Phase werden wichtige Inhalte vermittelt. Das didaktische Vorgehen richtet sich dabei nach den üblichen Regeln des (didaktischen) Handwerks: Informations- und Verarbeitungssequenzen ergänzen sich wechselseitig. In dieser Phase, die sich u. U. über mehrere Veranstaltungen erstreckt, findet auch die Organisation der Tandems und Gruppen und der begleiteten Kleingruppentreffen statt. Zudem werden die Aufgaben eingeführt, die in den verschiedenen Gruppierungsformen bis zur nächsten Plenumsveranstaltung zu bearbeiten sind.

*Schritt 2: Individuelles Studium/Individuelle Umsetzungsarbeit*

Aufträge für das individuelle Selbststudium bilden den Ausgangspunkt eines mehrstufigen Prozessdesigns, wie es für das Social-Support-Modell typisch ist: Das individuelle Lernen (z. B. Aneignung von neuem Wissen oder Umsetzungserfahrungen im Praxisfeld) schafft die Basis für die nachfolgende interaktive Auseinandersetzung. Beispiele für Individualaufträge können sein: Lektüre eines Textes, praktische Erprobung einer Tätigkeit, Informationsbeschaffung durch Befragung von Fachexperten usw.

*Schritt 3: Selbstorganisierte Arbeit in Tandems*

In den Tandems werden die Arbeitsaufträge dialogisch bearbeitet: Sie bilden oft den eigentlichen Kern des Prozessdesigns. Diese Sozialform drängt sich vor allem für solche Lernaufträge auf, bei denen die Vertrautheit der Kleinstgruppe hilfreich ist für den

Lernprozess – beispielsweise bei der Reflexion von Erfahrungen oder bei der Verarbeitung/Weiterentwicklung von Wissensinhalten und eigenen Ideen.

### Schritt 4: Selbstorganisierte Treffen in Kleingruppen

Kleingruppen (zusammengesetzt aus drei Tandems) zeichnen sich gegenüber Tandems durch eine grössere Reichhaltigkeit von Ideen und Erfahrungen und durch das grössere kreative Potenzial aus. Auf der anderen Seite kann gerade dadurch die zielorientierte Produktion von Gedanken erschwert werden. Kleingruppen können vor allem dann eine gute Ergänzung zur Tandemarbeit sein, wenn das kritische und kreative Potenzial der Zweiergruppe erweitert und dem (eventuell eingespielten) Reflexionsprozess des Tandems neue Impulse gegeben werden sollen.

### Schritt 5: Begleitete Kleingruppentreffen

Der Schritt von der selbstorganisierten Kleingruppe zur moderierten Gruppe (sechs bis acht Personen) drängt sich dort auf, wo das Erfahrungs- und Anregungspotenzial zusätzlich erweitert werden und die Interaktion mit den Dozierenden als zusätzliche Quelle des Lernens erschlossen werden soll. Begleitete Gruppentreffen werden in der Regel eingesetzt, um Zwischenergebnisse der bisherigen selbstständigen Arbeit auszutauschen und zu besprechen oder um zusammen mit einer Fachperson «Restklärungen» (im Sinne des skriptbasierten Selbststudiums, vgl. Modell 2) vorzunehmen. Eine häufig verwendete Einsatzmöglichkeit des begleiteten (moderierten) Kleingruppentreffens ist die Intervision: Hier werden unter fachkundiger Moderation Schwierigkeiten bearbeitet, die in der Tandemarbeit, in der Kleingruppenarbeit bzw. in der praktischen Umsetzungsarbeit am Arbeitsplatz aufgetaucht sind (z. B. Fallbesprechung, vgl. Coachingvariante 3, S. 192).

### Schritt 6: Abschliessende Präsenzphase (Plenum)

Die abschliessende Präsenzphase gibt den Tandems und Kleingruppen die Möglichkeiten, die entstandenen Arbeitsprodukte zu präsentieren, im grösseren Kreis zu diskutieren und mit den Ergebnissen anderer Tandems und Gruppen zu vergleichen. Zudem steht den Dozierenden nochmals ein Zeitgefäss für vertiefende und weiterführende Informationen, für Fragen und Diskussionen zur Verfügung.

## 4. Instrumente und Umsetzungshilfen

Einfache Protokollformulare, die nach jedem Gruppentreffen auszufüllen sind und der Kursleitung zur Einsichtnahme zur Verfügung gestellt werden, haben eine strukturierende und disziplinierende Wirkung. In diesem Sinne können sie eine wichtige Stütze für die Ausführung der Arbeiten in den verschiedenen Gruppierungsformen sein.

---

### Protokolle als Instrumente zur Steuerung der KOPING-Treffen

*Protokollvorgaben für die Tandemtreffen*
- Themen und Inhalte des Treffens
- Reflexion des Treffens: Was vom Besprochenen oder Erlebten war von besonderer Bedeutung? Was brachte Anregung oder gar «Aha-Erlebnisse»? Was bereitete Schwierigkeiten oder stiess auf Ablehnung?
- Wünsche, Vorschläge, offene Fragen für die Weiterarbeit.

*Protokollvorgaben für die Kleingruppentreffen*
- Themen und Inhalte: Was wurde besprochen?
- Ergebnis(se): Was kam dabei heraus?
- Konkrete Vorhaben:
  - Was haben Sie bzw. Ihr Lernpartner, Ihre Lernpartnerin sich für die nächste Zeit vorgenommen? Was wollen Sie tun?
  - Hilfsmassnahmen, die die Vorhaben erleichtern sollen (z. B. Erinnerungshilfen, konkrete Partnerunterstützung, Selbstbelohnung).
- Was möchten Sie beim nächsten KOPING-Treffen oder Plenum ansprechen, anregen, klären?

---

## 5. Stolpersteine

*Die KOPING-Gruppierungen werden nicht zielorientiert genutzt:* Der hohe Anteil von Selbstregulierung birgt die Gefahr, dass sich die Gruppe von den vorgegebenen Lernabsichten entfernt: Es ist nicht zwingend, dass sich die Beteiligten gemäss den KOPING-Zielideen mit den Themen auseinander setzen und den Theorie-Praxis-Diskurs in der beabsichtigten Tiefe und Differenzierung auch wirklich führen. Unter Umständen reicht auch die Arbeitstechnik nicht aus, um selbstständig produktiv zu arbeiten. So können aus Kleingruppen- und Tandemsitzungen «Kaffeekränzchen» oder unverbindliche Debattierclubs werden, die als unproduktiv erlebt werden und deshalb anderen Aktivitäten geopfert werden.

*Mangelnde Bereitschaft zu sozialem Austausch:* Grundsätzlich unterscheiden sich Gruppenkonstellationen, die im Rahmen eines Ausbildungskonzeptes «verordnet» werden, von Gruppen, die aus eigenem Antrieb zusammenfinden, um gemeinsam ein Problem mit Ernstcharakter zu lösen. Zudem kann die Bereitschaft, sich soziale Unterstützung zu holen bzw. soziale Unterstützung anzunehmen, auch deshalb reduziert sein, weil viele Studierende eine ausschliesslich kognitive Auseinandersetzung mit einem Thema bevorzugen und gerne auf verhaltenswirksamere Lernprozesse verzichten. Eine weitere Einschränkung der Bereitschaft, sich auf Social-Support-Prozesse einzulassen, kann schliesslich auch darin liegen, dass die Peers als Ressource nicht ernst genommen werden (einseitige Expertenorientierung) oder dass gegenseitige Unterstützungsprozesse als Bedrohung empfunden werden, weil sie auch das Entgegennehmen von Kritik einschliessen.

*Zusammensetzung der Gruppe als Lernerfolgsfaktor:* Angesichts des direkten Zusammenhangs zwischen den Social-Support-Funktionen und der Bereitschaft zu gegenseitiger Offenheit und Vertraulichkeit ist die Frage der Gruppenbildung von besonderer Bedeutung. Die Zusammensetzung der Gruppe dürfte einen grossen Einfluss darauf haben, ob eine konstruktive Zusammenarbeit gelingt und ob die gegenseitige Unterstützung als echter Support (oder nur als Pflichtübung) wahrgenommen wird. Der Akt der Gruppenbildung ist daher für den Erfolg dieses Modells mit entscheidend; ungünstige Gruppenkonstellationen können den Lernprozess torpedieren. So stellt sich beispielsweise die Frage, ob die Gruppenbildung nach dem Sympathie- oder Zufallsprinzip geschieht oder ob möglichst heterogene Gruppen nach einem Team- oder Lerntypentest zusammengestellt werden sollen (vgl. Knoll 1993, S. 16 ff.). Gerade weil sich der Prozess über einen grösseren Zeitraum erstreckt, ist auch die Frage zu klären, was bei (scheinbar) unlösbaren Konflikten in den Gruppen zu tun ist.

*Fehlen von konstanten Ausbildungsgruppen:* Die Modularisierung und die damit verbundene Zersplitterung in relativ kleine, semesterweise angelegte Lehr- und Lerneinheiten widerspricht einer konstanten Gruppenbildung über die Modulgrenzen hinweg, so wie dies für das Social-Support-Modell ideal wäre. Dieses Defizit kann eventuell kompensiert werden, indem grössere oder aber untereinander zusammenhängende Module geschaffen werden. Denkbar wäre auch, dass mehrere Module – beispielsweise mit direkter Praxisausrichtung – gemeinsam eine Social-Support-Schiene aufbauen und nutzen. In diesen Fällen entsteht aber ein spezieller Koordinationsbedarf, es sind vermehrt organisatorische und inhaltliche Absprachen unter Dozierenden und Fachleuten aus der Praxis nötig.

*Gruppenarbeitsüberdruss in Vollzeitstudien:* Viele Studierende zeigen Überdruss gegenüber der Arbeit in Kleingruppen. Wenn zu Beginn des Studiums Gruppenarbeiten noch gefordert und geschätzt werden – als Abwechslung zum erwarteten Frontalunterricht –, so sind in höheren Semestern nicht selten Abnutzungs- und Ermüdungserscheinungen zu beobachten – oftmals als Folge einer schlechten Rhythmisierung innerhalb von Studientagen bzw. aufgrund mangelnder Koordination zwischen Modulen. Der Einsatz des Social-Support-Modells in Vollzeitstudien setzt voraus, dass diesem Problem hinreichend Beachtung geschenkt wird und dass auf eine ausgewogene Rhythmisierung der Lehr- und Lernformen innerhalb des betreffenden Studiengangs geachtet wird.

## Modell 4: Leitprogramme

### 1. Charakterisierung

Leitprogramme sind didaktisch konzipierte Hefte, die es den Studierenden ermöglichen, ein Thema selbstständig aufzuarbeiten. Die Hefte enthalten alles, was es für eine lernwirksame Selbststudiensequenz braucht: den Stoff, die Übungen, die Arbeitsanleitungen, die Tests und andere Hilfsmittel (vgl. Frey/Frey-Eiling 1992).

Die einzelnen Kapitel sind immer gleich aufgebaut. Zuerst werden die Lernziele genannt, dann folgen verschiedene Texte, die den Lernstoff umschreiben, sowie Lernaufgaben, welche die aktive Auseinandersetzung mit den Inhalten anregen und strukturieren. Mit Hilfe der Lernkontrollaufgaben am Ende eines Kapitels können die Studierenden überprüfen, ob sie die Inhalte verstanden und die gesetzten Lernziele erreicht haben. In der Regel wird die Bearbeitung mit einem (formativen oder summativen) Test abgeschlossen.

Ein Leitprogramm kann sich auf kürzere Lernsequenzen innerhalb eines Moduls beschränken (z. B. zwei Lektionen) oder den Stoff eines ganzen Moduls umfassen. Umfangreichere Leitprogramme sind in der Regel in Kapitel gegliedert, wobei sich die oben genannten Punkte in den einzelnen Kapiteln wiederholen (Lernziele, Darlegung des Fachwissens, Übungs- und Verstehensaufgaben, Lernkontrolle).[32]

Zusätzlich zu den Selbstkontrollen kann an wichtigen Punkten eines Leitprogrammes (oder am Schluss des ganzen Programmes) eine Erfolgskontrolle mit Fremdbeurteilung durch eine fachlich kompetente Person vorgesehen werden. Sobald die Studierenden die betreffende Lernsequenz abgeschlossen haben, melden sie sich zu einer Erfolgskontrolle, die von Dozierenden oder Assistierenden abgenommen wird.

**Leitprogramme sind ...**

- schriftliches Selbststudienmaterial für die einzelnen Studierenden,
- eingerichtet für Zeitspannen von etwa drei bis zwölf Lektionen,
- unterteilt in ein *Fundamentum* (= Grundstock für alle) und mehrere, unabhängige *Addita* mit unterschiedlicher Thematik und anregendem Zusatzstoff für Schnelle, Interessierte,
- möglicherweise angereichert, indem Experimente, Videosequenzen, Textlektüren in der Handbibliothek usw. in den Verlauf eingebaut sind,
- mit der Möglichkeit zu ständiger Selbstkontrolle durch Zusammenfassungen, Fragen, Übungs- und Kontrollaufgaben bestückt,
- mit Kontrollmöglichkeiten für die Dozierenden durch Kapiteltests, die einzeln mündlich oder in Gruppen schriftlich durchgeführt werden, versehen (vgl. EducETH 2006).

---

[32] Nach Karl Frey/Frey-Eiling (1992) gehört zur Charakteristik von Leitprogrammen die Unterscheidung zwischen Basiswissen *(Fundamentum)* und weiterführendem Zusatzwissen *(Additum)*. Zusätzlich zum Basiswissen, das für alle Studierenden verbindlich ist, werden für diejenigen Studierenden, die schneller vorankommen oder die selbst einen höheren Lernanspruch bezüglich der betreffenden Thematik haben, zusätzliche Ausführungen und Impulse für eine vertiefte bzw. weiterführende Auseinandersetzung vorgesehen.

## 2. Ziele und begründende Argumente

Frey, der mit den ETH-Leitprogrammen die hier skizzierte Form des begleiteten Selbststudiums propagiert, nimmt bei der Begründung dieses Ansatzes Bezug auf den so genannten Kellerplan[33] sowie auf das Konzept des *Mastery Learning* (vgl. Frey 1992).

### Mastery-Learning-Modell

Das Mastery-Learning-Modell wurde in den sechziger Jahren des 20. Jahrhunderts von Benjamin Bloom entwickelt. Der zentrale Grundsatz des Konzeptes lautet: Fast alle können – unabhängig von ihrer Begabung – ein bestimmtes Leistungsniveau erreichen, wenn die Lernzeit variierbar ist. Charakteristisch ist, dass der Lehrstoff in hierarchisch geordnete Lernziele bzw. Lernschritte strukturiert wird. Dabei wird darauf geachtet, dass ein neuer Lernschritt erst dann in Angriff genommen wird, wenn der vorangehende Lernschritt abgeschlossen wurde. Nach der Bearbeitung einer Lernsequenz muss in einem *Mastery Test* das gesetzte Leistungskriterium (90 Prozent korrekte Lösungen) erreicht werden, bevor zur nächsten Lernsequenz geschritten werden darf. Dank den mehrfach eingestreuten *Mastery Tests* erhalten die Lernenden relativ häufig Feedbacks zu ihrem Lernerfolg. Diese dichte Folge von Feedbacks gilt als ein wichtiger Faktor dafür, dass das Mastery-Learning-Konzept laut Untersuchungen zu den effektivsten pädagogischen Instruktionsmethoden zählt (vgl. Crooks 1988, S. 458).

In den ETH-Leitprogrammen werden verschiedene Grundgedanken des *Mastery Learning* aufgenommen:

- *Individuelles Variieren der Lernzeit:* Durch die Verschriftlichung der Lernprozesssteuerung und des Lernstoffes wird die Möglichkeit geschaffen, dass die Lernenden für die Erreichung der Lernziele bzw. für die Erarbeitung/Verarbeitung des Lernstoffes so viel Zeit aufwenden können, wie sie effektiv benötigen. In diesem Sinne wird durch Leitprogramme die Forderung nach einer individuellen Variierung der Lernzeit erfüllt.
- *Sicherheit, dass die Lernziele erreicht werden können:* Die Vorgaben zur Herstellung von Leitprogrammen stellen sicher, dass eine Aufteilung des komplexen Lernstoffes in eine Folge von Lernschritten (fünfteilige Kapitelstruktur mit Einführung, Lernzielvorgaben, Darstellung des Lernstoffes, Lernaufgaben und abschliessenden Fragen/Aufgaben zur Erfolgskontrolle) vorgenommen wird. Es wird erst zum nächsten Lernschritt gewechselt, wenn das vorgängige Kapitel abgeschlossen ist und die notwendigen Lernvoraussetzungen für das nächste Kapitel geschaffen sind. Dies ist vor allem bei schwierigen Inhalten mit hierarchisch geordneten Lernzielfolgen bedeutsam. So entsteht die Sicherheit, dass die Lernziele erreicht werden, wenn seriös gearbeitet wird.
- *Anregen/Sicherstellen von Lernaktivitäten:* Die reine Präsentation der Inhalte reicht in der Regel nicht aus, um einen nachhaltigen Lernerfolg sicherzustellen. Leitpro-

---

[33] Keller hat 1962 an der Universität Brasilia ein «Selbstlernkonzept» in Verbindung mit einem Tutorensystem eingeführt, um die grosse Zahl der Studierenden besser zu bewältigen (vgl. Keller 1968).

gramme sehen vor, dass für jeden wichtigen Lernschritt Lernaufgaben vorgegeben werden, die von den Studierenden einen aktiven Verarbeitungsprozess verlangen. Die enge Verbindung von schriftlicher Stoffvermittlung (Wissensaufnahme) und aktiver Verarbeitung (Internalisierung des Wissens) ist eines der zentralen Merkmale von Leitprogrammen.

- *Regelmässiges Feedback zu den Lernfortschritten:* Die regelmässigen Lernkontrollen zur Überprüfung des Lernfortschrittes bilden einen wichtigen Bestandteil der Leitprogramme. Damit wird einerseits die Erschliessung des «Stoffes», das heisst die Entwicklung der Wissens- oder Fachkompetenz, unterstützt. Andererseits können die regelmässigen Feedbacks auch als Quelle zur Selbsteinschätzung wahrgenommen werden und in dieser Funktion die Entwicklung metakognitiver und selbstreflexiver Kompetenzen fördern, Elemente von – in der heutigen Berufswelt gefragten – Selbstlernkompetenzen.

## Absichten der ETH-Leitprogramme

- Sie bringen Abwechslung in die Lehre.
- Sie reduzieren den Anteil an dozierendenzentriertem Unterricht.
- Sie fördern die Eigenverantwortung der Lernenden für ihren Lernfortschritt.
- Sie bereiten auf selbstständiges Lernen in Ausbildung und Beruf vor.
- Sie realisieren das *Mastery Learning:* Sie liefern sorgfältige Formulierungen in kritischen Gebieten, z. B. in der Quantenphysik.
- Sie erlauben individuelles Lerntempo und individuellen Arbeitsort.
- Sie vermitteln den besonders Leistungsfähigen Anregungen durch den Stoff der Addita (vgl. EducETH 2006).[34]

## 3. Vorgehen

*Vorbereitende Schritte: Das Leitprogramm ausarbeiten*

Die Erarbeitung eines Leitprogrammes ist relativ aufwendig (vgl. Städeli et al. 2003). Der Erarbeitungsprozess lässt sich in verschiedene Schritte unterteilen:

- Thema/Stoffgebiet festlegen,
- Lerninhalte strukturieren,
- Lernziele formulieren,
- Material sammeln,
- Leitprogramm verfassen,
- Leitprogramm erproben.

Ein Leitprogramm muss so geschrieben/zusammengestellt werden, dass es «selbstredend» ist, d. h. ohne zusätzliche Erläuterung der Dozierenden auskommt. Eine klare,

---

[34] Illustrierende Beispiele für die ETH-Leitprogramme finden Sie unter der Webadresse‹http://www.educeth.ch›. Hier können Leitprogramme zu verschiedenen Themen aus den Fächern Biologie, Chemie, Physik, Geografie, Informatik und Mathematik heruntergeladen werden.

übersichtliche Strukturierung des Aufbaus, eine studierendengerechte Wortwahl sowie verständlich und prägnant formulierte Lernaufgaben sind unerlässlich. Die herkömmlichen Lehrmittel, die auf eine erläuternde Begleitaktivität der Dozierenden abstellen, erfüllen diese Kriterien in der Regel nicht.

*Schritt 1: Das Leitprogramm einführen*

Die Studierenden erhalten eine kurze Einführung in die Arbeit mit dem Leitprogramm, insbesondere in organisatorische Rahmenvorgaben. Wichtige Fragen, die geklärt werden sollten:

- Wie viel Zeit steht zur Verfügung?
- Wie werden die formativen Erfolgskontrollen durchgeführt?
- Wann und in welcher Form erfolgt die summative Lernkontrolle?
- Welche Hilfestellungen sind durch die Dozierenden (eventuell Assistierenden) vorgesehen?

*Schritt 2: Selbstständige Arbeit der Studierenden.*

Die Studierenden bearbeiten die einzelnen Leitprogrammkapitel selbstständig.

Bei der Bearbeitung der Leitprogramme stehen die Dozierenden klar im Hintergrund – dies in der Annahme, dass die Leitprogramme aus sich selbst heraus verständlich und bezüglich der Lernschrittabfolge so konzipiert sind, dass für alle Studierenden eine erfolgreiche Bearbeitung möglich ist. Bei auftretenden Schwierigkeiten ist es Aufgabe der Studierenden, zunächst im kollegialen Austausch Hilfe anzufordern und sich gegenseitig Hilfe zu geben. Fehlen einzelnen Lernenden die Vorkenntnisse, so können die Dozierenden eventuell individuell unterstützen – immer nach dem Prinzip der minimalen Hilfe. Einschränkungen der selbstständigen Arbeit sind möglich, z. B. die, dass nach der Hälfte der Zeit mindestens ein Drittel der Zwischenprüfungen abgelegt worden sein muss oder dass Experimentiermaterial nur während bestimmten Zeiten zur Verfügung steht.

*Schritt 3: Erfolgskontrollen durchführen*

Bei den Erfolgskontrollen wird der Lernstand überprüft. Falls dies nicht über eine Selbstkontrolle geschieht, können hier Dozierende oder Assistierende in Funktion treten.

Bei der Erfolgskontrolle durch die Dozierenden werden entweder mündlich ein paar Fragen zum Lernstand gestellt, oder es werden die schriftlich bearbeiteten Aufgaben durchgesehen und die erarbeiteten Lösungen kontrolliert.

Lernkontrollen können individuell absolviert werden (wer im Lernprogramm bis zum vorgesehenen Lernkontrollpunkt fortgeschritten ist, kann sich zur Lernkontrolle melden); im Falle von schriftlichen Lernkontrollen können auch Termine vorgegeben werden, die als zeitliche Fixpunkte für die Programmbearbeitung gelten.

*Schritt 4: Die Leitprogrammarbeit auswerten*

Am Ende einer Sequenz nehmen die Studierenden zur Arbeit mit dem Leitprogramm Stellung. Die Erfahrungen werden gemeinsam ausgewertet. Bei Bedarf werden Schwierigkeiten, die in einzelnen Lernsequenzen (z. B. bei der Ausführung einer Lernaufgabe) aufgetreten sind, nochmals aufgegriffen und besprochen. Eine solche Besprechung sollte eventuell vor der Durchführung einer summativen Lernkontrolle anberaumt werden.

Aufgrund der Rückmeldungen überarbeiten die Dozierenden jene Stellen im Leitprogramm, die zu wenig verständlich formuliert waren.

---

### Übersicht über die Aufgaben der Dozierenden bei der Arbeit mit Leitprogrammen

- Vor dem Start: Vorbereitungsarbeiten
  - Vorkenntnisse abklären; bei Bedarf Material bereitstellen, damit vorhandene Lücken geschlossen werden können,
  - Experimentiermöglichkeiten abklären und ergänzen, Versuchsanleitungen anpassen,
  - Bücher für die Handbibliothek beschaffen,
  - Zeitlimiten und Notengebung bestimmen,
  - Arbeitsorte festlegen,
  - Leitprogramme, Arbeitsanweisungen vervielfältigen,
  - Tests und Schlussprüfung vorbereiten, Räume und Zeitpunkte festlegen, eventuell Assistierende mit einbeziehen.
- Während der selbstständigen Arbeitsphase:
  - Tests durchführen, korrigieren und rückmelden,
  - Einstellungen und Reparaturen bei Video und Experimenten,
  - Fragen einzelner Studierender beantworten.
- Nach Abschluss der Arbeitsphase:
  - Fehler und Verbesserungsmöglichkeiten im Text vermerken,
  - Tabellen, Bücher, Experimente und andere Medien aufdatieren,
  - Neue Kapiteltests und Klausuren vorbereiten, weil eine gewisse Diffusion unvermeidlich ist (vgl. Dreyer 2002).

---

## 4. Instrumente und Umsetzungshilfen

Im Folgenden wird die typische Struktur beschrieben, die einem Leitprogramm und einzelnen Leitprogrammkapiteln zugrunde liegt. Es handelt sich gewissermassen um eine Kurzanleitung zur Herstellung von Leitprogrammen, die gleichzeitig aufzeigt, welche Elemente ein Selbstlernmittel umfassen sollte, wenn es den geltenden didaktischen Ansprüchen gerecht werden möchte.

---

### Struktur für den Aufbau eines Leitprogrammes

*1. Einführung (Leitprogramm als Ganzes, eventuell pro Kapitel)*
Einführende Hinweise sollen den Studierenden verdeutlichen, was gelernt werden soll. Dazu gehört, dass Lernziele transparent gemacht, neue Inhalte in einen übergeordneten Kontext eingebettet und die inhaltlichen Schwerpunkte überblicksmässig dargelegt werden. Dies sind gleichzeitig einige der wichtigsten Elemente eines *Advance Organizer* nach Ausubel (1974).

### 2. Überblick über die Lernziele (Leitprogramm als Ganzes sowie pro Kapitel)

Es werden die Lernziele aufgeführt, die in der nachfolgenden Lernsequenz erreicht werden sollen. Die Lernziele sind für die Studierenden wichtige «Relevanzbotschaften»: Sie helfen bei der nachfolgenden Bearbeitung des Lernstoffes, Wichtiges und weniger Wichtiges zu unterscheiden (Lenkung der Informationsaufnahme und der Verarbeitungstiefe). Die Lernziele sollten möglichst konkret formuliert sein, damit sie von den Studierenden als Anhaltspunkte für die Selbstkontrolle und für die Prüfungsvorbereitung genutzt werden können.

### 3. Darstellung des Lernstoffes

Die Darstellung des Lernstoffes bildet den eigentlichen Kern des Leitprogrammes. Ein gutes Leitprogramm enthält alle wichtigen Informationen zum Thema, und zwar in einer gut strukturierten Form, verständlicher Sprache, lesefreundlichem Layout. Unter Umständen kann auf Quellentexte aus der Fachliteratur verwiesen werden, oder die entsprechenden Quellentexte sind in einem Begleitheft abgedruckt. In diesem Falle übernimmt das Leitprogramm die Funktion, die Quellentexte in einen systematischen Zusammenhang zu stellen und mit Blick auf die gesetzten Lernziele zu erläutern und zu kommentieren.

### 4. Lernaufgaben

Die Lernaufgaben dienen dazu, die Studierenden zur aktiven Auseinandersetzung mit dem Lernstoff zu bringen und zur subjektiven Konstruktion/Rekonstruktion des Wissens anzuregen. Neben einfachen Wiederholungsaufgaben (mit dem Ziel, die Aufmerksamkeit der Studierenden auf die entsprechenden Inhalte zu lenken und die Memorierleistung zu unterstützen) werden vor allem Lernaufgaben im Vordergrund stehen, die eine verstehensorientierte Verarbeitung unterstützen und eine transferunterstützende Funktion erfüllen.

Lernaufgaben können in Individualarbeit erledigt werden; sie können aber auch als Tandem- oder Gruppenaufgaben konzipiert sein, die eine kommunikative Auseinandersetzung mit dem Lernstoff vorsehen.

### 5. Erfolgskontrollen

Erfolgskontrollen sind Prüfungsfragen und -aufgaben zum vorangegangenen Lernstoff: Sie orientieren sich an den Lernzielen und können eine rein formative Funktion erfüllen: In diesem Falle dienen sie den Studierenden als Rückmeldeschlaufe, ob sie den Lernstoff richtig verstanden und verarbeitet haben. Erfolgskontrollen können aber auch in summativer Funktion eingesetzt werden: In diesem Falle prüfen und bewerten die Dozierenden den erreichten Lernstand.

Die Erfolgskontrollen können im Sinne der Selbstkontrolle verstanden werden: In diesem Falle lösen die Studierenden Fragen und Aufgaben zum erworbenen Wissen und überprüfen ihre Antworten mit vorgegebenen Lösungen.

Erfolgskontrollen mit Fremdbeurteilung werden in der Regel individualisiert eingesetzt. Diejenigen Studierenden, die das Leitprogramm fertig bearbeitet haben, melden sich bei den Dozierenden an und vereinbaren einen Termin für die Lernkontrolle. Die Lernkontrolle selbst kann dann mündlich (z. B. in Form eines Prüfungsgesprächs) oder schriftlich (Lösen von Prüfungsaufgaben) erfolgen.

## 5. Stolpersteine

*Die persönliche Gestaltung des Lehrprozesses durch die Dozierenden tritt in den Hintergrund:* Leitprogramme geben dem Lehr-Lern-Prozess eine standardisierte, durch schriftliche Dokumente gesteuerte Form. Sie machen nicht nur die darbietende Rolle der Dozierenden überflüssig, sondern reduzieren – im Vergleich mit anderen Formen des begleiteten Selbststudiums – auch die Bedeutung der Lernprozessbegleitung. Da nämlich der adressatengerechte Aufbau der Lernschritte im Leitprogramm bereits vorweggenommen ist, dürfte in einem guten Leitprogramm die unterstützende Intervention nur noch selten beansprucht werden. Damit verschiebt sich das Tätigkeitsprofil der Dozierenden deutlicher als in anderen Formen des begleiteten Selbststudiums: Situative Prozessgestaltungskreativität und persönliche Kommunikation zwischen Dozierenden und Studierenden verlieren an Bedeutung. Demgegenüber treten die vorbereitende und nachbereitende Tätigkeit (mit einem hohen Anteil an Schriftlichkeit) in den Vordergrund. Diese Verschiebung kann von Dozierenden unter Umständen als ein Verlust empfunden werden.

*Anspruchsvolle und aufwendige Entwicklungsarbeit:* Leitprogramme stellen professionelle Ansprüche an die Herstellung des Lernmaterials: Es wird erwartet, dass die betreffende Lernsequenz nach den Regeln der didaktischen Kunst aufgebaut ist. Leitprogramme wollen nicht nur den Unterrichtsstoff sach- und adressatengerecht darstellen, sondern auch eine didaktisch reflektierte Strukturierung des Lernprozesses vornehmen. Damit wird deutlich, dass die Entwicklung von Leitprogrammen anspruchsvoll ist. Ein wichtiger Bestandteil der Leitprogrammentwicklung ist die Explizierung der Prozesssteuerung: Die Lernprozesssteuerung, die im Lehralltag oft unbewusst – gewissermassen beiläufig zur Stoffvermittlung – stattfindet, wird im Leitprogramm zu einem bewussten, transparenten und kritisch hinterfragbaren Gestaltungselement. Das ist für viele Dozierende sehr ungewohnt.

*Hoher Anteil an Fremdsteuerung bleibt bestehen:* Leitprogramme machen zwar den Anschein, selbstgesteuertes Lernen zu fordern und zu fördern; bei genauer Betrachtung bleibt aber eine starke (didaktische) Lenkung durch die Dozierenden bestehen; sie wird einzig mit anderen – d. h. mit schriftlichen statt mündlichen – Mitteln fortgeführt. Leitprogramme führen zwar zu einem hohen Mass an *Eigenaktivität* der Studierenden; der Selbststeuerungsanteil ist bei dieser Form des Selbststudiums indessen relativ gering; er beschränkt sich im Wesentlichen auf die individuelle Festlegung von Ort, Zeitpunkt und Zeitdauer des Lernens. Fraglich bleibt, wieweit unter diesen Vorzeichen die Vorteile, die dem selbstgesteuerten Lernen bezüglich Nachhaltigkeit zugesprochen werden, tatsächlich wirksam werden können. Auf der anderen Seite ist das Leitprogramm gerade aufgrund des hohen Steuerungsanteils als Beispiel für die Umsetzung eines «*geführten* Selbststudiums» interessant.

*Ungelöste Frage des Copyrights:* Da im herkömmlichen Lehrverständnis die Unterrichtsvorbereitung stark an die jeweilige Lehrperson gebunden ist, stellte sich die Frage nach dem «Copyright» nicht oder nur am Rande: Zwar wurden schon immer Lehr- und Lernmaterialien ausgetauscht; entscheidend für die Qualität des Unterrichts blieb aber die persönliche Ausgestaltung und Umsetzung durch die jeweiligen Dozierenden; der

Unterricht blieb letztlich ein persönlich geprägtes Unikat. Bei den Leitprogrammen verschärft sich die Frage nach dem Copyright aus zwei Gründen: erstens, weil mit der Verwendung des Leitprogrammes eine Unterrichtssequenz ohne weiteres Zutun von beliebigen Dozierenden umgesetzt werden kann, und zweitens, weil die Herstellung von Leitprogrammen ausserordentlich aufwendig ist. In der Regel wird daher ein Leitprogramm nicht im Rahmen einer normalen Unterrichtsvorbereitung erstellt, sondern von Teams erarbeitet, die einen entsprechenden Entwicklungsauftrag erhalten und dafür – über die normale Unterrichtsvorbereitung hinaus – entschädigt werden. Leitprogramme gehören damit nicht mehr der Einzelperson, sondern der Institution, die den Entwicklungsauftrag erteilt und finanziert hat.

## Modell 5: Problem-Based Learning (PBL, Siebensprung)

### 1. Charakterisierung

Beim Problem-Based Learning (PBL) handelt es sich um eine Form der Lernprozessgestaltung, bei der an praxisnahen «Problemen» gelernt wird. Die Lernenden erhalten zu Beginn einer Lernsequenz eine möglichst kurz und prägnant formulierte Problemsituation (einen «Fall») – d. h. die möglichst authentische Schilderung einer Situation, wie sie das Leben schreibt. Diese Fallschilderung dient dann als Fokus für den weiteren Verlauf des Lernprozesses.

Zur Bearbeitung ist ein mehrschrittiges Problemverfahren festgelegt: ein Verfahren, das sich teilweise im Plenum der Modul- oder Kursgruppe, zum grösseren Teil aber in der individuellen Auseinandersetzung mit ausgewähltem Informationsmaterial abspielt. Die problemorientierte Auseinandersetzung hält sich dabei streng an einen siebenschrittigen Verfahrensablauf – was dem Modell auch den Namen «Siebensprung» verliehen hat.

Klassische Lehre im Sinne der Instruktionsdidaktik ist in diesem Setting nicht vorgesehen. Der Prozess der Wissensaneignung wird vollständig den Studierenden überantwortet. Interessant ist dabei, dass das Konzept des PBL für ein Gleichgewicht sorgt zwischen klarer Prozesssteuerung durch vordefinierte Erarbeitungsschritte einerseits und einem grossen Freiraum bei der individuellen Informationsrecherche und -verarbeitung andererseits.

---

**Zwei unterschiedliche Verständnisse des Problem-Based Learning**

1. *PBL als didaktisches Prinzip einer konstruktivistischen Didaktik (weiteres Begriffsverständnis)*
   Diese Auffassung geht davon aus, dass eine fundierte Erkenntnisgewinnung immer an erkenntnisleitenden Problemen orientiert sein sollte. Neues Wissen entsteht demnach durch die Auseinandersetzung mit «Problemen» (kognitive Konflikte, Misserfolg bei der Anwendung bewährter Methoden und Strategien, theoretische und praktische Schwierigkeiten usw.). Es gilt – gemäss konstruktivistischer Auffassung – dann als «wahr» («viabel»), wenn es sich bei der (theoretischen und/oder praktischen) *Problembewältigung* bewährt. Die Probleme, die den ursprünglichen Entdeckungsprozess von neuem Wissen initiierten und steuerten, müssen auch leitend sein für die Nachkonstruktion des Wissens im Lehr-Lern-Prozess (vgl. Landwehr 2003).

2. *PBL als Unterrichtsform im Sinne des so genannten Siebensprungs (engeres Begriffsverständnis)*[35]
   In dieser Auffassung wird PBL als eine *eng umschriebene Methode* verstanden, die aus insgesamt sieben Schritten besteht (Beschreibung der sieben Schritte S. 150 ff.). Die sieben Schritte sind als Etappen in einem – inhaltlich grundsätzlich beliebigen – Problemlöseprozess zu verstehen. Ein Lehr-Lern-Verfahren, das sich am Siebensprung orientiert, kann gleichzeitig als Einübung in ein universelles Problemlösungsverfahren verstanden werden, das – im Sinne des *Lifelong Learning* – auch für künftige selbstgesteuerte Lernsituationen (im Sinne von Problemlösesituationen) zur Verfügung stehen soll (vgl. Weber 2004).

---

[35] Das engere Begriffsverständnis steht nicht im Gegensatz zum weiteren Begriffsverständnis, vielmehr ist das engere im weiteren PBL-Verständnis enthalten: Der so genannte Siebensprung ist die konkrete methodische Umsetzungsform einer problemorientierten Didaktik.

Das PBL-Modell mit der genannten siebenschrittigen Struktur des Problemlöseprozesses basiert im Wesentlichen auf vier Kernelementen, welche die Eckpfeiler des Lehr-Lern-Prozesses bilden. Es sind dies (1) die Problemexposition, (2) die Problemdiskussion, (3) das Selbststudium und (4) die Ergebnisdiskussion (vgl. Weber 2004, S. 14).

### 1. Problemexposition

Den Studierenden wird ein problemhaltiges Phänomen aus der Praxis vorgelegt, für das eine theoretisch fundierte Erklärung und eventuell eine geeignete Lösung (Massnahme, Intervention) zu erarbeiten ist. Das Problem wird von den Verantwortlichen der aktuellen Lehr-Lern-Sequenz mit Blick auf die angestrebten Lernziele konstruiert.

*Ziel:* Die Problemexposition soll einerseits das intrinsische Interesse der Studierenden ansprechen und anderseits den Lernprozess inhaltlich steuern. In der Regel zielt die Problemaufgabe darauf ab, eine problemorientierte Wissensrecherche anzuregen. Mögliche Quellen für die Recherche können im Anschluss an die Aufgabenstellung abgegeben oder bewusst offen gehalten werden.

### 2. Problemdiskussion in der PBL-Gruppe

In einem fünfschrittigen Prozedere werden die Studierenden in eine initiierende Auseinandersetzung mit dem Problem hineingeführt:

a) Klärung der problemdefinierenden Begriffe,
b) Klärung der Leitfrage (Was ist das Problem? Mit welchen Leitfragen lässt es sich umreissen?),
c) Aktivierung des in der Kursgruppe vorhandenen Vorwissens: Was wissen wir, was vermuten wir?
d) Ordnen des vorhandenen Wissens; Formulierung von möglichen Hypothesen in Bezug auf die Leitfrage(n),
e) Definition der Wissensdefizite und des Wissensbedarfes für ein vertieftes Problemverständnis bzw. für die angestrebte Problemlösung, Formulierung von Recherchier- bzw. Lernfragen. In diesem Prozess übernimmt der Dozent/die Dozentin eine moderierende Funktion.

*Ziel:* Förderung einer differenzierten Problemanalyse als Grundlage für ein produktives Problemlöseverfahren.

### 3. Selbststudium

Die Studierenden erarbeiten sich selbstständig die Antworten auf die Leitfragen, die in der vorangegangenen Problemanalyse formuliert wurden. Dieser – zeitlich am umfangreichsten dotierte – Teil des Problembearbeitungszyklus kann in Einzel-, Partner- oder Gruppenarbeit geschehen. In der Regel werden alle Leitfragen von allen Studierenden bearbeitet, es ist aber auch ein arbeitsteiliges Vorgehen denkbar. Die Dozierenden stehen in dieser Phase im Hintergrund.

*Ziel:* Förderung eines produktiven Recherchierverhaltens, Entwicklung der Fähigkeit, Informationen selektiv zu sichten (basierend auf explizit definierten Leitfragen), Förderung eines interdisziplinären Zugangs zur Entwicklung von Problemlösungen, Unterstützung der Fähigkeit, neues Wissen in einen anwendungsbezogenen Kontext zu transferieren.

*4. Ergebnisdiskussion*

Das erarbeitete Wissen wird in der PBL-Gruppe vorgestellt, diskutiert und kritisch beurteilt – mit Blick auf den zur Diskussion stehenden Problemfall: Sind die erarbeiteten Wissenselemente hilfreich für das vertiefte Verständnis bzw. für die Lösung des Falles? Diese Phase wird vom Dozenten/von der Dozentin moderiert.

*Ziel:* Validierung des erarbeiteten Wissens, Reflexion des individuell gewählten Weges zur Wissensproduktion, metakognitive Erkenntnisse zum eigenen Lern- und Arbeitsprozess.[36]

## 2. Ziele und begründende Argumente

*Anwendungssituationen als Ausgangspunkte der Wissensvermittlung:* Den Lernenden ist oft nicht klar, wofür sie lernen und wann sie das Gelernte anwenden sollen *(paradox of learning now for later use)*. PBL versucht, dieses Paradoxon aufzulösen, indem die Erarbeitung neuer Lerninhalte immer mit Blick auf eine mögliche Anwendungssituation geschieht. Durch diese konsequent pragmatische Orientierung rücken Lerninhalte ins Zentrum, die in einem praxisorientierten Verwendungszusammenhang stehen (als Erklärungswissen, als Begründungswissen, als Problemlösewissen, als technisches Wissen usw.).

*Erleichterung des Theorie-Praxis-Transfers:* Das Siebensprung-Modell nimmt Bezug auf ein konstruktivistisches Verständnis des Wissens und des Wissenserwerbs (vgl. Kapitel 2 im ersten Teil). In dieser Betrachtungsweise setzt eine transferwirksame Wissensaneignung voraus, dass der Aufbau des Wissens in enger Beziehung zum späteren Anwendungsfeld geschieht. Der Wissensaufbau sollte möglichst situationsbezogen und anhand von authentischen Problemen geschehen.[37] Dies lässt sich am besten realisieren, wenn sich die Lernenden in authentische Problemsituationen versetzen müssen, die reales Handeln und gleichzeitig die Aneignung neuen Wissens erfordern. Es braucht dabei – so die Annahme – nicht das reale Eintauchen in eine Handlungssituation, sondern es genügt, den Bezug dazu mental herzustellen. Der Problemfall, der im Zentrum des PBL-Siebensprung-Modells steht, versucht die hier geforderte Situations- und Kontextbindung in einer schulkompatiblen Form herzustellen.

*Problemorientierung als Motivationshilfe:* Über die kognitiv-konstruktivistische Funktion im subjektiven Wissensaufbau hinaus hat die Schilderung einer Problemsituation auch eine motivierende Funktion: Das Ausgangsproblem soll einen kognitiven Konflikt erzeugen, d. h. die Lernenden mit einer konkreten, praxisnahen Schwierigkeit konfrontieren, die zu lösen den aktuellen Stand des «abrufbaren» Wissens übersteigt und die

---

[36] Hinweise und Beispiele zu PBL finden Sie unter verschiedenen Internetadressen: ‹http://www.udel.edu/pbl/›, ‹http://www.vanderbilt.edu/lead/PBL/PBL-Projects/Wisdom.html›, ‹http://www.samford.edu/pbl/› (Center for PBL), ‹http://meds.queensu.ca/medicine/pbl/pblhome.htm› (Site mit PBL-Handbuch etc.).

[37] «Unter Situiertheit wird die Alltags- und Berufsnähe, die Eingebundenheit des Falls in eine Situation, einen Kontext oder eine Geschichte verstanden» (Weber 2004, S. 13).

daher zur Aneignung oder kreativen Erzeugung von neuem Wissen herausfordert. Die Lernenden sollen dazu motiviert werden, mehr wissen zu wollen, um ein relevantes Problem zu verstehen oder zu lösen.

*Training von Problemlösestrategien:* Das PBL-Siebensprung-Modell enthält die Vision eines zukunftsfähigen Lernens für die Wissensgesellschaft: Wissen wird über Problemlösungen mit Hilfe von Strategien erworben. Dabei erfüllt das Modell zwei Funktionen: Es führt zur Aneignung von transferfähigem Wissen und beinhaltet gleichzeitig eine wertvolle methodische Schulung – als Training für eine wirksame, universell handhabbare Problembearbeitungs- und Problemlösestrategie. Mit Blick auf diesen methodischen Schulungsaspekt überrascht es nicht, dass Studierende, die in ihrer Ausbildung mit der PBL-Methode gearbeitet haben, bessere Problemanalyseresultate erbringen als herkömmlich ausgebildete Studierende. (Wichtige Untersuchungsergebnisse zur Wirksamkeit des PBL sind zusammengefasst in Weber 2004, S. 22 ff.)

## 3. Vorgehen

*Vorbereitender Schritt: Problemfall auswählen und Infoquellen bereitstellen:*

Entscheidend für das Gelingen des Prozesses ist die Problemsituation. Diese bildet die Basis des Lehr-Lern-Prozesses, indem sie den Ausgangspunkt definiert und gleichzeitig den inhaltlichen Bezugspunkt für die Wissensaneignung (Informationsgewinnung und Verarbeitung) bildet.

Kriterien für die Problembeschreibung sind:
- Praxisnähe,
- Anschlussfähigkeit an Vorkenntnisse (Wissen) und methodische Fähigkeiten der Studierenden,
- Aufforderungscharakter (emotionale Stimulation und intellektuelle Herausforderung).

Je nach didaktischen Zielen werden (verbindliche) Informationsquellen zusammengestellt und (minimale) Lernziele formuliert.

*Schritt 1: Begriffe klären*

Die Problemsituation wird den Studierenden vorgestellt. Anschliessend beginnt der Prozess der Problemanalyse, indem zunächst die in der Fallbeschreibung verwendeten Begriffe und die darin angesprochenen Konzepte gemeinsam geklärt bzw. definiert werden.
*Ergebnis:* Geklärte Wörter, Begriffe, Konzepte.

*Schritt 2: Problem bestimmen*

In einem zweiten Schritt wird eine gemeinsame Problemdefinition erarbeitet, welche die Suchrichtung und gleichzeitig auch die Grenzen absteckt, innerhalb deren gedacht und gelernt werden soll. Dieser Schritt dreht sich um die Frage: Worum geht es eigentlich? Was ist genau das Problem?
*Ergebnis:* 1 bis 3 Leitfragen, mit denen sich die in der Fallsituation enthaltene Problematik/Schwierigkeit umreissen lässt.

*Schritt 3: Problem analysieren*

Ein Brainstorming zu den aufgeworfenen Leitfragen deckt das in der Gruppe vorhandene subjektive Wissen und die eigenen Erfahrungen auf. Die Leitfragen dieses Schrittes lauten: Was wissen wir bereits (aus eigenen Erfahrungen)? Was vermuten wir?
*Ergebnis:* Zusammenstellung möglicher Hypothesen zur Problemklärung/Problemlösung.

*Schritt 4: Erklärungen ordnen*

Das Wissen, das in der vorangegangenen Phase zusammengetragen wurde, wird systematisiert, die Erklärungs- und Lösungsideen werden geordnet. Oberbegriffe werden festgehalten, Aussagen und Ideen darunter eingeordnet.
*Ergebnis:* Systematisierte Klärungs- und Lösungshypothesen.

*Schritt 5: Lern- und Erkundungsfragen formulieren*

Zum Abschluss der Problemanalyse werden die genauen Lern- und Erkundungsfragen formuliert, die im Rahmen der anschliessenden Phase der Wissensrecherche und -verarbeitung beantwortet werden sollen. Leitfragen: Was wissen wir nicht? Was ist noch nicht bekannt? Was müssen wir herausfinden?

Es wird eine Fragensammlung erstellt. Die Fragen werden geordnet, wo möglich in Fragegruppen zusammengezogen, und mit übergeordneten, zusammenfassenden Fragen überschrieben. Anschliessend werden die Fragen nach ihrer Relevanz für ein fundiertes Verständnis bzw. eine fundierte Lösung der leitenden Problemsituation gewichtet.
*Ergebnis:* Fragensammlung (mit Gewichtung) für den nachfolgenden Recherchierprozess.

*Schritt 6: Informationen beschaffen (Selbststudium)*

Es folgt die eigentliche Selbststudiumsphase, in der es darum geht, durch Literaturstudium, Internetrecherche, Expertengespräche usw. das Wissen entlang den Lern- und Erkundungsfragen, die im vorangegangenen Schritt festgehalten worden sind, zusammenzutragen. In der Regel werden alle Lern- und Erkundungsfragen von allen Studierenden bearbeitet, es ist aber auch ein arbeitsteiliges Vorgehen denkbar.

Zu den einzelnen Lernfragen werden wichtige Ausschnitte/Aussagen aus den Dokumenten zusammengestellt. Schliesslich wird zu jeder Frage eine zusammenfassende, möglichst prägnante Antwort formuliert (mit Verweis auf die entsprechenden Quellentexte).
*Ergebnis:* Kurz gefasste Antworten auf die Recherchierfragen (mit Verweis auf wichtige Quellentexte).

*Schritt 7: Informationen austauschen und validieren*

In der Kursgruppe werden die kurz gefassten Antworten auf die Lernfragen präsentiert und verglichen, Differenzen werden analysiert. Die Gruppe versucht, sich auf eine treffende Version zu einigen. Das neue Wissen wird anschliessend mit den ursprünglichen Hypothesen verglichen: Was ist neu, was hat sich geändert?

Schliesslich wird der Prozess der gemeinsamen und individuellen Wissenserarbeitung evaluiert und besprochen.
*Ergebnis:* Validierte Antworten auf die Recherchierfragen und validierte Antworten auf die ursprünglichen Leitfragen.

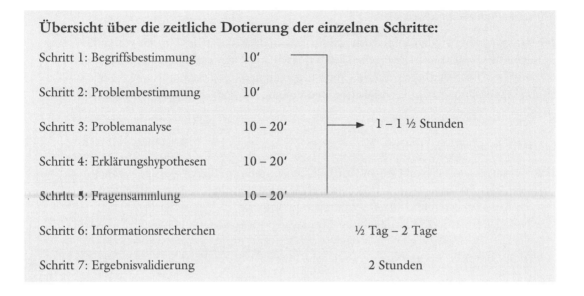

## Übersicht über die zeitliche Dotierung der einzelnen Schritte:

Schritt 1: Begriffsbestimmung    10'

Schritt 2: Problembestimmung    10'

Schritt 3: Problemanalyse    10 – 20'      → 1 – 1 ½ Stunden

Schritt 4: Erklärungshypothesen    10 – 20'

Schritt 5: Fragensammlung    10 – 20'

Schritt 6: Informationsrecherchen    ½ Tag – 2 Tage

Schritt 7: Ergebnisvalidierung    2 Stunden

## 4. Instrumente und Umsetzungshilfen

Es werden hier zwei Instrumente aufgeführt, die bei der Umsetzung des PBL-Prozesses hilfreich sein können: Zum einen werden drei unterschiedliche Problem- bzw. Aufgabentypen beschrieben und mit Beispielen illustriert. Damit soll die Suche nach eigenen Problemaufgaben angeregt und gleichzeitig das thematische Spektrum verdeutlicht werden, das mit Hilfe des PBL-Verfahrens angegangen werden kann. Zum andern werden die Rollen beschrieben, die im PBL unterschieden werden, um den Prozess der aktiven, zielorientierten Auseinandersetzung in der Kursgruppe zu ermöglichen.

## Problem- und Aufgabentypen im PBL

### Typ 1: Problemaufgabe

| *Charakteristik:* | *Funktion:* |
|---|---|
| Schilderung einer problemhaltigen Situation – verbunden mit dem Auftrag, eine theoretisch fundierte Erklärung (Diagnose) zu erarbeiten. | Eine Situation verstehen und theoretisch fundiert erklären können. |

*Beispiel für eine juristische Problemaufgabe:* Karel und Ineke beschliessen nach einer kurzen und stürmischen Beziehung zu heiraten. Zuerst wollen sie sich jedoch verloben. An Heiligabend versprechen sie einander in Anwesenheit von Angehörigen und Freunden feierlich, bald zu heiraten. Inekes wohlhabender Vater schenkt der Tochter zur Verlobung ein Baugrundstück im Wert von 100 000 Gulden. Ineke verfügt selbst über Geld und lässt auf dem Grundstück für 150 000 Gulden ein Haus mit mehreren Wohnungen bauen. Karel nutzt seinen Urlaub, die Wochenende, die Abendstunden und einige Tage unbezahlten Urlaub, um weiter am Haus zu bauen. Die Kosten für das Baumaterial in Höhe von 25 000 Gulden bezahlt er selbst. Das Haus ist noch nicht fertig, als Ineke die Verlobung auflöst. Einen Monat später heiratet sie Jan, einen Bekannten von Karel. Das Paar beschliesst, nach Australien auszuwandern, und verkauft das Haus für 300 000 Gulden.

Später erfährt Karel, dass Ineke sich heimlich mit Jan verlobt hat, während er, Karel, wochenlang am Haus gearbeitet hat. Ineke ist für ihn verloren, aber wie sieht es mit dem Geld aus? (Vgl. Moust et al. 1999, S. 26.)

### Typ 2: Strategieaufgabe

| *Charakteristik:* | *Funktion:* |
|---|---|
| Schilderung einer Problemsituation, für die verschiedene Lösungsvorschläge zu erarbeiten sind. Die Lösungsvorschläge werden einer kritischen Analyse unterzogen. | Strategien erkennen – bzw. selbst entwickeln –, die geeignet sind, um eine problematische Situation zu bewältigen. Die Wahl der Vorgehensweise theoretisch fundiert begründen können. |

*Beispiel für eine Strategieaufgabe aus dem Bereich der Gesundheitsbildung:* Sie nehmen sich vor, ab sofort weniger zu arbeiten, besser zu schlafen, dreimal pro Woche Sport zu treiben, jeden Abend ein privates Telefongespräch zu führen und auf das Nachtessen zu verzichten. Nach einem Monat stellen Sie fest, dass Sie keinen Ihrer guten Vorsätze haben einhalten können. Sie fühlen sich frustriert und wertlos. Das Einzige, was zu helfen scheint, sind zwei Glas Wein am Abend statt eins.

Sie fragen sich, warum eine Veränderung so schwierig ist und wie Sie es besser machen könnten (Weber 2004, S. 232).

### Typ 3: Diskussionsaufgabe

| *Charakteristik:* | *Funktion:* |
|---|---|
| Schilderung einer oder mehrerer Thesen zu einer Situation – verbunden mit dem Auftrag, die vorgelegte Auffassung zu beurteilen und/oder einen eigenen Standpunkt zu entwickeln und zu begründen. | Sich mit einem Standpunkt oder mit unterschiedlichen Auffassungen zu einem Sachverhalt auseinander setzen; sich des eigenen Standpunktes bewusst werden; den eigenen Standpunkt in der Konfrontation mit anderen Auffassungen erläutern und begründen können. |

*Beispiel für eine juristische Diskussionsaufgabe:* Unlängst haben einige Rechtsanwälte angekündigt, dass sie in Zukunft keine Personen mehr verteidigen werden, denen schwere sexuelle Delikte (Inzest, Vergewaltigung) vorgeworfen werden. Dieser Standpunkt ist auf Kritik gestossen. Denn wie sieht es mit der Verteidigung von Beschuldigten aus, die Raub, schwere Drogendelikte oder Mord begangen haben? Wie hängen Ihrer Meinung nach sachliche Arbeit und persönliche Einstellung des Anwalts zusammen? (Vgl. Moust et al. 1999, zit. in Weber 2004, S. 87.)

## Das Rollenkonzept im PBL-Prozess

Das PBL-Modell richtet sich nicht nur nach einem klar strukturierten Verfahren bei der Analyse eines Falles, es hält sich ebenso an ein klar differenziertes Rollenkonzept, in dem die Dozierenden den Part von Tutorinnen und Tutoren bekommen.

*a) Vorsitz/Gesprächsleitung*

Zu Beginn sowie am Schluss einer PBL-Sequenz übernimmt eine(r) der Studierenden – turnusgemäss – diese Rolle. Aufgaben:

- Zeitmanagement,
- Überwachung des vorgeschriebenen Ablaufs: Eröffnung der Schritte mit entsprechenden Leitfragen, Abschluss jeden Schrittes wo möglich mit Zusammenfassung der Ergebnisse,
- Strukturierung des Diskussionsverlaufes mit geeigneten Fragen und Hinweisen: Verständnissicherung durch Rückfragen; inhaltliche Zusammenfassungen,
- Einbezug aller PBL-Gruppenmitglieder: eventuell Studierende zu Beiträgen auffordern,
- Evaluation des Gruppenprozesses und der eigenen Rolle einleiten.

*b) Protokollführung*

Studierende übernehmen – ebenfalls turnusgemäss – die Rolle der Protokollführung. Protokolliert wird öffentlich, z. B. auf Flipcharts, so dass alle Notizen für alle sichtbar sind. Das Protokoll dient als Instrument zur Steuerung der Diskussion, es entsteht in enger Zusammenarbeit mit der vorsitzenden Person und unterstützt diese. Bei Bedarf fragt die protokollführende Person nach, was genau festgehalten werden soll. Protokolliert werden:

- *aus Schritt 1:* Begriffe, die geklärt werden,
- *aus Schritt 2:* die Leitfragen, mit denen sich die Problematik umreissen lässt,
- *aus Schritt 3:* Hypothesen zur Problemklärung/Problemlösung (eventuell auf Moderationskarten, durch die Teilnehmenden geschrieben),
- *aus Schritt 4:* systematisierte Übersicht über die Hypothesen,
- *aus Schritt 5:* Lern- und Erkundungsfragen,
- *aus Schritt 7:* offene Fragen, die noch besprochen und diskutiert werden müssen.

*c) Tutorat/Moderation*

Diese Rolle wird von Dozierenden wahrgenommen. Sie geben Anregungen oder stellen kritische Fragen, wenn der Prozess ins Stocken gerät, wenn verwirrende und blockierende Unsicherheiten aufkommen. Aufgaben:

- Überwachung des methodischen Vorgehens der PBL-Gruppe (sieben Schritte)
- Überwachung der inhaltlichen Substanz (inhaltliche Tiefe) der Diskussionen

Der Tutor/die Tutorin darf weder die Rolle des Vorsitzes noch diejenige der Sachverständigen einnehmen. Er oder sie wendet sich ausschliesslich über die vorsitzende Person an die Gruppe: Darf ich etwas dazu sagen? Es ist grosse Zurückhaltung angebracht. Interventionen sind vor allem gegen Ende eines Schrittes sinnvoll.

*d) Sachverständige*

Sachverständige werden beigezogen, wenn inhaltliche Fragen nach der eigene Recherche und Gruppendiskussion im Verlauf des siebten Schrittes nicht geklärt werden können. Vorsitz und Moderation sind gemeinsam für die – in der Regel schriftlich formulierten – Fragen an die Sachverständigen verantwortlich. Die Beantwortung kann schriftlich oder mündlich erfolgen.

## 5. Stolpersteine

*Ritualisierung des Verfahrens:* Die Methode des Siebensprungs ist ein gut handhabbares Verfahren, das universell eingesetzt werden kann und bei richtiger Anwendung mit grosser Wahrscheinlichkeit zu guten Ergebnissen führt. Anderseits birgt das Verfahren – gerade wegen der einfach handhabbaren Struktur – die Tendenz zu einer Routinisierung, die eine vertiefte thematische Auseinandersetzung behindern kann. Die Methode kann zu einem Ritual erstarren, das sich gegenüber der eigentlichen Zielsetzung (problem- und situationsbezogene Informations- und Erkenntnisgewinnung) verselbstständigt. Bei häufigem Einsatz kann bei den Studierenden Überdruss entstehen – mit der Folge, dass eine oberflächliche Aufgabenerledigung an die Stelle einer engagierten und interessierten Problemanalyse und -bearbeitung tritt.

*Veränderung der Dozierendenrolle:* Verzicht auf die Funktion der Fachperson. Eine weitere Schwierigkeit liegt in der radikalen Veränderung der Dozierendenrolle, wie sie im PBL-Modell vorgesehen ist. In der klassischen Form, wie sie beispielsweise an der Universität Maastricht praktiziert wird, ist für die Dozierenden keine Funktion als Fachexperte oder Fachexpertin vorgesehen. Dies nicht zuletzt aus der Erfahrung heraus, dass Dozierende relativ rasch die Tutorenrolle verlassen und sich in die Fachexpertenrolle hineinbegeben – zumal dies auch den Bedürfnissen der Studierenden entgegenkommt. Dadurch aber wird die zentrale Zielsetzung des PBL-Modells, die Verantwortung für die Informationsbeschaffung und -verarbeitung vollständig den Studierenden zu übergeben, unterlaufen – mit der Gefahr, dass das eigenverantwortliche Lernen zunehmend marginalisiert und relativ rasch zu einer Farce wird. Die Frage stellt sich, ob die Dozierenden einen so radikalen Rollenwechsel vollziehen können; und falls nicht, ob ein Mischmodell möglich ist (Dozierende übernehmen neben der Moderationsfunktion bei Bedarf auch die der Fachperson), ohne den Prozess der selbstständigen Wissenserarbeitung zu torpedieren.

*Hoher Abstraktions- und Allgemeinsheitsgrad der Fälle:* Im PBL-Modell werden die Praxiseinbindung und der Situationsbezug über konstruierte Fallbeispiele hergestellt. Bei genauer Betrachtung stellt sich die Frage, wieweit diese didaktische Form wirklich dazu beiträgt, die – unter konstruktivistischer Perspektive geforderte – nachhaltige Lern- und Transferwirksamkeit tatsächlich zu realisieren. Problemfälle, die sich in wenigen Zeilen umreissen lassen, bleiben letztlich – trotz evidenten Praxisbezugs – sehr abstrakt und allgemein, der Kontextbezug bleibt zwangsläufig sehr vage. Für die Konkretisierung und die situationsbezogene Anwendung von neuem Wissen können daraus relativ wenige Anhaltspunkte gewonnen werden. In diesem Sinne dürfte die Annahme, dass im PBL-Modell der Wissensaufbau unter Berücksichtigung der effektiven Kontextbedingungen erfolgt und gerade dadurch eine hohe Transferwirksamkeit erzeugt, eher ein schwer zu erfüllendes Postulat bleiben.[38]

---

[38] Tatsächlich wird an verschiedenen Ausbildungsstätten in Holland, an denen bis jetzt das PBL-Siebensprung-Modell einseitig im Zentrum stand, gegenwärtig eine Öffnung in Richtung projektorientiertes Lernen vollzogen.

*Wenig Differenzierung für die Phase der Informationsaufarbeitung:* Ein auffälliges Merkmal des PBL-Verfahrens besteht darin, dass für die Problemanalyse eine sehr hohe Differenzierung vorgenommen wird: Insgesamt fünf der sieben Verfahrensschritte sind der Problemanalyse gewidmet, während für den zeitlich aufwendigsten Schritt, für die Informationsaufarbeitung und -verarbeitung, nur ein einziger Schritt definiert ist (obwohl dieser Schritt mindestens drei Viertel der Zeit in Anspruch nimmt!). Bei der Umsetzung des Modells ist darauf zu achten, dass dies nicht zum Problem wird: Gerade bei PBL-ungeübten Studierenden besteht die Gefahr, dass diese Arbeitsphase als wenig effizient erlebt wird und zu einer pauschalen Ablehnung des Verfahrens führt. Unter dem Gesichtspunkt einer unterstützenden Strukturbildung für die selbstständige Arbeitsphase kommt dem Schritt 5 (Lern- und Erkundungsfragen formulieren) eine zentrale Bedeutung zu: In diesem Arbeitsschritt wird eine Struktur für den zeitlich ausgedehnten Prozess der Informationsbeschaffung und -verarbeitung festgelegt, und zwar in Form der Lern- und Erkundungsfragen, die beantwortet werden sollen. Als Ergänzung zu dieser inhaltlichen Leitstruktur kann es hilfreich sein, wenn zusätzliche strukturbildende Elemente eingeführt werden, beispielsweise durch klare Vorgaben zur Ergebnisprotokollierung oder durch Strukturierung der Kooperationsformen (etwa im Sinne des Social-Support-Modells; vgl. S. 131 ff.).

# Modell 6: Individuelle Vorhaben

## 1. Charakterisierung

Als individuelle Vorhaben werden studentische Arbeiten bezeichnet, bei denen die selbstständige Aufarbeitung eines Themas im Vordergrund steht. Die Studierenden wählen selbst den thematischen Schwerpunkt, die Ziele und die leitenden Fragen, an denen sich die Auseinandersetzung orientiert. Möglicherweise wird ein thematischer Rahmen vorgegeben, in dem der Gegenstand der Arbeit liegen muss. Unter Umständen können die Studierenden innerhalb eines definierten Spielraums sogar selbst festlegen, wie viele ECTS-Punkte sie erhalten – gemäss dem Umfang bzw. Aufwand, der für die Arbeit veranschlagt wird.

Je nach Studiengang sind die Arbeiten auf unterschiedliche Ergebnisse ausgerichtet:

- *Theoretische Abhandlungen*, basierend auf Literaturrecherchen (im Sinne von klassischen Semester- und Diplomarbeiten),
- *Gestalterische Themen*, die mit der Realisierung eines gestalterischen Prozesses verbunden sind,[39]
- *Forschungsvorhaben* im Rahmen von offiziellen Forschungsprojekten,
- *Erkundungsvorhaben*, in denen ein Thema über Beobachtungen und Befragungen in einem Praxisfeld erschlossen wird,
- *Praxisvorhaben*, in denen die systematische Analyse von eigenen – eventuell speziell inszenierten – Erfahrungen im Vordergrund steht.

Bei individuellen Vorhaben handelt es sich meist um Einzelarbeiten, in Ausnahmefällen um Gruppenarbeiten von zwei bis drei Personen. Normalerweise werden die Arbeiten vollständig innerhalb der individuell gestaltbaren Studienzeit ausgeführt. Individuelle Vorhaben eignen sich im Studienverlauf tendenziell eher fürs fortgeschrittene Studium, denn der Anspruch an die Eigenverantwortung und an die Strategien und Techniken des selbstständigen Arbeitens ist sehr hoch.

Individuelle Vorhaben haben verschiedene Gemeinsamkeiten mit den Lern- und Übungsprojekten (Modell 7) und mit den Auftrags- oder Echtprojekten (Modell 8): Allen drei Formen liegen die Konzepte der Projektarbeit und des forschenden Lernens zugrunde. Der Übergang von der einen zur anderen Form ist durchaus fliessend. Nach

---

[39] Ein Beispiel aus dem Bereich «Gestaltung und Kunst»: Eine Studentin untersucht Materialien im artfremden, unkonventionellen Kontext und die damit verbundenen künstlerischen und gestalterischen Aspekte. Die Arbeit setzt sich zusammen aus einer Recherche, einer experimentellen Auseinandersetzung mit ausgewählten Materialien, der Verarbeitung einzelner Ergebnisse zu Objekten und deren fotografischer Inszenierung. Das Ergebnis, das die Studierende abliefert, besteht aus drei Gegenständen, die in einer inszenierten Stimmung fotografisch abgebildet sind. Ergänzend zeigt eine schriftliche Dokumentation den Arbeitsprozess und die gewonnenen Erkenntnisse auf (Beispiel aus der ehemaligen FHA, jetzt FH Nordwestschweiz, 2005).

unserem Begriffsverständnis unterscheiden sich individuelle, selbstinitiierte Vorhaben von den beiden anderen Formen vor allem durch den signifikant grösseren Selbstbestimmungsraum: Bei individuellen Vorhaben setzen die Studierenden Thema und Ziele selbst, während bei den anderen beiden Formen in der Regel das Thema und die inhaltlichen Schwerpunkte von aussen gesetzt sind. Bei den individuellen Vorhaben ist daher die Vielfalt der bearbeiteten Themen grösser, anderseits wird die inhaltliche Verbindung zwischen den Arbeiten der Studierenden kleiner, was dazu führt, dass eine gemeinsame Projektbegleitung innerhalb einer Kursgruppe kaum mehr möglich ist.

## 2. Ziele und begründende Argumente

*Autonomie und eigenverantwortliches Lernen:* Individuelle Vorhaben zeichnen sich durch einen sehr grossen Freiheits- und Selbstbestimmungsraum aus, nicht nur in Bezug auf die Steuerung des Lernprozesses, sondern auch was die Wahl des thematischen Schwerpunktes und der Lernziele angeht. Dies führt dazu, dass die Eigenverantwortlichkeit nicht nur auf die «Feinsteuerung» des Lern- und Arbeitsprozesses beschränkt bleibt, sondern auch die grundlegenderen Entscheidungen (z. B. Festlegung von Lern- und Arbeitszielen) davon betroffen sind. Dies ist eine wichtige Voraussetzung für die Aktivierung und Entwicklung von persönlichem Interesse und Engagement.

*Persönliche Profilbildung:* Individuelle Vorhaben erlauben es den Studierenden, eigene Akzente zu setzen: Die Studierenden können eigene Themen wählen, mit denen sie sich aufgrund ihrer spezifischen Interessenlage und ihres eigenen Lernbedarfes vertieft auseinander setzen möchten. In diesem Sinne wird es mit Hilfe der individuellen Vorhaben möglich, die Ausbildungsprofile zu individualisieren.

Die Wahl eines Vorhabens ist einerseits auf der Basis des eigenen Interesses, anderseits aber auch im Hinblick auf noch zu entwickelnde Kompetenzen zu treffen. Idealerweise basiert die individuelle Themen- und Zielbestimmung auf einer vorangegangenen Standortbestimmung im Ausbildungsprozess. Mit Blick auf die berufsbezogenen Kompetenzen, wie sie im Bologna-Modell angestrebt werden, kommt denjenigen Vorhaben eine besondere Bedeutung zu, die im zukünftigen Berufsfeld angesiedelt sind und in enger Zusammenarbeit mit Praxisfachleuten entstehen. Individuelle Vorhaben können somit Verknüpfungen zwischen Theorie und Praxis herstellen und Zugang zu ausserschulischen Lernorten eröffnen.

*Selbst- und Methodenkompetenzen:* Durch die Tatsache, dass sich bei den individuellen Vorhaben die Wahlfreiheit auch auf die Themenwahl und Zielbestimmung erstreckt, bietet diese Studienform eine ideale Gelegenheit, um überfachliche Kompetenzen aus dem Bereich der Selbst- und Methodenkompetenz (vgl. Teil 1; Kapitel 2, S. 23) anzuwenden und weiterzuentwickeln. Ausgangspunkt der Arbeit ist eine offene, unstrukturierte Aufgabenstellung. Diese offene Ausgangslage muss von den Studierenden selbstständig in einen zielorientierten, systematisch strukturierten Arbeitsplan und in einen schrittweise realisierbaren Arbeitsprozess überführt werden. Der ganze Prozess soll möglichst selbstständig, aber methodisch reflektiert geschehen. Dadurch werden Kompetenzen gefordert und gefördert, die im Berufsfeld von grosser Bedeutung sind – beispielsweise Strukturierungsfähigkeiten und Zeitmanagementkompetenzen, um nur die wichtigsten herauszugreifen.

*Selbstreguliertes Lernen:* Individuell initiierte Vorhaben kommen sehr ausgeprägt einem zyklischen Modell des selbstregulierten Lernens entgegen.

**Zyklisches Modell des selbstregulierten Lernens (vgl. Reusser 2003)**

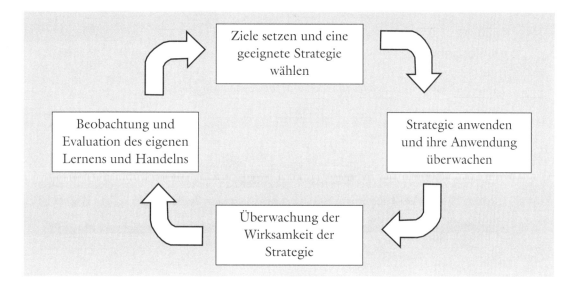

Dieses Modell zeigt die metakognitiven Prozesse auf, die ein produktives Lernen in Problemlöseprozessen kennzeichnen. Fachleute, die sich durch eine hohe Könnerschaft auszeichnen, steuern und überwachen ihre Problem- oder Aufgabenlösungen quasi automatisch nach den im Schema dargelegten Teilprozessen. Studierende und Berufsanfängerinnen und -anfänger haben diese Fähigkeiten erst zu entwickeln. Individuelle Vorhaben übernehmen in diesem Zusammenhang eine wichtige Funktion: Da hier die freie Wahl von Lern- und Arbeitszielen sowie von geeigneten Strategien von zentraler Bedeutung ist, entsteht ein anspruchsvolles, aber viel versprechendes Übungsfeld für diesen zyklischen Prozess.

*Haltung des forschenden Lernens:* Die Lernsituation bei den individuellen Vorhaben entspricht der des forschenden Lernens. Der Begriff «forschendes Lernen» wird in verschiedenen Kontexten mit leicht unterschiedlichen Bedeutungen verwendet. Ursprünglich ging es um ein Lernen durch Beteiligung der Studierenden an Forschungsaktivitäten. Das Konzept des forschenden Lernens wurde in den 1970er Jahren im Rahmen von Hochschulreformen entwickelt und hat seither diverse Diskussionen über Studienreformen beeinflusst, so z.B. auch die Entwicklung von Bachelor- und Master-Studiengängen und insbesondere die Bildungsreformen im Bereiche der Ausbildung von Lehrpersonen. Gefordert wird von verschiedener Seite, dass forschendes Lernen in der Hochschulbildung praktiziert und damit eine Haltung forschenden Lernens eingeübt werde (vgl. Wissenschaftsrat 2001, S. 34).

Das forschende Lernen entspricht der lerntheoretischen Erkenntnis, dass Wissen am effektivsten erworben wird, wenn der Prozess der Erkenntnisgewinnung beim Lernen aktiv vollzogen wird. Die Prozesse «Lernen von neuem Wissen» und «Entdecken von neuem Wissen» sollten nach Möglichkeit dieselbe Grundstruktur aufweisen. Diese Parallelität von Forschen, Lernen und Arbeiten ist gleichzeitig auf der Haltungsebene relevant: Die neugierige, forschende Haltung, die für die Bearbeitung der individuellen Vorhaben erforderlich ist, fördert eine solche Haltung auch gegenüber künftigen Situationen und Aufgaben im Berufsfeld.

## 3. Vorgehen

*Vorbereitender Schritt: Klärung der institutionellen Vorgaben*

Vorgaben und Regelungen, Merkblätter zu den Rahmenvorgaben, Beurteilungskriterien und zur Begleitung werden in der Institution erarbeitet (s. auch unten, Abschnitt «Instrumente»).

Die Studierenden erhalten eine kurze Einführung in die Ziele, die Rahmenvorgaben, den Zeitplan und die Beurteilungskriterien, an denen sich die Arbeiten orientieren sollen. Zudem wird die Form und Verfügbarkeit der Begleitung geklärt: Wie viel Beratungszeit steht für die einzelnen Studierenden zur Verfügung? Gibt es verbindliche Controllingpunkte?

**Struktur einer Wegleitung zum Vorgehen bei individuellen Vorhaben**

- Sinn, Funktion und Einbettung der Vorhaben im Studienplan,
- Arbeitsaufwand und entsprechende ECTS-Kreditierung,
- Anforderungen an die Konzeptskizze (s. unten, Abschnitt «Instrumente», Liste 1),
- Begleitungsmodalitäten, Rolle der Dozierenden,
- Fixpunkte/Controlling im Prozess (z. B. Besprechung der Themenskizze usw.),
- Abschluss der Arbeit,
- Bewertungsprozedere,
- Bewertungskriterien (vgl. unten, Abschnitt «Instrumente», Liste 2),
- Vorgaben zu Terminen (z. B. für alljährliche mögliche Eingabe- oder Abgabetermine).

*Schritt 1: Vorbesprechung der Idee, Erarbeitung der Konzeptskizze*

Die Studierenden suchen eine passende Begleitperson, entsprechend dem Themengebiet, in dem das Vorhaben angesiedelt ist. Studierende und Begleitperson treffen sich zu einem ersten Sondierungsgespräch. Anschliessend wird eine Konzeptskizze nach den geltenden Vorgaben erarbeitet (Erläuterung und Begründung des thematischen Schwerpunktes, Formulierung von Lernzielen und Leitfragen, Grobplanung des Vorgehens). Die Konzeptskizze wird der zuständigen Begleitperson eingereicht.

*Schritt 2: Erstbesprechung und Genehmigung der Konzeptskizze*

Im Erstgespräch wird die Konzeptskizze diskutiert. Offene Fragen werden geklärt und die Eckwerte für die weitere Arbeit verbindlich festgelegt. Die Eckwerte betreffen:

- die inhaltliche Grobstruktur,
- den groben Zeitplan (mit Meilensteinen und Standortbestimmungen),
- die Modalitäten der Begleitung.

*Schritt 3: Umsetzungsphase*

Die effektive Umsetzung des Vorhabens beginnt mit der inhaltlichen Feinplanung der Arbeit – verbunden mit einer Informationsrecherche (wobei unter Umständen auch Experten und Expertinnen beigezogen oder befragt werden können) und mit der Aufarbeitung inhaltlicher Grundlagen.

Während der Umsetzungsphase finden Gespräche mit der Begleitperson in der Regel auf Anfrage der Studierenden statt (im Umfang des vorgegebenen Zeitrahmens).

*Schritt 4: Standortbestimmungen/Zwischengespräche gemäss vereinbarten Meilensteinen*

Die im Grob- und Feinplanungskonzept des Vorhabens festgelegten Meilensteine helfen den Studierenden, den Prozess zu strukturieren. Solche Meilensteine können, je nach Grösse des Vorhabens, an einem oder an mehreren Punkten der Umsetzungsphase gesetzt werden.

Die Meilensteinüberprüfung (z. B. in Form einer Eingabe von Zwischenergebnissen) durch die Begleitperson dürfte vor allem wichtig sein für Studierende, die Mühe mit der eigenverantwortlichen Arbeitsplanung haben.

*Schritt 5: Ergebnispräsentation*

Das Endergebnis kann – je nach Zielsetzung des Vorhabens – verschiedene Formen annehmen (z. B. ein gestaltetes Objekt, ein Film, eine Computeranimation, ein Erfahrungsbericht, ein Forschungsbericht, eine Fallstudie usw.). Der Ergebnisform entsprechend, wird eine geeignete Präsentationsform gewählt (z. B. Referat, Ausstellung, Informationsmarkt usw.).

Der Kreis der Personen, denen das Ergebnis vorgestellt wird, sollte zu Beginn der Arbeit festgelegt werden (in Frage kommen: Mitstudierende, Interessenten aus anderen Kursen und Ausbildungsgängen, externe Personen). Eine spannende Version ist die Durchführung eines Kolloquiums, in dem sich die Studierenden den Fragen von Experten und Expertinnen oder von Personen aus dem Publikum stellen.

*Schritt 6: Beurteilung und Abschlussgespräch*

Die Beurteilung des Produktes geschieht durch die Begleitperson oder, je nach Abmachung, durch ein unabhängiges Beurteilungsgremium bzw. durch andere Dozierende. Wenn immer möglich, ist darauf zu achten, dass die Person, die für die Begleitung zuständig ist, nicht mit der Person identisch ist, welche die Beurteilung vornimmt.

Die Beurteilung richtet sich nach einem vorgegebenen bzw. vereinbarten Kriterienraster. In einem abschliessenden Feedbackgespräch wird die Beurteilung mit den Studierenden besprochen. In diesem Gespräch ist auch eine Gesamtevaluation des Lernprozesses vorzunehmen – mit einem Ausblick auf den weiteren Lernbedarf.

## 4. Instrumente und Umsetzungshilfen

Für individuelle Vorhaben gibt es grundsätzlich zwei Zeitpunkte im Prozess, bei denen eine Beurteilung vorgenommen wird: bei der Genehmigung der Konzeptskizze und bei der Schlussbeurteilung des Ergebnisses. Im Folgenden werden zwei Beurteilungshilfen skizziert; 1) eine Liste mit Beurteilungsgesichtspunkten für die Konzeptskizze und 2) eine Übersicht über die Beurteilungsebenen und die entsprechenden Kriterien für die Schlussbeurteilung.

## Beurteilungshilfen für individuelle Vorhaben

*Liste 1:* Beurteilungsgesichtspunkte für die Konzeptskizze

- Ist die Lernabsicht transparent? (Wird eventuell Bezug genommen auf eine vorangegangene Standortbestimmung?)
- Sind die Lern- und Arbeitsziele prägnant umschrieben?
- Entsprechen die Ziele den Ansprüchen des Studiengangs?
- Wird der Bezug zum Berufsfeld sichtbar?
- Werden die Ergebnis- und Erfolgskriterien benannt?
- Besteht ein realistischer, sinnvoll gegliederter Arbeitsplan? Wird der Zeitaufwand realistisch kalkuliert?
- Sind die formalen Anforderungen an die Themenskizze/an den Projektantrag (z. B. Vollständigkeit der Eingabe) angemessen berücksichtigt?

*Liste 2: Beurteilungsebenen und -kriterien des Endproduktes*

- *Konzept:* Originalität und Einmaligkeit der Idee, Fantasie und Vielfältigkeit der Überlegungen, Innovationswert und Eigenwilligkeit der Ansätze, intelligenter Umgang mit dem Thema, Experimentierfreudigkeit, Stringenz der konzeptionellen Überlegungen,
- *Prozess:* Intensität/Dichte/Engagement im Arbeitsprozess, Nachvollziehbarkeit der Entscheidungen im Arbeitsprozess, Konsequenz der Umsetzungen im Arbeitsprozess, Anwendung der Planungs- und Controllinginstrumente (Projektmanagement),
- *Resultat:* Gliederung und Gewichtung der Resultate, Relevanz des Themas (für Theorie und/oder Praxis), Kontextbezug, Originalität, (ästhetische, semantische, pragmatische) Kohärenz, Genderaspekte, Mittel- oder Methodeneinsatz,
- *Präsentation:* Strukturiertheit und Verständlichkeit des Vortrages, Relevanz der präsentierten Inhalte, Medieneinsatz und Visualisierungen, Informationsgehalt von Handouts und/oder Dokumentationen, Überzeugungskraft/Engagement,
- *Sozialkompetenz:* Kommunikationsfähigkeit, Teamfähigkeit, Konfliktfähigkeit, Steuerungsfähigkeit in Gruppenprozessen,
- *Selbst- und Methodenkompetenz:* Wahrnehmungsfähigkeit (Sensibilität und Beobachtungsfähigkeit), Reflexionsvermögen (Differenzierungsvermögen, Kontextwissen und -sensibilität, logisches Denken), Ausdrucksvermögen,
- *Gesamteindruck:* Vollständigkeit, Gesamteindruck.

Zu beachten:

- Die Kriterien müssen vor Beginn der Arbeit ausgehandelt und fixiert werden, es sind also nicht zwingend für jedes individuelle Vorhaben dieselben. Die Auswahl richtet sich nach dem Schwerpunkt und den angestrebten Zielen. So sind beispielsweise für ein Endprodukt in Form einer schriftlichen Arbeit andere Kriterien sinnvoll als für ein gestalterisches Erzeugnis.
- Individuelle Vorhaben sind in der Regel produktorientiert. Dies schliesst nicht aus, dass die Gestaltung eines Prozesses den zentralen Gegenstand des Vorhabens bilden kann. In diesem Falle umfasst das schriftliche Produkt die Dokumentation des Prozesses (inkl. Prozessevaluation und -reflexion). Neben der Ergebnisbeurteilung können zusätzlich auch Prozess- und Erlebnisreflexionen (z. B. in Form eines Lernberichtes) verlangt und in die Schlussbeurteilung mit einbezogen werden.

## 5. Stolpersteine

*Fehlende Kompetenzorientierung/Beliebigkeit des Lerngehaltes:* Charakteristisch für die individuellen Vorhaben ist u.a. die grosse Wahl- und Entscheidungsfreiheit, die den Studierenden bei der Suche nach einem geeigneten Vorhaben zugestanden wird. Diese Offenheit, die sich in der individuellen Ziel- und Themenfindung niederschlägt, ist mit der Gefahr einer inhaltlichen Beliebigkeit verbunden. Es werden Arbeiten gewählt, die den Studierenden aus irgendeinem Grund als interessant erscheinen, die aber unter dem Gesichtspunkt der Kompetenzerweiterung zu wenig reflektiert werden. Die Frage nach den Kompetenzen, die durch die Arbeit gefördert und weiterentwickelt werden sollen, steht bei den Studierenden gegenüber der Interessenfrage oft im Hintergrund. Der Kompetenzbezug müsste deshalb zu einem zentralen Kriterium sowohl bei der individuellen Wahl als auch bei der Bewilligung solcher Vorhaben werden.

*Überforderung durch zu wenig reflektierte Themenwahl:* Bei der Bewilligung von individuellen Vorhaben sollte das Augenmerk auf der Machbarkeit liegen: Ist der einkalkulierte Zeitrahmen realistisch für die sorgfältige Bearbeitung des Vorhabens? Ist es möglich, im vorgesehenen Rahmen zu einer in sich stimmigen und abgeschlossenen Arbeit mit genügend «Tiefenschärfe» zu gelangen? Ist eine sinnvolle Eingrenzung der Fragestellung möglich, oder besteht die Gefahr, sich in der Fülle von Informationen und verfügbaren Informationsquellen zu verlieren? Oft verleiten idealistische und euphorische Ziele dazu, sich zu viel zuzumuten. Die Studierenden laufen damit Gefahr, die Motivation zu verlieren und/oder Abstriche am Produkt zu machen, wenn der Zeitdruck zu gross wird. So werden zum Beispiel eine Fülle von Informationen zusammenzutragen und unverarbeitet aneinander gereiht. Deswegen gilt: Je höher die vorgesehene ECTS-Kreditierung, also je grösser der kalkulierte studentische Arbeitsaufwand, desto sorgfältiger und kritischer sollte der Antrag zum Vorhaben geprüft und eingestuft werden. Ein Misslingen der Arbeit kann bei hoher ECTS-Dotierung unter Umständen gar eine Verlängerung des Studiums zur Folge haben!

*Fehlendes Controlling – unbefriedigende Ergebnisse:* Die grossen Freiräume bergen immer auch die Gefahr, dass das Ergebnis ungewöhnlich mager ausfällt, sei es, weil die Arbeit nicht angemessen geplant oder weil der Arbeitsplan nicht seriös eingehalten wurde, sei es, weil erst im Verlaufe der Arbeit bestimmte Schwierigkeiten deutlich werden, die im Thema angelegt sind. Dies kann dazu führen, dass sich die Studierenden während der Arbeit «verrennen» und dass Aufwand und Ertrag schliesslich in keinem befriedigenden Verhältnis stehen. Zum Problem wird dies vor allem dann, wenn erst am Schluss des Prozesses sichtbar wird, dass die Ergebnisse zu dürftig ausfallen. Diesem Problem kann durch eine Begleitung vorgebeugt werden, die sich an klaren Meilensteinen und überschaubaren Arbeitsschritten orientiert.

*Konkurrenz zu andern Veranstaltungen:* Das Konkurrenzproblem, um das es hier geht, hat zwei unterschiedliche Facetten:

Zum einen geht es um das «Abziehen» von Energie aus anderen Veranstaltungen. Vorhaben und Projekte entwickeln gewissermassen einen «Energiesog». Manchmal kann die Motivation, sich im individuellen Vorhaben zu engagieren, so gross sein, dass darob die andern Lehrveranstaltungen zu kurz kommen. Im Hinblick auf den persönlichen Lernerfolg im entsprechenden Fachgebiet ist eine hohe Motivation der Studierenden zwar wünschenswert, diese kann sich aber für andere Studienbereiche auch negativ auswirken.

Zum andern können individuelle Vorhaben auch in einem grundsätzlicheren Sinne in Konkurrenz zu andern Projekten oder Lehrveranstaltungen treten: dann nämlich, wenn individuelle Vorhaben an Stelle von anderen Modulen gewählt werden. Dies kann unter Umständen dazu führen, dass die im Studienplan verankerten Studienangebote unter zu kleinen Studierendenzahlen leiden und – bei einer gesetzten minimalen Besucherzahl – nicht zustande kommen.

*Anspruchsvolle Begleitung:* Es ist anspruchsvoll, in der Begleitung von Studienvorhaben zwischen Respektierung der Entscheidungsautonomie der Studierenden und Interventionen, die ein Scheitern der Arbeit und frustrierende Erfahrungen verhindern, das richtige Mass zu finden. Werden die Studierenden während der Arbeit zu sehr sich selbst überlassen, kann dies dazu führen, dass sie sich «verrennen» und dass Aufwand und Ertrag schliesslich in keinem befriedigenden Verhältnis stehen.

Für begründete Fälle müssen innerhalb einer gewissen Spannbreite auch Abweichungen von verbindlichen Regelungen und Anpassung der Kriterien möglich sein. Dies erfordert eine gewisse Flexibilität von Studierenden wie von begleitenden Dozierenden, aber auch von der Ausbildungsinstitution. Eine vorsichtige und gut begründete Handhabung von Abweichungen ist unabdingbar, damit die Verbindlichkeit von Regelungen nicht durch vorschnelle Ausnahmegenehmigungen unterlaufen wird.

Für die Begleitung der Vorhaben müssen geeignete Rahmenbedingungen geschaffen werden. Die Dozierenden müssen über genügend Zeitressourcen verfügen, damit Fehlentwicklungen bei laufenden Arbeiten rechtzeitig erkannt werden können. Gerade in dieser Hinsicht spielen die Initialphase und die sorgfältige Begleitung während dieser Phase eine Schlüsselrolle für das Gelingen des Prozesses.

*Anspruchsvolle Beurteilung:* Die Beurteilung der individuellen Vorhaben ist – nicht zuletzt angesichts des grossen Spektrums von kreativen Möglichkeiten – anspruchsvoll. Besondere Bedeutung kommt der Transparenz im Bewertungsprozess zu, da gerade in die Bewertung von kreativen Arbeiten immer auch subjektive Perspektiven einfliessen. Wünschenswert für grössere Arbeiten wären zwei voneinander unabhängige Dozierende, wobei eine Person begleitet und die andere beurteilt. Denkbar ist auch eine abschliessende Beurteilung durch ein unabhängiges Beurteilungsgremium.

Für selbstgesteuerte Lern- und Arbeitsprozesse, wie sie in individuellen Vorhaben zum Ausdruck kommen, braucht es Offenheit für Lösungen, die anders ausfallen als ursprünglich geplant: Die Beurteilungskriterien sollten daher so verfasst sein, dass sie auch unvorhergesehene Ergebnisse ermöglichen. Beispielsweise sollte die Anpassung des Arbeitsplanes an unvorhergesehene Schwierigkeiten nicht nur als Mangel, sondern auch als positive Leistung gesehen und bewertet werden.

## Modell 7: Lern- und Übungsprojekte

### 1. Charakterisierung

Bei den Lern- und Übungsprojekten handelt es sich um Projekte, die bewusst mit Blick auf die beabsichtigten Lernprozesse und Lernergebnisse konzipiert sind. Die Aufgabenstellungen werden von den Dozierenden unter didaktischen Gesichtspunkten ausgewählt, wobei die folgenden drei Kriterien ausschlaggebend sind:

- Die Aufgaben sollen möglichst realitätsnah erscheinen.
- Die Komplexität der Aufgaben soll so dosiert sein, dass die Voraussetzungen der Studierenden angemessen berücksichtigt sind.
- Die durch die Projektarbeit angeregten Lernprozesse sollen zur optimalen Erfüllung der curricularen Lernziele beitragen.

**Was sind Projekte?**

Projekte sind komplexe, meistens interdisziplinär ausgerichtete Vorhaben, bei denen eine Aufgabenstellung/Problemstellung in einem befristeten Zeitraum bearbeitet wird. In der Regel wird ein konkretes, fassbares Ergebnis anvisiert, das für die Strukturierung des Lern- und Arbeitsprozesses bestimmend ist.

Damit von einem Projekt gesprochen werden kann, muss für den Arbeitsprozess und für das Arbeitsergebnis ein relativ grosser Gestaltungsraum vorhanden sein. Zudem muss der Lern- und Arbeitsprozess in hohem Masse selbstverantwortet geplant und realisiert werden.

Meist orientiert sich der Arbeitsverlauf an der Systematik des Problemlöseprozesses: Problemanalyse – Informationsrecherche – Entwicklung von Lösungsideen – Ausarbeitung eines Lösungsvorschlages – Bewertung der Lösung – Reflexion des eigenen Arbeitsprozesses. Je nach Studienrichtung gibt es adaptierte Phasenmodelle.

Die Bearbeitung eines Projektes erfolgt meist in Gruppen von zwei bis fünf Personen, die während der Dauer der Projektarbeit zusammenarbeiten, eher selten in Einzelarbeit.

Ein Projekt beginnt mit einer Planungsphase: Das Ziel (das beabsichtigte Ergebnis) wird präzisiert, die Voraussetzungen werden geklärt, die Ressourcen gesichtet, die Arbeitsschritte definiert und in einen Zeitplan gebracht, die Aufgaben und Ausführungsverantwortlichkeiten werden auf die beteiligten Personen verteilt usw. Erst wenn die Planungsphase abgeschlossen ist, d. h., wenn ein brauchbarer, hinreichend differenzierter Projekt- und Arbeitsplan vorliegt, folgt die Durchführungsphase. Diese ist beendet, wenn das anvisierte Ergebnis in zufrieden stellender Form realisiert ist (vgl. Mayrshofer/Kröger 2001).[40]

Je nach dem gestellten Ausgangsproblem erhält der Verlauf der Projektarbeit andere Akzente. Im Rahmen unserer Recherchen sind wir vor allem zwei Typen begegnet:

---

[40] Im Bereich der Kunst und Gestaltung sind auch prozessorientierte Formen denkbar, in denen diese Unterscheidung zwischen den beiden Phasen nicht so deutlich wird, wo also die beiden Phasen stark ineinander fliessen. Auch haben hier Einzelarbeiten oft einen ebenso hohen Stellenwert wie die Arbeit in Teams.

*1. Fallbasierte Projekte:* Ausgangspunkt ist ein wirklichkeitsnaher Problemfall, der unter Einbezug von verschiedenen (oft hypothetisch angenommenen) Kontextbezügen beschrieben wird. Der Projektauftrag besteht im Wesentlichen darin, für die in der Fallskizze dargelegte Problemaufgabe eine möglichst wirklichkeitstaugliche Lösung zu erarbeiten (Beispiel: Erarbeitung eines Marketingkonzeptes für ein Produkt, das nach der Markteinführung zu wenig Absatz gefunden hat). In der Regel steht bei diesem Projekttyp eher die theoretische Arbeit im Vordergrund: die Analyse des Ausgangsproblems und der Entwurf von Lösungsvorschlägen.

*2. Gestaltungs- und Konstruktionsprojekte:* Hier wird in der Regel eine Aufgabe gestellt, bei der das Endprodukt in einer allgemeinen oder konkreten Form vorgegeben ist. Das «Problem» besteht darin, das Endprodukt und/oder den Weg dorthin zu planen und auszuführen (Beispiel: Herstellung eines prototypischen Gegenstandes/Gerätes). Charakteristisch für diesen Projekttypus ist es, dass die praktische Realisierung einen wesentlichen Bestandteil des Auftrages bildet. Durch die praktische Ausführung können Rückmeldungen zur Funktionalität der entworfenen Lösungskonzepte gewonnen und die Erfahrungen für den Lern- und Arbeitsprozess genutzt werden.

## 2. Ziele und begründende Argumente

*Selbstständige Wissensaneignung:* (Fach-)Hochschulen haben den Auftrag, ihre Absolventinnen und Absolventen für die Arbeit in der heutigen Wissensgesellschaft vorzubereiten, indem die Studierenden dazu befähigt werden, sich das für aktuelle Problembearbeitungen benötigte Wissen selbstständig anzueignen. Projekte leisten einen wichtigen Beitrag zu diesem elementaren Qualifikationsprozess: Sie definieren einen Lernanlass, der dazu auffordert, das für die Zielerreichung benötigte Wissen selbst zu identifizieren und aus geeigneten Quellen abzurufen. Damit wird ein Handeln eingeübt, das für den heute geforderten «Wissensarbeiter» gewissermassen überlebensnotwendig ist. Gleichzeitig sind Projekte Anlässe zur wirkungsvollen Wissensnutzung, indem sie Situationen definieren, in denen das bereits erworbene Wissen zur Anwendung kommen muss. Ebenso wird – sozusagen nebenbei – bei der Recherchearbeit die Kompetenz zum effizienten Umgang mit den modernen Informationsmedien gefördert.

*Bedarfsorientierte Wissensproduktion und -anwendung:* Im projektbezogenen Lernen wird der Lehr-Lern-Prozess nicht durch eine vordefinierte Fachsystematik gesteuert, sondern durch die Logik eines mehr oder weniger komplexen Arbeits- und Problemlöseprozesses: Wissen wird dort «abgerufen», wo es benötigt wird, um die gestellte Aufgabe zu lösen. In diesem Sinne öffnet sich im Projekt eine pragmatisch-situationsbezogene Verstehenskategorie: Nicht das systematische Verstehen (d.h. das Verstehen eines Wissenselementes durch die Einordnung in das fachwissenschaftliche Begriffssystem oder durch die Ableitung aus einem kohärenten Theoriesystem) steht hier im Vordergrund, sondern das pragmatische Verstehen, das sich einstellt, wenn erfahren wird, wie das betreffende Wissen in einer konkreten Situation eingesetzt werden kann. Projekte sind in diesem Sinne immer auch gute Gelegenheiten, um interdisziplinäres Denken zu schulen.

*Sozialkompetenzen durch Teamarbeit:* Die Bearbeitung praxisnaher und komplexer Probleme, wie sie in Projekten gefordert ist, macht in der Regel Teamarbeit notwendig: Es wird gemeinsam über eine gewisse Zeitdauer hinweg in stabil zusammengesetzten Gruppen gearbeitet. Der Produktentstehungs- oder Problemlöseprozess kann deshalb den klassischen Gruppenentwicklungsphasen entlang verlaufen (Phasen der *Orientierung,* der *Normsetzung,* der *Konflikte,* der *Produktivität,* der *Auflösung* (vgl. Stanford 2000) und bietet dabei gute Chancen, die Kooperations-, Konflikt- und Kommunikationsfähigkeiten (Sozialkompetenzen) zu erweitern. Solche Teamkompetenzen sind in der heutigen Arbeitswelt von grosser Bedeutung – nicht zuletzt angesichts der Erkenntnis, dass sich komplexe Probleme nur gemeinsam umfassend erkennen und lösen lassen.

*Basisfertigkeiten im Bereich des Projektmanagements:* Projekte bieten den Studierenden eine Übungsmöglichkeit für den Erwerb von Basisfertigkeiten im Bereich des Projektmanagements. Zu diesen Fertigkeiten gehört der kritische Umgang mit Informationen, Zeit und Ressourcen. Weitere Teilkompetenzen, die in der Projektarbeit erworben werden, lassen sich anhand der verschiedenen Phasen des Problemlöseprozesses aufzeigen: Zu Beginn des Projektes – wenn es darum geht, das Problem richtig zu erfassen – werden Analysefähigkeiten geschult. Bei der Generierung von Lösungsmöglichkeiten werden Recherchierfähigkeit und sachbezogene Kreativität verlangt. In der Entscheidungsphase kommen Strategien der individuellen und/oder der gemeinsamen Entscheidungsfindung zur Anwendung. In der praktischen Umsetzungsphase, wie sie beispielsweise in den Gestaltungs- und Konstruktionsprojekten gefordert ist, haben die Studierenden die Gelegenheit, praktische und methodische Fertigkeiten zu üben und zu vertiefen. Eine besondere Bedeutung kommt schliesslich der Evaluation zu: In der Regel wird hier nicht nur das Lösungsprodukt, sondern auch der Teamprozess evaluiert, es werden also Beurteilungsfähigkeiten und gleichzeitig auch Feedbackkompetenzen geschult.

*Bedeutsames Lernen durch hohen Realitätsbezug:* Projektarbeiten wirken sich in der Regel auf die Lernmotivation der Studierenden positiv aus – insbesondere durch die Realitätsnähe der Aufträge oder durch den hohen Grad an Selbstständigkeit, der bei der Realisierung der Projektarbeit gefordert ist. Zudem wird bei Projekten meist ein fassbares, nach aussen sichtbares Produkt geschaffen, das zum individuellen Lernwert hinzutritt: Projekte schaffen damit die Möglichkeit, die eigenen Fähigkeiten für andere Personen sichtbar zu machen. Dies ist nicht zuletzt unter sozial-kommunikativem Gesichtspunkt bedeutend: Man kann sich im Projektergebnis präsentieren und auf ein gelungenes Projekt stolz sein. Falls in Lern- und Übungsprojekten dieselbe Aufgabenstellung von mehreren Arbeitsgruppen parallel zueinander bearbeitet wird, entsteht zudem eine gewisse Konkurrenzsituation; dies kann sich als ein zusätzlicher Anreiz auswirken. Schliesslich sprechen Projekte ein anderes Fähigkeitsspektrum an als andere Lehrformen, was Studierende, die sich vom herkömmlichen Unterricht weniger angesprochen fühlen, motivieren kann.

## 3. Vorgehen

*Vorbereitender Schritt: Einbettung des Projektmoduls im Studiengang und Klärung der Rahmenvorgaben*

Es gibt zwei Grundmuster (und abgeleitete Varianten) für die Einbettung von Projektmodulen in den Studienplan:

- *Grundmuster 1:* Als Projektgefäss dient ein festes Zeitgefäss im wöchentlichen Rhythmus – parallel zu den andern Veranstaltungen (z. B. ein halber, ein ganzer Tag oder zwei pro Woche)
- *Grundmuster 2:* Als Projektgefäss dient eine Blockveranstaltung (z. B. am Anfang oder am Ende des Semesters, z. B. *Winter* und *Summer Schools*)

Nach der organisatorischen Einbettung des Projektmoduls werden die curricularen und didaktischen Grundentscheidungen getroffen: (a) Das Themengebiet wird umrissen bzw. eingegrenzt; (b) es wird eine geeignete Problemaufgabe/Problemstellung gesucht oder konstruiert; (c) die Lernziele werden so umschrieben, dass sie als Orientierungshilfen für die Studierenden dienen können.

Die Rahmenvorgaben für den Prozess und für das Schlussprodukt werden festgelegt. Leitfragen sind: Was ist verbindlich? Welchen Anforderungen muss das Produkt genügen? Welches sind die Beurteilungskriterien für Prozess und/oder Produkt (s. unten, Abschnitt «Instrumente»)?

*Schritt 1: Startveranstaltung (Kick-off)*

In der ersten Veranstaltung wird in die Projektaufgabe eingeführt. Die Projektgruppen werden formiert. Die Gruppen können sich selbstorganisiert bilden, oder aber sie werden nach bestimmten Kriterien von den Dozierenden zusammengesetzt.

Die Startveranstaltung dient auch der Einführung in die allgemeinen Planungsgrundlagen: Es werden die Informationen zum Grobplan vermittelt (Übersicht über verbindliche Daten, über Fixpunkte usw.) und zu den verbindlichen Rahmenvorgaben. Zudem wird Transparenz in Bezug auf den Beurteilungsprozess und die Beurteilungskriterien geschaffen.

*Schritt 2: Arbeitsplanung in den Projektgruppen*

In den einzelnen Projektgruppen wird ein detaillierter Arbeitsplan zur Bearbeitung der Problemaufgabe erstellt, ebenso wird der Plan zur gruppeninternen Arbeitsorganisation, d. h. zu den unterschiedlichen Zuständigkeiten der Gruppenmitglieder, ausgehandelt. Der Arbeitsplan richtet sich nach den vorgegebenen Zielen des Projektmoduls, nach den Daten für Begleitveranstaltungen oder -treffen sowie nach den spezifizierten Zielen und Schwerpunkten der einzelnen Arbeitsgruppen.

In der Regel bildet die Besprechung und Genehmigung des detaillierten, von der Gruppe erstellten Arbeitsplanes mit den zuständigen Dozierenden den Abschluss der Planungsphase.

*Schritt 3: Projektarbeit nach Plan*

In der Regel stehen zwei Komponenten im Zentrum der Projektarbeit:

- *Aufarbeitung der Informationsgrundlagen* (inkl. Informationsrecherche): Die Informationsbeschaffung gehört zu den zentralen Aufgaben der Projektgruppe und bildet einen wesentlichen Bestandteil der Projektarbeit.
- *Die Gestaltung des Schlussproduktes:* Aufbauend auf der Informationsrecherche, wird das Produkt gestaltet, das der Aufgabe und den in den Rahmenvorgaben festgelegten Ergebnisanforderungen und -kriterien entspricht. Das Ergebnis muss in eine präsentierbare Form gebracht werden und mündet meist in die Vorbereitung einer kürzeren oder längeren Präsentationssequenz.

Die Begleitung des Arbeitsprozesses richtet sich einerseits nach den Bedürfnissen der Arbeitsgruppe und anderseits nach der im Projektplan vorgesehenen Verfügbarkeit der Dozierenden. Wichtige Elemente der Projektbegleitung sind Zwischenpräsentationen, Controlling- und Standortgespräche und thematische Veranstaltungen.

*Schritt 4: Projektabschluss*

Am Ende der Arbeit steht die Abschlusspräsentation, meist vor der gesamten Modulgruppe, eventuell mit Diskussion und Feedback der Mitstudierenden. Die begleitenden Dozierenden bewerten Produkt, Präsentation, eventuell Dokumentation und Prozess (Arbeitsprozess, Gruppenprozess). Ihre Beurteilung besprechen sie mit der Projektgruppe. Bei einer Benotung werden die Noten mit schriftlichen und u. U. ergänzenden mündlichen Kommentaren abgegeben.

**Datengrundlage für die Beurteilung von Projektarbeiten**

In der folgenden Übersicht sind die Fragen, die sich für die Beurteilung von Projekten stellen, und die möglichen Datengrundlagen für die Beurteilung von Projekten dargestellt (in Anlehnung an Blom 2000, S.101).

| | | Was wird beurteilt? | |
|---|---|---|---|
| | | **Produkt** (Beurteilende Personen sind i. d. R. Coach oder Fachleute) | **Prozess** (Beurteilende Person ist i. d. R. der Coach) |
| **Wer wird beurteilt?** | **Individuum** | Individuelles Sachwissen zur Produktentstehung (Prüfung) Individueller Anteil an der Präsentation | Persönliches Logbuch Persönliches Portfolio Beobachtungen des individuellen Verhaltens (eventuell durch Mitstudierende?) |
| | **Gruppe** | Produkt Präsentation oder Gruppenproduktbericht bzw. Dokumentation | Gruppenlogbuch inkl. Protokolle Prozessbericht der Gruppe Beobachtungen des Gruppenprozesses |

## 4. Instrumente und Umsetzungshilfen

Im Folgenden sind zwei Instrumente aufgeführt: Eine Zusammenstellung wichtiger Rahmenvorgaben, die bei der Vorbereitung eines Projektes durch die Dozierenden geklärt/festgelegt werden müssen, und eine Checkliste, in der die Punkte beschrieben werden, die zu Beginn der Projektarbeit von den einzelnen Projektgruppen im Sinne eines gruppeninternen Arbeitskontraktes zu regeln sind.

### Rahmenvorgaben für Lernprojekte

- Übersicht über die strukturell verankerten Zeitgefässe (z.B. wöchentliche Zeitgefässe, die den Studierenden für die Projektarbeit zur Verfügung stehen: pro Semester ein halber, ein ganzer Tag oder bis zu zwei Tagen).
- Übersicht über die verbindlichen Projektveranstaltungen (z.B. Kick-off-Veranstaltung, Zwischenpräsentationen und Controllinggespräche; Abschlusspräsentation).
- Verfügbarkeit der begleitenden Dozierenden für individuelle/gruppenbezogene Beratungen (wie viel Beratungszeit steht für die Arbeitsgruppen zur Verfügung?).
- Themenbezogene Veranstaltungen, die im Verlauf des Projekts angeboten werden (vertiefende Ausführungen zu einzelnen Aspekten des aktuellen Projektthemas; diese Veranstaltungen können durch den Dozenten/die Dozentin sowie durch beigezogene Expertinnen und Experten gestaltet werden).
- Bei Projektarbeiten, die durch den Dozenten/die Dozentin vorstrukturiert sind: verbindliche Zwischenziele, die für die Projektarbeit gelten.

### Checkliste für Vereinbarungen und Regelungen innerhalb der Projektgruppen

*Arbeitsregeln*
- Wer leitet? Wer führt Protokoll?
- Wie sieht das aktuelle Tagesprogramm aus: Inhalte? Termine? Arbeitsorte?

*Protokollführung*
- Wer ist verantwortlich für das Logbuch (Gruppentagebuch)?
- Wie oft werden Protokolle geschrieben? Was müssen Protokolle enthalten?

*Informationsfluss an die Dozierenden*
- Wie und wann erhalten die Dozierenden nötige Informationen/Protokolle?

*Projektcontrolling*
- Welches sind die Anforderungen an den Informationsfluss und die Protokolle von Seiten der Dozierenden?

*Einbezug der begleitenden Dozierenden*
- Welche Gründe rechtfertigen es, Begleitdozierende einzubeziehen?
- Wie werden Begleittreffen mit Dozierenden arrangiert? Wie lang dauern sie maximal?

*Projektdokumentation*
- Wie soll die Projekt-Dokumentation aussehen?
- Erfüllt die geplante Dokumentation die Anforderungen aus der Sicht der Institution (Archivierung)?
- Erfüllt sie die Anforderungen aus der Sicht der Studierenden (Dokument fürs persönliche Portfolio)?

*Projektpräsentation und -beurteilung*
- Wie gross ist der Umfang/Zeitaufwand? Wer ist das Publikum?
- Welches sind die Kriterien für eine gelungene Präsentation? Für ein gelungenes Projekt?
- Wie verläuft das Beurteilungsprozedere? Wo sind die Verantwortlichkeiten? Welche Rolle spielen die Dozierenden?

## 5. Stolpersteine

*Unangemessene Intervention von Seiten der Dozierenden:* Die Erfahrung zeigt, dass die Studierenden zu Höchstleistungen fähig und bereit sind, sofern es gelingt, die Eigenmotivation für die Produkterarbeitung zu wecken und die Verantwortung für das Projektergebnis an die Studierenden abzugeben. Angesichts der Lernbiografien der Studierenden kann dies eine anspruchsvolle Herausforderung sein – vor allem zu Beginn des Studiums, wenn bei den Studierenden noch eine passive Erwartungshaltung überwiegt und noch wenig Bereitschaft für die geforderte Eigenverantwortung sichtbar wird. Von Seiten der Dozierenden braucht es einerseits Geduld, wenn Arbeit und Engagement der Studierenden nicht den Erwartungen entsprechen; anderseits kann es aber auch wichtig sein, richtig dosiert einzuschreiten, wenn etwas falsch läuft. Das Einschreiten muss früh genug erfolgen und angemessen platziert sein, damit die Motivation zur Zielerreichung erhalten bleibt bzw. durch die Intervention nicht eingeschränkt wird.

*Einsatz der Studierenden – Abzug des Engagements aus anderen Lehrveranstaltungen:* Für ein Projektmodul wird von den Studierenden hoher Einsatz verlangt. In der Realität zeigt es sich, dass zumindest ein Teil der Studierenden auch tatsächlich bereit ist, viel Zeit und Energie zu investieren. Allerdings kann das, was für das einzelne Projekt hoch erwünscht ist, gleichzeitig für die restlichen Veranstaltungen zu einem Problem werden, weil die Studierenden Zeit und Energie von anderen Modulen abziehen, um sich ganz um «ihr» Projekt zu kümmern.

*Planungs- und Motivationskonflikte bei mehreren parallel laufenden Projekten:* Erfahrungen in projektorientierten Studiengängen zeigen, dass die Studierenden an ihre Grenzen kommen, wenn zu viele Projekte parallel laufen. Den Studierenden kann es dann schwer fallen, die Übersicht über die anstehenden Projektaufgaben zu behalten. Hinzu kommt, dass sich Zeit und Energie, die für ein Projekt aufgewendet werden, in der Regel nicht stundenplanmässig fixieren lassen und Projekte die Aufmerksamkeit bzw. die mentale Ausrichtung weit über den normalen Studientag hinaus absorbieren. Bei mehreren Projekten, die gleichzeitig laufen, kann dies zu Problemen führen, die sich auf persönlicher Ebene äussern (Stress) und unter Umständen die Qualität der Arbeit in den Projekten beeinträchtigen.

*Fehlende Transparenz über die Vorgaben und Verbindlichkeiten:* Thema, Aufgabe, Lernziele, Kriterien müssen klar formuliert sein und für die Studierenden eine verlässliche Orientierungsbasis darstellen. Denn das Lösen komplexer Probleme, wie dies für Projektaufgaben typisch ist, schafft genug Komplexität, Unstrukturiertheit und Unsicherheit: Es sollen keine unnötigen Erschwernisse durch unklare Vorgaben hinzukommen. Zu beachten ist in diesem Zusammenhang, dass unerwartete und nicht kalkulierbare Änderungen in den Rahmenbedingungen als fremdbestimmte Eingriffe in den vereinbarten Autonomieraum erlebt werden. Solche Eingriffe lösen Frustrationsreaktionen aus und wirken in hohem Masse demotivierend.

*Hoher Anspruch an die Coachingfunktion der Dozierenden:* Einerseits geht es darum, mit eigenen Ideen und eigenem Wissen sehr zurückhaltend zu sein, das heisst, auf belehrende Interventionen zu verzichten und im Begleitprozess eine fragend-moderierende Haltung in den Vordergrund zu stellen. Es sollte auf jeden Fall vermieden werden, dass das Produkt die Handschrift der begleitenden Dozierenden trägt. Andererseits ist bei der Projektbegleitung das bekannte Dilemma zwischen den beiden Rollen der Beratung und der Beurteilung virulent. In der Praxis kann dieser Konflikt zum Teil gelöst werden, indem die Begleitpersonen nicht dieselben Projekte beurteilen, die sie selbst in beratender Funktion begleiten. Diese Lösung ist vor allem dann einfach realisierbar, wenn mehrere Projektgruppen parallel arbeiten und mehrere Begleitpersonen im Einsatz stehen.

# 8. Echtprojekte (Auftragsprojekte)

## 1. Charakterisierung

Projekte sind einmalige, oft komplexe, meistens interdisziplinär ausgerichtete Vorhaben, bei denen eine Problemstellung in einem befristeten Zeitraum bearbeitet und einer Lösung zugeführt wird (vgl. Modell 7: Lern- und Übungsprojekte).[41] Echtprojekte sind eine spezielle Form von Projekten: Sie haben als wesentliches Merkmal im Unterschied zu Lern- und Übungsprojekten immer eine Kundschaft, nämlich eine Person oder eine Institution, die für ein reales Problem aus der Praxis eine Lösung sucht. Dieser Aspekt prägt den gesamten Projektverlauf, und zwar in folgendem Sinne:

- Die Auftraggebenden (Kunden) des Projekts stehen den Lernenden für Auskünfte, Diskussionen und Feedback zur Verfügung.
- Die Lernenden müssen die Kundschaft verstehen, d. h. herausfinden, welches das wirkliche Anliegen ist, das hinter dem Projektauftrag steht.
- Die Analysen und Lösungsvorschläge müssen gegenüber der Kundschaft adressatengerecht und nachvollziehbar präsentiert werden.[42]

### Charakteristik von Echtprojekten

*Ernstcharakter:* Da es sich um Aufträge handelt, die auf eine echte, ausserschulische Problemsituation Bezug nehmen, müssen Lösungen entwickelt werden, die sich in der realen (beruflichen) Praxis zu bewähren haben. Gleichzeitig spielt auch der ökonomische Aspekt eine nicht unbedeutende Rolle: Einerseits ist die Durchführung von Echtprojekten für die Kundschaft mit finanziellen Aufwendungen verbunden; andererseits müssen sich auch die erarbeiteten Lösungen unter ökonomischem Gesichtspunkt bewähren.

*Auftragsklärung:* Die Ziele der Kundschaft sind selten eindeutig, sie müssen in der ersten Projektphase – im engen Kontakt mit der Kundschaft – entwickelt werden und können sich auch aufgrund von Erkenntnissen, die im Projekt gewonnen wurden, während des Projektverlaufs ändern. Deshalb ist es oft nicht sinnvoll, die Echtprojekte bei Projektbeginn zu detailliert zu planen, weil Änderungen des Ziels auch Änderungen im Projektablauf zur Folge haben.

---

[41] Um Wiederholungen aus dem Kapitel «Lern- und Übungsprojekte» zu vermeiden, in dem eine allgemeine Charakterisierung von Projekten vorgenommen wurde, werden in diesem Kapitel vorwiegend die Besonderheiten der Echtprojekte beschrieben.

[42] Die Ausbildung an der Universität Aalborg (Engineering Education) basiert seit 1974 auf dem Modell des projekt- und problembasierten Lernens, Kjersdam spricht von «project-organized and problem-based engineering education» (1994). Die Konzeption des Studienganges BauProzessManagement (BPB) der ehemaligen FHA entlang von Echtprojekten geht auf das Aalborger Modell zurück.

In Echtprojekten geht es darum, ein reelles Problem so zu bearbeiten, dass eine funktionsfähige Lösung entsteht, die sich in der Wirklichkeit (im betreffenden Arbeitsumfeld) tatsächlich bewährt. Das Lernen hat in dieser Arbeitsform insofern einen untergeordneten Charakter, als es immer im Dienste der Sache bzw. der Lösungsfindung und -realisierung steht. Dies bedeutet, dass die Prozessgestaltung in erster Linie auf den Sachanspruch der Problemlösung ausgerichtet ist; dem Lernen, beispielsweise in Form von Informationsaneignung oder in Form von kreativer Ideengenerierung, wird vor allem dort Raum gegeben, wo die Problemlösung dies erforderlich macht.

Eine prägnante Beschreibung von Echtprojekten und des Lernprozesses, der mit der Ausführung von Echtprojekten verbunden ist, wurde von Otmar Donnenberg (1999) im Zusammenhang mit dem sogenannten *Action Learning* vorgelegt. Demnach sind die folgenden Elemente für diese spezielle Form des Lernens charakteristisch:

- Personen unternehmen es,
- reale, schwierige Aufgaben zugunsten Dritter
- im Arbeitskontext auszuführen,
- reflektieren darüber mit Lernpartnern,
- führen Auswertungen durch von Verlauf und Ergebnis,
- lernen zu lernen und
- nutzen die Unterstützung eines «Lernberaters» (Donnenberg 1999, S. 62).

## 2. Ziele und begründende Argumente

*Lernerfahrung im und für den Arbeitskontext:* In Echtprojekten werden die Studierenden praxisnah auf ihre zukünftige Berufstätigkeit vorbereitet. Sie erleben, dass sie sich in einem Arbeitskontext bewähren und das Gelernte unmittelbar nutzbringend anwenden können. Da das Lernen unmittelbar arbeits- und funktionsbezogen abläuft, fällt die übliche Transferproblematik (Trennung von schulischem Lernen und Übertragung des Gelernten auf die komplexe ausserschulische Praxis) grösstenteils weg.

Aufgrund der direkten Praxisbezüge erweitern Echtprojekte die Lernfelder über das fachliche Lernen hinaus. Den Studierenden wird die Bedeutung von überfachlichen Kompetenzen vor Augen geführt (z. B. Zusammenarbeit im Team; adressatengerechte, kundenorientierte Kommunikation). Sie lernen, sich in unbekannte Gebiete einzuarbeiten – beispielsweise, indem man nutzbringende weiterführende Fragen stellt. Zu diesem Zweck müssen die Studierenden nicht nur ihre Analysefähigkeit erweitern, sie müssen auch lernen, mit Unsicherheit umzugehen – eine Fähigkeit, der gerade in technisch/naturwissenschaftlichen Ausbildungen und Berufen eine grosse Bedeutung zukommt.

*Projektmanagement als überfachliches Lernfeld:* Echtprojekte sind exzellente Möglichkeiten, um Lernerfahrungen im Bereich des Projektmanagements zu gewinnen. Sie sind so anspruchsvoll, dass sie ohne sorgfältiges Projektmanagement kaum zum Erfolg führen.

## Projektmanagement: Lernmöglichkeiten in Echtprojekten

- Methoden des Projektmanagements kennen und anwenden lernen,
- Auftragsklärung,
- Unterteilung des Projekts in Phasen,
- Strukturierung des Projekts in Arbeitspakete,
- Zeitmanagement: Schätzen der Arbeitszeit für Arbeitspakete, Abstimmen von geschätztem Aufwand und zur Verfügung stehenden Ressourcen,
- Feinplanung des Projektablaufs,
- Controlling des Projektablaufs,
- Risiken einschätzen und Massnahmen vorsehen,
- Teamentwicklung,
- Kontakt zum Kunden pflegen.

*Kundenfeedback als nachhaltig wirksames Instrument des Lernens:* In Echtprojekten spielt das Kundenfeedback eine zentrale Rolle. Dieses bezieht seine besondere Glaubwürdigkeit und Wirksamkeit aus der Tatsache, dass es aus der Praxis und nicht aus dem pädagogischen Kontext stammt. Dadurch kann es wesentlich lernwirksamer sein als entsprechende Hinweise von Dozierenden.

*Hoher Motivationsgehalt der Echtsituation:* Echtprojekte sind hoch motivierend, weil die Lernenden etwas zustande bringen möchten, das der Kundschaft wirklich nützt. Es sind (Lern-)Anlässe, in denen die eigene Wirksamkeit erfahren werden kann. In Echtprojekten erleben sich die Studierenden als Produzierende von Lernergebnissen und gleichzeitig auch als Herstellende von nützlichen Problemlösungen, die im realen Kontext – bei erfolgreicher Projektabwicklung – von den auftraggebenden Personen auch geschätzt werden. Zudem entstehen Lösungen, die allen Beteiligten (auch der Kundschaft und den Dozierenden) unbekannt sind: Kreativität erscheint hier nicht nur als «Spielwiese», sondern als zweckgerichteter Teil des Arbeitsprozesses. Echtprojekte sind Fenster, die einen Blick ermöglichen auf die Ernstsituation, die im Anschluss an die Ausbildungszeit auf die Studierenden wartet. Dies vermag zusätzlich Motivation zu erzeugen, die sich auf den ganzen Ausbildungsprozess positiv auswirken kann.

## 3. Vorgehen

*Vorbereitender Schritt: Projektakquisition*

Die Suche nach geeigneten Projektaufgaben mit externen Kunden muss professionell angegangen werden. Für eine Hochschule empfiehlt sich die Einrichtung einer zentralen Stelle, welche die Projekte für die unterschiedlichen Studiengänge gemeinsam akquiriert. Diese Stelle muss die Bedürfnisse und Möglichkeiten der einzelnen Studiengänge kennen und kann sowohl geeignete Projekte für einzelne Studiengänge als auch interdisziplinäre Projekte akquirieren, die von mehreren Studiengängen (mit gemischten Projektteams) bearbeitet werden können.

Die Terminvorstellungen der Kundschaft passen selten zur Jahresstruktur einer Schule; darum muss die Fachstelle die Terminwünsche der Kunden mit den Möglichkeiten der Hochschule abstimmen.

*Schritt 1: Bildung von Projektgruppen*

Üblicherweise werden die Projektthemen ausgeschrieben, und die Lernenden melden ihr Interesse für eine Projektarbeit an oder für mehrere – in diesem Fall nach Priorität geordnet. Da es kaum möglich sein wird, allen Studierenden Zugang zum Projekt ihrer ersten Wahl zu verschaffen, ist die Zuteilung eine potenzielle Quelle von Unzufriedenheit. Darum lohnt es sich, den Zuteilungsprozess mit den verwendeten Kriterien klar zu beschreiben und Transparenz über das Zuteilungsprozedere zu schaffen.

## Checkliste für die Zuteilungsplanung

- Zu welchem Zeitpunkt findet die Zuteilung statt?
- Wie melden die Studierenden ihre Prioritäten an?
- Wer macht die Zuteilung? (Z. B. ein Team aus Lehrgangsleitung, Dozierenden und Studierenden.)
- Wie viele Arbeitsplätze bietet ein Projekt an?
- Werden die Studierenden so zugeteilt, dass alle Projekte durchgeführt werden, oder können einzelne Projekte fallen gelassen werden?
- Nach welchen Kriterien wird in welcher Reihenfolge zugeteilt? (Z. B. Prioritäten der Studierenden, Plätze pro Projekt, Teamzusammensetzung.)

Gute Erfahrungen werden gemacht mit Teamgrössen von etwa 4 bis 6 Lernenden. Zudem ist eine möglichst heterogene Teamzusammensetzung vorteilhaft. Mögliche Kriterien für die Gruppenbildung sind: Studienrichtung, Berufserfahrung, Geschlecht, Persönlichkeitsprofil (eventuell in einem Teamtypentest erhoben), Zusammenarbeit in früheren Projekten, begleitende Dozierende in früheren Projekten.

*Schritt 2: Aufgabenstellung und Zielvereinbarung*

Häufig hat die Kundschaft nur eine Projektidee und noch keine klare Vorstellung einer konkreten Aufgabenstellung. Die Konkretisierung der Projektidee muss dann selbst geleistet werden. Es sind verschiedene Möglichkeiten denkbar, wie die Projektidee konkretisiert werden kann:

- Fachstelle und Kunde klären in Vorarbeit die Aufgabenstellung und passen sie den Möglichkeiten der Schule und der Lernenden an. In dieser Phase tritt nur die Fachstelle in Kontakt mit der Kundschaft. Das Resultat ist eine vom Kunden mitgestaltete und ein Stück weit geklärte Aufgabenstellung.
- Das gesamte Projektteam tritt in Kontakt mit der Kundschaft und ist bei der Konkretisierung der Aufgabenstellung von Anfang an dabei. Hier trifft man häufig auf die (lehrreiche) Situation, dass aus der vagen Projektidee des Kunden erst durch intensive Gespräche (die richtigen Fragen stellen) eine konkrete Aufgabenstellung

resultiert. Dieser Prozess kann für das Projektteam sehr motivierend sein, da es schon die Formulierung der Kundenwünsche aktiv mitgestaltet.

### Schritt 3: Erarbeitung des Projektplanes

Es ist didaktisch sinnvoll und für das Erreichen des Ziels sehr förderlich, das Projekt auf mehreren Prozessebenen (Sach-, Dokumentations-, Management-, Beziehungs-, Reflexions- und Kulturebene) zu planen und diese Dimensionen miteinander zu verbinden. Die transparente Darstellung der verschiedenen Ebenen auf einer grossen Prozesswand ist hilfreich, weil dadurch das Team immer die unterschiedlichen Aspekte vor Augen hat. Auf diese Weise wird beispielsweise sichtbar, wenn gewisse Ebenen in Druck- und Stresssituationen vergessen gehen. Fragen drängen sich auf: Warum ist die Managementebene auf der grossen Prozesswand so leer? Gibt es in diesem Projekt so wenig zu entscheiden?

Es müssen nicht in jedem Projekt alle Ebenen zwingend berücksichtigt werden. So empfiehlt es sich, im ersten Projekt mit wenigen Ebenen zu starten und mit zunehmender Projekterfahrung der Lernenden diese schrittweise zu ergänzen. Die folgenden vier Ebenen sollten auf jeden Fall in der Planung und Dokumentation berücksichtigt werden: 1) Reflexionsebene, 2) Managementebene, 3) Sachebene und 4) Beziehungsebene.

### Schritt 4: Arbeiten am Projekt

Für die Arbeit am Projekt empfiehlt es sich, mindestens ein gemeinsames Zeitfenster pro Woche für die Projektgruppe vorzusehen. Je nach zeitlichem Anteil der Echtprojekte im Studiengang (denkbar sind Modelle von 20 Prozent bis zu 100 Prozent) können z. B. ein bis zwei Tage pro Woche ausschliesslich für die Arbeiten am Projekt reserviert werden. Jedes Projektteam erhält idealerweise einen eigenen Gruppenarbeitsraum, der ihm zur Verfügung steht. Alles gesammelte und erarbeitete Material und die gesamten Dokumentationen stehen dort permanent zur Verfügung (nicht nur während der festgelegten gemeinsamen Arbeitszeit).

### Schritt 5: Bilanzierung von Projektabschnitten: Reviews

Ein wichtiges und bewährtes Steuerungsinstrument des Projektverlaufs sind die *Reviews* oder Zwischenpräsentationen. Sie finden nach einem bestimmten Zeitabschnitt (z. B. nach einem Drittel oder nach der Hälfte der Projektdauer) zur Zwischenbilanzierung statt. Dabei präsentiert das Projektteam den Stand der Arbeiten mit den bisher erreichten Ergebnissen einem «Reviewteam» – eventuell in Anwesenheit eines grösseren Publikums (anderer Projektteams, Dozierender, der Kundschaft usw.) – und stellt sich einer Diskussion. Das Reviewteam, das sich aus externen Fachleuten und der jeweiligen Begleitperson zusammensetzt, gibt dem Projektteam im Anschluss an die Präsentation ein mündliches Feedback und erstellt einen schriftlichen Bericht. Bei diesen Anlässen wird auch die Kundschaft eingeladen und um ein Feedback gebeten. Neben der Fachkompetenz werden auch ausgewählte Sozialkompetenzen beobachtet und kommentiert.

Sehr oft überarbeiten die Teams nach einer Review ihren Projektplan. Die Schritte 3, 4 und 5 des hier beschriebenen Verfahrensmodells laufen meist in mehreren Schleifen ab und sind nicht als linearer Prozess zu verstehen. Manchmal werden nach Reviews sogar die Ziele nochmals überarbeitet (Schritt 2).

*Schritt 6: Abschluss der Projektarbeit/Ergebnispräsentation*

Am Ende der Projektarbeit findet die Ergebnispräsentation statt, die ähnlich aufgebaut ist wie eine Review. Hier werden die «Produkte» und erreichten «Ergebnisse» präsentiert. Dazu gehört eine vollständige Dokumentation über alle berücksichtigten Prozessebenen. Das Reviewteam erstellt einen schriftlichen Abschlussbericht, der auch in die Evaluation des ganzen Projektes einfliesst.

*Schritt 7: Evaluation des Arbeitsprozesses*

Die Evaluation des Arbeitsprozesses erfolgt gemeinsam zwischen dem Projektteam und der Begleitperson. Die Beobachtungs- und Beurteilungskriterien werden schon zu Beginn des Projektes vereinbart, womit auch die Möglichkeit einer Selbstevaluation durch das Projektteam gegeben ist. Aus der Gegenüberstellung der Selbst- und der Fremdevaluation (Lernbegleitung und Reviewteam) ergibt sich das Gesamtbild. Es werden alle vier Kompetenzbereiche (Fach-, Methoden-, Sozial- und Selbstkompetenz) in die Beurteilung einbezogen. Berücksichtigt werden sowohl das Teamergebnis als auch die individuellen Einzelleistungen der Teammitglieder.

## 4. Instrumente

Es werden hier die zwei Instrumente beschrieben, die sich bei der Umsetzung von Echtprojekten als hilfreich erwiesen haben.

Die sechs Ebenen der Prozessplanung und Prozessdokumentation dienen als einfaches *Strukturierungsmodell* für die Prozessplanung und Prozessdokumentation. Sie zeigen, welche Aspekte bei einem ganzheitlichen und systematischen Vorgehen im Projektmanagement zu berücksichtigen sind.

Beim *Fragenkatalog für Projektreviews* handelt es sich um eine Zusammenstellung von Reflexionsgesichtspunkten, die bei der kritischen Analyse des Projektverlaufes hilfreich sein können. Die Fragen geben u. a. auch Anhaltspunkte für die Entwicklung von Kriterien zur Prozessbeurteilung.

### Die sechs Ebenen der Prozessplanung und Prozessdokumentation

*Sachebene (1)*

Hier wird geplant, welche Teilaufgaben erarbeitet werden müssen, um das in Auftrag gegebene Projektergebnis zu erreichen. Je nach Projekttyp handelt es sich um ein *materielles Produkt,* um eine erwünschte *Dienstleistung,* um einen *Reorganisationsauftrag* oder um einen *Forschungsauftrag.* Sinnvollerweise beginnt man die Strukturierung des Projektes auf der Sachebene und bildet hier die Gliederung in Projektphasen und Teilaufgaben ab. Hilfreiche Fragen zur Klärung der Sachebene sind:

- Welche Aktionen sind notwendig, um die Ziele zu erreichen?
- Wie hängen die Tätigkeiten voneinander ab?
- Welche Tätigkeiten können gleichzeitig ablaufen?
- Welche Meilensteine und Zwischenziele sind notwendig?

*Reflexionsebene (2)*

Mit der Ausdifferenzierung dieser Ebene soll erreicht werden, dass Reflexionen über die Geschehnisse auf den anderen Ebenen bewusst geplant und auf der Prozesswand sichtbar gemacht. Das können Reflexionen sein über das Projekt insgesamt oder auch fokussiert auf einen bestimmten Bereich, beispielsweise auf die Teamentwicklung. Hilfreiche Fragen sind:

- An welchen Punkten im Projekt ist eine Standortbestimmung/Reflexion notwendig?
- Was wollen wir in den geplanten Reflexionen bearbeiten?

*Managementebene (3)*

Hier geht es um die Beschlüsse, die im Rahmen des Projekts zu fällen bzw. zu initiieren sind. Im Vordergrund dieser Prozessebene stehen die (permanente) Auftragsklärung und -verfeinerung, die Ressourcenbereitstellung, das Vorbereiten und Beantragen von Zwischenentscheiden (Meilensteine) und die Projektorganisation (wer hat welche Funktionen?), die Planung (Aufgaben, Phasen-, Zeitplanung) und das Controlling der Projektarbeiten. Hilfreiche Fragen sind:

- Wann muss wer welche Entscheide treffen, damit das Projekt zum Erfolg wird?
- Welche Ressourcen stehen dem Projekt zur Verfügung?
- Welche Termine sind einzuhalten?
- Gibt es Absenzen?

*Beziehungsebene (4)*

Zwei Richtungen sind hier angesprochen: Einerseits geht es intern um die Entwicklung des Projektteams mit dem Ziel, eine optimal arbeitsfähige Gruppe zu bilden, deren Mitglieder sich gegenseitig motivieren, unterstützen und herausfordern. Andererseits geht es um den Aufbau und die Pflege der externen Beziehung zur Kundschaft und zu weiteren Beteiligten und Betroffenen. Hilfreiche Fragen sind:

- Was (welche Grundhaltungen und Einstellungen) soll das Verhalten in der Gruppe prägen?
- Welche Regeln gelten, und was geschieht, wenn jemand die Regeln nicht einhält?
- Welche Aktivitäten für den Erhalt des Teamentwicklungsprozesses sind vorgesehen?
- Wie wird die Stimmung im Team dokumentiert?

*Informations- und Dokumentationsebene (5)*

Auf der Dokumentationsebene beschreibt und plant das Projektteam, welche Informationen wie zu erheben sind. Hilfreiche Fragen:

- Welche Informationen sind wie und wann zu erheben?
- Wie werden die Informationen dokumentiert?
- Wie wird der Prozess dokumentiert?
- Wie werden die Produkte dokumentiert?

*Kulturebene (6)*

Auf dieser Ebene werden die Wechselwirkungen des Projektes mit der Organisationskultur der Kundschaft berücksichtigt. Es geht darum, das Projekt so zu konzipieren, dass es sowohl vom Verlauf wie auch vom Ergebnis her zur Organisations- und Firmenkultur der Kundschaft passt. Um die Organisations- und Firmenkultur wirklich zu verstehen, braucht es einen Prozess, zu dem systematische Beobachtungen und Gespräche mit Insidern gehören. Hilfreiche Fragen:

- Welches sind die Wertvorstellungen der Kundschaft?
- In welchem wirtschaftlichen und politischen Umfeld bewegt sich die Kundschaft?
- Wer ist vom Projektprozess betroffen?
- Muss mit Widerstand, Angst und Abwehr gerechnet werden?

Für das Lernen und für die Projekt- und Prozessplanung in der Praxis erweist sich die Visualisierung der Prozessplanung auf den verschiedenen Prozessebenen als sehr hilfreich. Als Visualisierungsmedium haben sich grosse Moderationswände sehr gut bewährt.[43]

## Fragenkatalog für Projektreviews

Projektreviews unterstützen das Projektteam, indem sie das Projektteam zur Rechenschaftslegung zwingen und eine Aussensicht auf die Projektarbeit geben. Sie sind deshalb ausserordentlich wirksam zur Verbesserung der Qualität von Projektresultaten und Lernprozessen. In den Reviews präsentiert das Projektteam Aussenstehenden, d. h. anderen Lerngruppen, der Kundschaft, anderen Dozierenden oder schulexternen Fachpersonen, den Stand der Arbeit. Es gibt Zwischen- und Schlussreviews. Zwischenreviews dienen ausschliesslich der Verbesserung der Arbeit und werden nicht bewertet. Reviews sind am Ende von wichtigen Projektphasen terminiert. Die Rückmeldungen des Reviewteams erfolgen mündlich, wobei ein Mitglied des Projektteams für alle sichtbar protokolliert, beispielsweise auf einer Flipchart. Das Reviewteam kann zusätzlich einen kurzen Bericht mit seinen Anregungen verfassen.

*Fragen zur Prozessplanung*
- Hat das Team seinen Prozess überzeugend geplant und übersichtlich visualisiert?
- Sind die wichtigsten Abhängigkeiten innerhalb des Prozesses sichtbar?
- Sind die Prozessphasen erkennbar?
- Werden Prozessphasen durch Meilensteine abgeschlossen?
- Ist der Prozess mit den vorhandenen Ressourcen in der vorhandenen Zeit ausführbar?

*Fragen zum Prozessablauf*
- Hat das Team gemeinsame Reflexion, Redesign und Feedback als Erfolgsfaktor zur Zielerreichung eingesetzt?
- Hat das Team Konsensentscheidungen gefällt? Konsens bedeutet Anerkennung von Person und Argument. Das heisst, jedes Teammitglied kann sagen: «Nun ja, wenn es auch nicht ganz das ist, was ich will, so kann ich doch diese Entscheidung akzeptieren und werde ihre Durchführung unterstützen.»
- Hat jedes Teammitglied seine Funktionen und Aufgaben zeitgerecht wahrgenommen?
- Welche externen Einflüsse haben den Prozess und die Problemlösung positiv oder negativ beeinflusst (Kundschaft, Experten, Öffentlichkeit)?

*Fragen zur Teamentwicklung*
- Konnte die Teambefindlichkeit jederzeit sichtbar gemacht werden?
- Hat das Team sich fortlaufend weiterentwickelt (Spielregeln, Werte/Normen, Rollen, Aufgaben)?

---

[43] Projektplanungssoftware soll nur dann eingesetzt werden, wenn sie von den Lernenden in ihrer Berufstätigkeit voraussichtlich genutzt werden wird, d.h. wenn die Studierenden das Arbeiten mit Projektplanungssoftware lernen sollen. Zum Erfolg von Lernprojekten kann sie wenig beitragen, weil Lernprojekte selten so umfangreich sind, dass die Vorteile von Projektplanungssoftware wirksam werden.

- Hat das Team den Gruppenprozess regelmässig reflektiert und mit einem Teamentwicklungsmodell analysiert?
- Hat das Team entsprechende Teamentwicklungsmassnahmen gemeinsam erarbeitet und realisiert?
- Wie ist das Team mit Konfliktsituationen umgegangen?

*Fragen zum Umgang mit der Kundschaft*
- Wie hat sich das Team mit seiner Kundschaft beschäftigt?
- Kann das Team bleibenden Kundennutzen stiften?
- Hat das Team den Einfluss des Kunden wahrgenommen und reflektiert?
- Wie ist das Team mit Druck von Seiten der Kundschaft umgegangen? Ist es eigenständig geblieben, oder hat es sich überrollen lassen?

*Fragen zum Lernprozess*
- Hat das Team wichtige Lernergebnisse zusammengefasst und aufgezeigt, wie, wann und wo intensiv gelernt wurde?
- Waren für das Team Lernen, Verlernen, Umlernen, Organisieren, Umorganisieren usw. Bestandteile der Projektarbeit?
- Kommen vom Team aus Anregungen, was im Lehrgang zusätzlich oder vertieft angeboten werden sollte?
- Welche konkreten Lehren ziehen die Lernenden und die Dozierenden aus diesem Projekt fürs nächste?

*Fragen zur Zielerreichung*
- Ist die Kundschaft mit der angebotenen Problemlösung einverstanden und zufrieden? Ist ihr Ziel erreicht?
- Ist die Problemlösung ethisch vertretbar und ist sie nachhaltig (sozial, wirtschaftlich, ökologisch)?
- Ist das Verhältnis von Aufwand und Nutzen für die vorliegende Problemlösung vertretbar?
- Wurden die methodischen und didaktischen Ziele des Projekts erreicht?

*Fragen zur Präsentation*
- Wurde in der Präsentation auf das anwesende Publikum eingegangen?
- Wurden die Auftraggebenden angemessen über Resultate und Ziele informiert?
- Waren Präsentationsmedien lesbar, nachvollziehbar und ansprechend gestaltet?
- Wurden Grafiken und Pläne synchron zum Vortrag gezeigt?
- Dienten die Grafiken und Pläne der Verständlichkeit des Vortrages?
- War die Lautstärke dem Raum und dem Publikum angepasst?
- War der Vortrag auf Anhieb verständlich?
- War der sprachliche Ausdruck fonetisch, stilistisch und grammatikalisch richtig?

*Fragen zur Dokumentation*
- Sind Schlüsselaussagen verständlich begründet?
- Sind die Aussagen glaubwürdig?
- Sind wesentliche Entscheidungen transparent dargestellt?

## 5. Stolpersteine

*Zu hohe Identifikation zwischen Coach und Projekt:* Die Rolle als Coach von Projektteams ist für viele Dozierende ungewohnt. Eine Gefahr besteht darin, dass sich die Coachs allzu sehr mit dem Projekt identifizieren. Dies ist vor allem dann der Fall, wenn die Dozierenden für die Akquisition «ihrer» Projekte selbst zuständig sind und die Aufträge in ihrem persönlichen Beziehungsnetz akquirieren.

Für das Coaching kann dies die folgenden nachteiligen Auswirkungen haben:

- Die Dozierenden werden dazu verleitet, die Zielerreichung zulasten der Lernmöglichkeiten der Lernenden zu forcieren und die Reflexion zu vernachlässigen. Das Lernen sollte auch in Echtprojekten Vorrang haben: Die Reflexion muss vor der Dynamik des Machens geschützt werden!
- Die Dozierenden prägen den Lösungsweg mit ihren persönlichen Vorlieben oder tragen selbst in erheblichem Mass zur Problemlösung bei.
- Die Dozierenden identifizieren sich mit «ihrem» Projektteam so sehr, dass sie von aussen kommende, negativ empfundene Feedbacks abblocken.
- Es ist für die Dozierenden schwierig, die Leistungen des Teams und der einzelnen Mitglieder distanziert und sachlich-objektiv zu bewerten.

*Schwierigkeiten im Review-Prozess:* Projektreviews in einem Klima durchzuführen, welches das Lernen fördert, ist anspruchsvoll, sowohl für die Lernenden als auch für das Reviewteam. Einige mehrfach beobachtete Schwierigkeiten sind:

- Es ist zu wenig Zeit für die Reviews eingeplant.
- Die Lernenden wehren kritische Rückmeldungen mit verteidigenden Rechtfertigungen ab.
- Die Lernenden geben zu wenige Informationen preis, so dass das Reviewteam wenig hilfreiche Stellungnahmen abgeben kann.
- Einzelne Mitglieder des Reviewteams reagieren vorwiegend aus ihrer persönlichen Sicht heraus und orientieren sich wenig an den Bedürfnissen der Lernenden.
- Die Rückmeldungen werden von einzelnen Mitgliedern des Reviewteams in einer unsensiblen, kränkenden Art formuliert.
- Durch langes Verweilen bei einem Gegenstand kommen nicht alle relevanten Themen zur Sprache.
- Das Reviewteam zeigt eine Neugier für Konflikte im Projektteam, die für den Lernprozess nicht dienlich ist.

Eine professionelle Moderation kann diesen Problemen entgegenwirken und empfiehlt sich vor allem in der Phase der Einführung von Projektarbeit in einer Bildungsinstitution. Zudem sind Reviews immer auch Lernmöglichkeiten für das Reviewteam und können als solche genutzt und evaluiert werden.

*Ungünstige Einflussnahme der Kundschaft auf den Projektprozess:* Bei der Akquisition von Projekten muss die Hochschule nicht nur geeignete Themen wählen, sondern auch Kunden, die mit den Lernenden eine Lernpartnerschaft bilden möchten und dafür geeignet sind. Die Kundschaft kann das Lernergebnis wegen ihrer zentralen Stellung in Echtprojekten stark beeinflussen. In der Praxis sind folgende Probleme zu beachten:

- Die Kundschaft ist vorwiegend am Resultat orientiert.
- Projektarbeit mit intensiver Reflexion ist für die Kunden ungewohnt. Im Extremfall möchten sie einen Auftrag vergeben und am Schluss eine Präsentation und einen Bericht bekommen, in der Phase dazwischen aber nichts damit zu tun haben.
- Die Kunden werden in einem hohen Mass zu Beratenden der Lernenden und behindern damit deren eigenes Lernen.
- Die Kundschaft wird von Anfragen der Lernenden überschwemmt. Das ist besonders heikel, wenn mehrere Teams in Konkurrenz zueinander am gleichen Thema für eine Kundschaft arbeiten.
- Die Kundschaft ist am Ende mit dem Ergebnis zufriedener, als es die Dozierenden mit dem entsprechenden (Lern-)Prozess sind.

*Konkurrenz zur Privatwirtschaft:* Mit den Echtprojekten kann eine Ausbildungsinstitution in Konkurrenz zu Anbietern aus der Privatwirtschaft treten. So wird gelegentlich kritisiert, die Bildungsinstitutionen würden auf unzulässige Weise zu Dumpingpreisen Projekte bearbeiten. Das mag manchmal zutreffen. Man kann aber diese der Privatwirtschaft entgangenen Aufträge als deren Beitrag zur Ausbildung ihrer zukünftigen Mitarbeitenden betrachten. Zudem mag der finanzielle Aufwand der Kundschaft in Lernprojekten geringer sein als bei professionellen Anbietenden, dafür aber erbringt sie einen oft erheblichen zusätzlichen Zeitaufwand, der durch die spezielle Verbindung von Projektsituation und Lernsituation entsteht.

*Anspruchsvolle Einbettung in die schulischen Rahmenbedingungen:* Die Integration der Echtprojekte in einen curricularen Studiengang ist anspruchsvoll, da Terminvorstellungen von Auftraggebenden und Semesterpläne selten übereinstimmen. Bei interdisziplinären Projekten kommt erschwerend hinzu, dass die Projektfenster der verschiedenen Studiengänge übereinstimmen müssen, damit eine Zusammenarbeit über die Grenzen einzelner Studiengänge hinweg möglich wird. Zudem stellt der Raumbedarf besondere Ansprüche an die Infrastruktur: Beispielsweise müssen – zusätzlich zu den Unterrichtsräumen – genügend Gruppenarbeitsräume mit geeigneten Moderationsinstrumenten zur Verfügung stehen. Die Etablierung von Projektarbeit hat deshalb einen erheblichen Einfluss auf den Raumbedarf und die Raum- und Studienorganisation (vgl. Donnenberg 1999, Mayrshofer/Kröger 2001, Muheim et al. 1995).

## Lerncoaching im begleiteten Selbststudium

In Kapitel 3 des ersten Teils haben wir die neue Rolle der Lernbegleitung mit den verschiedenen Aufgabenbereichen ausführlich beschrieben. Mit Blick auf das Vierphasenmodell des begleiteten Selbststudiums (Initiieren/Realisieren/Präsentieren/Evaluieren) wurde die «Coachingfunktion» als eine von insgesamt fünf Teilfunktionen der Lernbegleitung der Realisierungsphase zugeordnet. Dabei wurde darauf hingewiesen, dass in dieser Phase die Aufgabe der Dozierenden in erster Linie darin besteht, die Lernenden bei der Realisierung eines selbstständigen Lern- und Arbeitsprozesses zu unterstützen («Support ohne steuernde Absicht)».

Für die Coachingfunktion wurden drei Handlungsmodelle unterschieden:

- *das fragengeleitete Lerncoachingmodell,* das sich auf den von den Studierenden formulierten Lern- und Unterstützungsbedarf abstützt,
- das *offene Lerncoachingmodell,* das auf einer Problemdiagnose der Coachs basiert,
- das *supervisorische Lerncoachingmodell,* bei dem die *«Diagnose der abwesenden (Handlungs-)Situation»* einen besonderen Platz einnimmt.

Diese drei Coachingvarianten werden im Folgenden ausführlich beschrieben. Damit soll das Spektrum von Gestaltungsmöglichkeiten umrissen werden, das den Dozierenden zur Verfügung steht, um die Studierenden bei der Lösung von Schwierigkeiten beim selbstständigen Arbeiten zu unterstützen. Die Varianten verstehen sich nicht als fixierte und abgeschlossene Handlungsmodelle, sondern eher als Anregungen, um neue Ideen zur Gestaltung des Unterstützungsprozesses zu generieren, die eventuell aus Kombinationen dieser drei Varianten entstehen können.

### Variante 1: Fragengeleitetes Lerncoaching (Coachbefragung)

Das fragengeleitete Coachingmodell beschreibt ein relativ einfach zu handhabendes Verfahren zur Begleitung von selbstständigen Lern- und Arbeitsprozessen. Dieses Modell ist dadurch gekennzeichnet, dass die Studierenden ihren aktuellen Unterstützungsbedarf selbst benennen müssen. Sie tun dies, indem sie die inhaltlichen und prozessbezogenen Schwierigkeiten, Ungereimtheiten und Klärungsbedürfnisse als Fragen formulieren und – wennmöglich mit einer Gewichtung versehen – der lernprozessbegleitenden Person vorlegen. Diese Fragen bilden dann das inhaltliche Gerüst für die Beratungsgespräche.

Wie diese kurze Umschreibung zeigt, basiert das fragengeleitete Lerncoachingmodell auf einem Verfahrensschritt, der dem eigentlichen Coaching vorgelagert ist, nämlich auf der Explizierung der konkreten Unterstützungsbedürfnisse durch die Lernenden in Frageform. «Beratung» heisst hier: Beantwortung von Fragen, die dem Coach von Seiten der Lernenden gestellt werden. Die Entwicklung der Fragen durch die Lernenden wird zum tragenden Element im Prozess und erfüllt gleich mehrere Funktionen: Einerseits entsteht für die Lernenden ein Zwang zur differenzierten Reflexion des Lern- und Arbeitsprozesses (Reflexionsfunktion). Gleichzeitig ist das Generieren von Fragen ein wertvoller Anlass, um als Lerngruppe über den Unterstützungsbedarf ins Gespräch zu kommen (metakommunikative Funktion). Und schliesslich hat dieses Vorgehen auch den Vorteil, dass die Steuerungsverantwortung für den Beratungsprozess klar bei den Lernenden bleibt: Die Lernenden steuern mit ihren Fragen den Coachingprozess (Steuerungsfunktion).

Für die Begleitperson bedeutet die fragengeleitete Variante eine Vereinfachung des Coachingprozesses. Dadurch, dass die Prozessstruktur durch die Lernenden selbst inhaltlich vordefiniert wird, sind die lernbegleitenden Personen von dieser Funktion entlastet. In diesem Sinne ist das fragengeleitete Lerncoachingmodell ein gutes Instrument, um Übersteuerung und Überverantwortlichkeit – zu der viele Lehrpersonen und Dozierende erfahrungsgemäss neigen – entgegenzuwirken. Die Lernenden ihrerseits erfahren, dass der Nutzen der Coachingphase unmittelbar davon abhängig ist, wie gut es ihnen gelingt, die Schwierigkeiten in Fragen zu fassen.

## Schritte im Coachingprozess

1. Klärung des Unterstützungsbedarfs durch die Lernenden

2. Formulierung der Fragen durch die Lernenden

3. Präsentation/Kenntnisnahme der Fragen

4. Beantwortung der Fragen

5. Rückmeldung zur Coachingsequenz

*Schritt 1: Klärung des Unterstützungsbedarfs durch die Lernenden*

Die Lernenden analysieren den Unterstützungsbedarf, indem sie sich den bisherigen Lern- und Arbeitsprozess nochmals vergegenwärtigen:

- Wo sind wir hängen geblieben?
- Wo gab es Unklarheiten, die das Weiterkommen erschwert haben?
- Wo sind Wissenslücken bewusst geworden, die für eine fundierte Lösung der gestellten Arbeit bedeutsam sind?

Diese Phase kann abgekürzt werden, wenn die Lernenden während der Arbeit einen «Problemspeicher» führen, in dem sie die auftretenden Schwierigkeiten, Stolpersteine, Fragen usw. fortlaufend festhalten. In Gruppensituationen empfiehlt es sich, diese Punkte auf einer Flipchart zu visualisieren. Bewährt hat sich in diesem Zusammenhang, wenn eine verantwortliche Person bestimmt wird, die dafür sorgt, dass die prozessbegleitende Protokollierung der auftauchenden Fragen und Schwierigkeiten laufend vorgenommen wird.

*Schritt 2: Formulierung der Fragen durch die Lernenden*

Die Studierenden formulieren mit Blick auf den «Problemspeicher» die Fragen, auf die sie von der lernprozessbegleitenden Person eine Antwort wünschen. Dabei ist auf die Qualität der Fragen zu achten. Sie sollten so formuliert werden, dass die gewünschten Antworten für das Weiterführen der Arbeit tatsächlich hilfreich sind. Unter Umständen ist eine zweiteilige Formulierung angebracht: eine kurze, möglichst prägnante Formulierung der Frage und eine kurze Erläuterung dazu unter Berücksichtigung von zwei Aspekten:

- Welche Schwierigkeit liegt der Frage zugrunde?
- Wie hat sich diese Schwierigkeit im Lern- und Arbeitsprozess bemerkbar gemacht?

Bei einer relativ grossen Frageliste empfiehlt es sich, eine Gewichtung der Fragen vorzunehmen, und wichtige Fragen an den Anfang zu stellen.

*Schritt 3: Präsentation/Kenntnisnahme der Fragen*

Die Fragen werden in geeigneter Form präsentiert – gemäss Absprache mit der Begleitperson. Wichtig ist in diesem Zusammenhang, sich für eine der folgenden beiden Varianten zu entscheiden:

- Die Fragen werden bereits vor dem Coachingtreffen der Begleitperson zugestellt, damit sich diese inhaltlich auf das Treffen vorbereiten kann.
- Die Fragen werden erst zu Beginn des Coachingtreffens mündlich vorgestellt – ohne Vorinformation der Begleitperson.

Letzteres hat den Vorteil, dass über mündliche Erläuterung und über Rückfragen die Treffsicherheit der Antwort erhöht werden kann; auf der andern Seite sind die Ansprüche an die situative Verfügbarkeit des Expertenwissens höher. Die Begleitperson kann sich auf das Treffen nicht gezielt vorbereiten.

*Schritt 4: Beantwortung der Fragen*

Die Begleitperson beantwortet die gestellten Fragen. Auch hier kann, analog zur Fragenformulierung, eine zweiteilige Antwortstruktur hilfreich sein:

- Die Antwort wird möglichst kurz und prägnant auf die gestellte Frage bezogen. Dies wirkt disziplinierend auf die künftige Fragenformulierung.
- Eine kurze Erläuterung zur Antwort stellt sicher, dass die kurz gefasste Antwort die notwendige Tiefenschärfe erhält.

Für die Beantwortung der Fragen kann auch eine dialogische Form gewählt werden, bei der die Begleitperson im Gespräch mit den Studierenden die Antworten entwickelt. Dies hat einerseits den Vorteil, dass die Antworten besser auf das Vorverständnis der Studierenden Bezug nehmen, andererseits aber auch den Nachteil, dass die Situation leicht zu einer ausufernden «Belehrungsstunde» entartet.

*Schritt 5: Rückmeldung zur Coachingsequenz*

Am Schluss der Coachingsequenz empfiehlt sich eine kurze Reflexion über die erfolgte Coachingintervention:

- War die Intervention aus Sicht der Lernenden hilfreich?
- Sind die Schwierigkeiten so weit geklärt, dass eine Weiterarbeit möglich ist?
- Falls nein: Wo sind zusätzlich Hilfestellungen notwendig? Weshalb haben die präsentierten Fragen nicht zur gewünschten Hilfestellung geführt?

Unter Umständen ist es auch sinnvoll, im Abschlussgespräch die im präsentierten Fragenkatalog nicht angesprochenen Ebenen kurz zu thematisieren. Erfahrungsgemäss dominieren einseitig die Fragen zur Sachebene und allenfalls zur Methodenebene, während die Kommunikationsebene und die personenbezogene Ebene ausgeblendet werden. Hier wäre es denkbar, dass die lernprozessbegleitende Person auf die Lücken im Fragenkatalog hinweist und gezielt nachfragt.

## Variante 2: Offenes Lerncoaching

Im offenen Lerncoachingmodell versucht die lernprozessbegleitende Person, den Unterstützungsbedarf der Lernenden selbst zu ermitteln, um dann mit der strategisch richtigen Hilfestellung darauf reagieren zu können. Der Coachingprozess beginnt hier mit einer Diagnosephase, in welcher der Coach Beobachtungen und Gespräche durchführt – mit dem Ziel, sich ein Bild über aktuelle Schwierigkeiten und über die individuell vorhandenen Ressourcen zu machen. Abgestützt auf die Diagnose, entscheidet die Begleitperson dann über die situationsadäquate Form der Unterstützung.

Die Ermittlung des Unterstützungsbedarfs durch die Begleitperson hat die Bedeutung eines ersten Interventionsschrittes. Da die aktive Problemerfassung durch die Begleitperson auch für die betroffenen Studierenden zu einer Problemklärung führen kann, kommt diesem Schritt in der Regel bereits die Funktion eines ersten hilfreichen Lösungsschrittes zu.

Das offene Befragungsmodell stellt im Vergleich zum Verfahren der Coachbefragung für die Studierenden die einfachere, für die Dozierenden dagegen die anspruchsvollere Variante dar. Die Studierenden können von der *diagnostischen Kompetenz der Coachs* zusätzlich profitieren und sich von der Selbstdiagnose entlasten. Demgegenüber ist auf Seiten der lernprozessbegleitenden Person eine diagnostische und kommunikative Kompetenz erforderlich, die in vielen Fällen fehlt und erst aufgebaut werden muss. Zudem birgt diese Variante die Gefahr in sich, dass die begleitende Person zu stark steuernd in die Selbststudiumsphase eingreift und damit die eigenverantwortliche Auseinandersetzung der Lernenden blockiert.

### Schritte im Coachingprozess

1. **Situationsklärung/Problemklärung**

2. **Feedback zur Situations- bzw. Problemwahrnehmung**

3. **Lösungshilfen**

4. **Reflexion der Intervention**

*Schritt 1: Situationsklärung/Problemklärung*

Die Begleitperson versucht sich zunächst einen Einblick zu verschaffen in den aktuellen Stand der Arbeiten, insbesondere in die Schwierigkeiten, die im bisherigen Lern- und Arbeitsprozess aufgetaucht sind. Hier bieten sich grundsätzlich zwei Möglichkeiten an:

- Die Begleitperson beobachtet die Lernenden während einer bestimmten Zeitspanne bei der Arbeit und notiert sich Auffälligkeiten im Verhalten (Arbeitsverhalten, Kooperationsverhalten, Lösungsversuche beim Umgang mit Schwierigkeiten usw.).
- Die Begleitperson befragt die Lernenden zum bisherigen Vorgehen: Was wurde gemacht? Wo sind Schwierigkeiten aufgetreten? Welche Lösungen wurden zur Be-

wältigung der Schwierigkeiten bereits versucht? Warum waren bestimmte Lösungsversuche nicht erfolgreich?

In diesem Zusammenhang ist ein verstehensorientiertes Nachfragen von zentraler Bedeutung: Verstehensorientierte Fragen, die von einer aussenstehenden Person eingebracht werden, sind oft auch für die Lernenden ein hilfreicher Anstoss, um die aktuelle Situation selbst besser zu verstehen (was oft der erste Schritt zur Lösung ist).

*Schritt 2: Feedback zur Situations- bzw. Problemwahrnehmung*

Als Abschluss der Klärungsphase ist es hilfreich, wenn die lernprozessbegleitende Person die eigene Wahrnehmung bezüglich der Situation und der aktuellen Schwierigkeiten zurückmeldet (z. B. Auffälligkeiten im beobachteten Lern- und Arbeitsverhalten). Diese Rückkoppelung dient der Begleitperson als Vergewisserung, ob sie die Situation richtig erfasst hat; andererseits werden die Lernenden dadurch mit der Aussenwahrnehmung einer unabhängigen Person konfrontiert. Sie erhalten so einen Spiegel vorgesetzt, an dem sie das eigene Situationsverständnis überprüfen können. Dies kann für den weiteren Prozess bedeutungsvoll sein, weil verzerrte Wahrnehmungen und blinde Flecken oft die eigentlichen Ursachen für auftretende Schwierigkeiten sind.

Wichtig ist, dass an dieser Stelle nicht bereits Lösungshilfen angeboten werden, sondern zunächst die Situationsklärung und das gewonnene Situationsverständnis klar in den Vordergrund gestellt werden. Die – vorwiegend deskriptive – Situationsbeschreibung bildet dann den Ausgangspunkt für die nachfolgenden lösungsorientierten Interventionen.

*Schritt 3: Lösungshilfen*

Aufbauend auf der vorangegangenen Situations- oder Problemdiagnose, folgt nun die eigentliche Hilfestellung, d. h. das Angebot an spezifischen, der jeweiligen Situation angepassten Lösungshilfen (es sei denn, die vorangegangene Situations- und Problemklärung hat den Hilfebedarf bereits beseitigt). Wenn immer möglich, sollen nicht fertige Lösungen angeboten werden, sondern Hilfestellungen, die unter Beachtung des Prinzips der minimalen Hilfestellung, d. h. im Sinne des Grundsatzes «Hilfe zur Selbsthilfe», konzipiert werden. Besonders geeignet sind unterstützende Hinweise, die es den Lernenden ermöglichen, selbst produktiv und lösungsorientiert weiterzuarbeiten, d. h. die richtige Lösung selbst zu entdecken.

In diesem Zusammenhang lassen sich vier unterschiedliche Typen von Hilfestellungen unterscheiden: 1) Beseitigung von Wissensdefiziten; 2) prozessorientierte Vorgehenshilfe; 3) negative Eingrenzungen und 4) fragengeleitete Prozessmoderation.

## Vier Typen von unterstützenden Interventionen bei Schwierigkeiten im Lern- und Arbeitsprozess

- *Beseitigung von Wissensdefiziten:* Die Begleitperson übernimmt eine inhaltliche Expertenfunktion: Sie zeigt auf, in welchen Punkten sie konkrete Wissensdefizite als Ursachen für aufgetretene Schwierigkeiten im Arbeitsprozess vermutet, und versucht, mit Hilfe einer kurzen Informationsdarbietung bzw. mit Quellenangaben die vorhandenen Wissenslücken zu schliessen.
- *Prozessorientierte Vorgehenshilfen:* Die Begleitperson gibt Hinweise zum weiteren Vorgehen (Lern- und Arbeitsprozess). Dabei ist ein guter Mittelweg zwischen allgemein gültigen Lern- und Arbeitsgrundsätzen und konkreten Hinweisen zum aktuellen Vorgehen zu suchen.
- *Negative Eingrenzungen:* Die Begleitperson zeigt auf, wo die Gründe für die aktuellen Schwierigkeiten liegen und/oder welche Fehler im weiteren Vorgehen zu vermeiden sind, um nicht in eine (weitere) Sackgasse zu gelangen. Den Lernenden bleibt es überlassen, den richtigen Weg unter Umgehung dieser negativen «Eckwerte» selbst zu suchen.
- *Fragengeleitete Prozessmoderation:* Die Begleitperson verzichtet darauf, lösungsorientierte Hinweise zum Prozess oder zur aktuellen Thematik zu geben. Stattdessen übernimmt sie für eine zeitlich begrenzte Phase die Rolle der fragengeleiteten Prozessmoderation: Sie versucht, über gezielte Fragen den Denkprozess so weit zu lenken, dass sich die Konturen der Lösung/des gewünschten Ergebnisses abzuzeichnen beginnen (sokratischer Dialog).

*Schritt 4: Reflexion der Intervention*

Den Abschluss der Coachingsequenz bildet eine kurze gemeinsame Reflexion über den erfolgten Interventionsprozess. Dabei stehen in der Regel zwei Fragenbereiche im Vordergrund:

- Lassen sich Erkenntnisse für den Umgang mit ähnlichen Situationen und Schwierigkeiten festhalten? Diese erste Frage soll die Studierenden dazu anregen, den Lerngewinn der vorangegangenen Coachingintervention nochmals kurz zu reflektieren. Unter Umständen kann es hilfreich sein, die Aussagen in geeigneter Form festzuhalten (Lernjournal, Lernportfolio).
- War die Intervention hilfreich? Inwiefern, inwiefern nicht? Ist es gelungen, den Unterstützungsbedarf der Lernenden richtig zu erfassen und mit einer hilfreichen Intervention angemessen darauf zu reagieren? Diese zweite Frage ist nicht zuletzt im Hinblick auf die Entwicklung des eigenen Coachingverhaltens wichtig.

## Variante 3: Supervisorisches Lerncoaching (Praxisberatung in Gruppen)

Das dritte Coachingmodell ist in erster Linie gedacht für Lern- und Arbeitsaufträge, die im beruflichen Kontext – unter Einbezug des dort involvierten sozial interaktiven Geschehens – realisiert werden («berufsfeldbezogene Praxisaufträge»).

Berufsfeldbezogene Praxisaufträge verlangen, dass die Studierenden im beruflichen Kontext tätig werden und dort vor Ort einen bestimmten Lern- und Arbeitsauftrag ausführen. Dies kann beispielsweise bedeuten, dass ein Wissensinhalt, der zuvor in einer Lehr-Lern-Veranstaltung abstrakt vermittelt worden ist, in den beruflichen Kontext übersetzt werden muss (z.B. Herstellen von Theorie-Praxis-Verbindungen oder praktische Anwendung von «Handlungsregeln»). Schwierigkeiten, die bei der Lösung von solchen berufsfeldbezogenen Praxisaufträgen entstehen, sind sehr oft im hohen Abstraktions- und Allgemeinheitsgrad des schulisch vermittelten «Regelwissens» begründet. In der Praxis zeigt sich diese Schwierigkeit dann darin, dass es den Lernenden schwer fällt, die «Kontextualisierung» (d.h. die kontextbezogene Übersetzung des Regelwissens) vorzunehmen.

Dieser besondere Typus von Umsetzungsschwierigkeiten hat zu einer Lernbegleitungspraxis geführt, die unter dem Stichwort «Intervision» oder «Supervision» bekannt ist: Es geht darum, berufliche Handlungssituationen, die Schwierigkeiten bereiten, in einem strukturierten Vorgehen anzugehen und – unter Einbezug der jeweiligen Kontextbedingungen – geeignete Lösungen dafür zu erarbeiten. Die Form der Lernprozessbegleitung, die in diesen Fällen Unterstützung bieten soll, sieht sich hier mit einer speziellen Anforderung konfrontiert: Es geht um die Bearbeitung von Situationen, bei denen der jeweilige Arbeitskontext für die Entstehung der Schwierigkeit von zentraler Bedeutung ist. Die Ursache der jeweiligen Schwierigkeit (die konkrete Praxissituation, der handlungsspezifische Kontext) ist indessen in der Beratungssituation selbst nicht anwesend: Daher erhält die *«Diagnose der abwesenden Situation»* einen besonderen Stellenwert.

Um unter diesen erschwerten Umständen einen produktiven Beratungsprozess zu ermöglichen, braucht es ein spezielles Verfahren: Es geht darum, die nicht anwesenden Variablen (d.h. den ursprünglichen Kontext) für die Teilnehmenden des Beratungsgesprächs so weit verständlich zu machen, dass ein gemeinsames Nachdenken über die mutmasslichen Ursachen der Schwierigkeiten und über sinnvolle Lösungsschritte möglich wird. Dies geschieht beispielsweise dadurch, dass die Praxisschwierigkeit über eine detaillierte Situationsschilderung oder sogar über ein Nachspielen der Situation für die Teilnehmenden des Beratungsgespräches nachvollziehbar gemacht wird.

## Schritte im Coachingprozess

**1. Klärung des Themas**

**2. Problemschilderung**

**3. Problemklärung**

**4. Ermittlung möglicher Problemursachen**

**5. Lösungsfindung**

**6. Reflexion der Beratungssituation**

*Schritt 1: Klärung des Themas*

Die Teilnehmenden schildern kurz ihre aktuellen Praxiserfahrungen mit Blick auf Situationen, Vorfälle oder Anliegen, die sie momentan beschäftigen und die sie gerne bearbeiten möchten. Die Themen, die für eine vertiefte Bearbeitung in Frage kommen, werden visualisiert.

Nach dieser ersten kurzen Standortbestimmung wird eine Priorisierung der angesprochenen Themen vorgenommen; anschliessend folgt eine gemeinsame Entscheidung für ein oder mehrere Themen.

## Mögliche Auswahlkriterien für die Themenwahl

- Eine der geschilderten Situationen sollte demnächst von einem der Teilnehmenden gemeistert werden. Die Auseinandersetzung mit dem Fall ist für die betroffene Person eine unmittelbare Praxisvorbereitung.
- Einer der Fälle hat Modellcharakter für andere Fälle.
- Eine der teilnehmenden Personen betrachtet ihren Fall als dringlich.
- Die Teilnehmenden fühlen sich durch einen Fall besonders angesprochen.

Für die Prozessbeobachtung wird ein Gruppenmitglied ernannt. Diese spezielle Rollenzuteilung trägt dazu bei, dass am Schluss des Beratungsgesprächs eine differenzierte Prozessreflexion stattfinden kann (vgl. Schritt 6.)

*Schritt 2: Problemschilderung*

Die Person, deren Problem für die Bearbeitung ausgewählt wurde, erhält den Auftrag, die angesprochene Situation möglichst erfahrungsbezogen zu skizzieren. Die Exploration kann durch die Vorgabe einer allgemeinen Darstellungsstruktur oder durch eine Folge von explorierenden Fragen (eventuell in Form eines Interviews durch den Coach) unterstützt werden.

## Beispiele für explorierende Fragen

- Was ist genau vorgefallen? Welche emotionale Befindlichkeit und welche spontanen Reaktionen wurden beim Fallgeber in der Problemsituation ausgelöst? Reaktionen der Direktbetroffenen?
- Worin besteht das Problem? Wie wird das Problem sichtbar? Wer ist vom Problem direkt und indirekt betroffen?
- Welche Faktoren des Umfeldes sind für das Problemverständnis wichtig?
- Welche Lösungsversuche gab es bisher? Was war erfolgreich, inwiefern und weshalb waren die bisherigen Lösungsversuche insgesamt unbefriedigend? Wer hat welchen Gewinn, wenn das Problem ungelöst bleibt?
- In welche Richtung könnte – aus der momentanen Sicht der Fallgeberin – eine Lösung gehen? Welches sind Kriterien einer guten Lösung? Was sollte anders sein als jetzt?

*Schritt 3: Problemklärung*

Die Problemklärung hat in der Regel zwei Facetten:

*Problemklärung für Coachs und Zuhörende:* Es wird ein kurze Phase definiert, in der Rückfragen an die fallgebende Person gestellt werden können. Ziel ist es, durch Fragen ein stimmiges Bild der Situation zu erhalten. Zwei Grundregeln sind für diese Etappe wichtig: Einerseits sind keine kritischen Äusserungen (auch nicht in Fragen gekleidet) zugelassen, denn die betroffene Person soll nicht in eine Verteidigungshaltung gebracht werden. Anderseits sind Lösungsvorschläge nicht erlaubt, die Suche nach einem tiefer gehenden Problemverständnis soll nicht durch eine oberflächliche, situationsferne Rezeptpräsentation gestört werden.

*Problemklärung für die fallgebende Person* (Spiegelung durch die Gruppe/Spiegelung durch Coachs): Die Zuhörenden versuchen, das wiederzugeben, was sie in der Problemschilderung wahrgenommen haben, insbesondere was ihnen bei der Fallschilderung aufgefallen ist. Es werden Gefühle, Eindrücke, Gedanken, Bilder zusammengetragen und auf einer Flipchart visualisiert.

Es werden an dieser Stelle keine Diskussionen geführt.

## Fragen zur Problemklärung

- Was löst die Fallschilderung in mir aus? Welche Bilder, Assoziationen fallen mir ein?
- Welche Wörter und Formulierungen der fallgebenden Person sind mir als bedeutsam aufgefallen?
- Wo könnte die fallgebende Person einen blinden Flecken haben?
- Was für einen Titel würde ich der Falldarstellung geben?

Die fallgebende Person ist bei diesem Austausch nur in der Rolle der Zuhörerin: Sie nimmt an der Interaktion nicht teil, erhält einzig nach Abschluss dieser Etappe die Gelegenheit zu einer kurzen Replik.

Am Schluss dieser Etappe sollte der Versuch unternommen werden, ein zentrales Schlüsselthema (eventuell als Leitfrage) zu benennen, das den Kern der Situationsschilderung möglichst prägnant trifft und als Leitmotiv für die weitere Bearbeitung im Zentrum steht.

### Schritt 4: Ermittlung möglicher Problemursachen

Es kann hilfreich sein, ergänzend zur vorangegangenen Problemklärung eine differenzierte und systematische Problemanalyse durchzuführen.

Folgendes Vorgehen hat sich bezüglich unterschiedlichster Problemkategorien bewährt: Die Teilnehmerinnen und Teilnehmer halten Mutmassungen über mögliche Problemursachen auf Karten fest und ordnen diese mit Hilfe des «Ishikawa-Diagrammes» (auch «Fehlerbaum-Diagramm» genannt).

**Grundform des Ishikawa-Diagrammes**

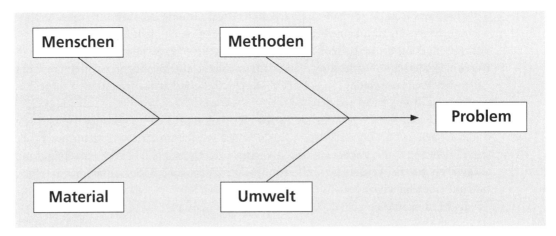

Quelle unbekannt

### Schritt 5: Lösungsfindung

Die Gruppe (ohne Beteiligung der fallgebenden Person) entwickelt Handlungsalternativen, die für die Lösung der Situation in Frage kommen. Zu diesem Zweck wird das Kernproblem (Schlüsselthema) als positives Handlungsziel formuliert (kein Vermeidungsziel!). Die Handlungsentwürfe sollen kreativ und gleichzeitig realistisch sein. Eventuell werden sie gleich in einem Rollenspiel auf ihre Tauglichkeit sowie auf beabsichtigte und unbeabsichtigte Auswirkungen geprüft.

Im Anschluss an die Entwicklung der Handlungsmöglichkeiten gibt die fallgebende Person bekannt, was sie konkret zu tun gedenkt, um die Situation zu lösen bzw. um künftige Situationen erfolgreich zu bewältigen.

Bezüglich der favorisierten Handlungsalternative wird eine kurze Umsetzungsanalyse durchgeführt. Es werden die vorhandenen sowie die noch fehlenden Ressourcen benannt. Zudem werden die voraussichtlichen Stolpersteine und die entsprechenden Umgehens-/Bewältigungsstrategien reflektiert.

Bei Bedarf kann aus dem Kreis der Teilnehmenden eine Person ernannt werden, um gemeinsam mit der fallgebenden Person einen konkreten Handlungsplan zu entwickeln und um diese bei der praktischen Umsetzung zu begleiten (sofern die lernprozessbegleitende Person diese Aufgabe nicht selbst übernimmt).

*Schritt 6: Reflexion der Beratungssituation*

Die fallgebende Person reflektiert die folgenden Punkte und teilt der Gruppe ihre Einschätzung mit:

* Welche neuen brauchbaren Einsichten habe ich gewonnen?
* Fühle ich mich in der Lage, in der fraglichen Situation «alternativ» zu handeln?
* Wenn der Fall in der Zukunft liegt: Weiss ich jetzt, wie ich das Problem angehen kann?
* Passen die vorgeschlagenen Handlungsweisen zu meinem Wesen?

Im Anschluss an das resümierende Statement der fallgebenden Person nehmen auch die übrigen Beratungsteilnehmerinnen und -teilnehmer kurz Stellung:

* Was haben wir – als nicht direkt betroffene Personen – von diesem Fall gelernt?
* Wo sehen wir Ansatzpunkte für Übertragungen ins eigene Praxisfeld?

Zusätzlich zu dieser ergebnisorientierten Reflexion ist eine kurze Prozessreflexion angezeigt, in der Fragen zum Prozessverlauf und zur Prozessgestaltung besprochen werden.

## Mögliche Fragen zur Prozessreflexion

* War die Atmosphäre in der Gruppe für ein offenes Coachinggespräch förderlich?
* Gab es Störungen im Prozess? Wie machten sie sich bemerkbar? Wo lagen mögliche Gründe dafür?
* Ist es allen gelungen, sich in den Prozess einzubringen? Falls nein: weshalb nicht?
* Fühlt sich die fallgebende Person hilfreich unterstützt oder in die Enge getrieben; reagiert sie aus einer Rechtfertigungs- und Verteidigungsposition heraus?
* Ist es ihr gelungen, die Problemsituation so einzubringen, dass eine situationsbezogene Beratung überhaupt möglich wurde?
* Ist es dem Coach gelungen, die Gruppe am Beratungsprozess wirkungsvoll partizipieren zu lassen?

## Fragenpool zur Evaluation des begleiteten Selbststudiums

In Kapitel 5 des ersten Teils wurde ein einfaches Modell des begleiteten Selbststudiums skizziert, in welchem vier Phasen unterschieden wurden: 1) Initiieren, 2) Realisieren, 3) Präsentieren und 4) Evaluieren. Mit Blick auf die Lernbegleitungsaufgaben der Dozierenden wurde diesen vier Phasen eine Reihe von Qualitätsansprüchen zugeordnet («Qualitätsansprüche an eine erfolgreiche Lernbegleitungspraxis», vgl. S. 71 ff.). Es handelt sich dabei um normative Setzungen, die im Sinne von leitenden Werten die Praxisgestaltung steuern sollen. Auf der Basis dieser Soll-Vorgaben lässt sich der Ist-Zustand, d. h. die tatsächlich realisierte Praxis des begleiteten Selbststudiums, kritisch reflektieren, indem die Diskrepanzen zwischen dem Ist-Zustand und den Soll-Werten eruiert und darauf aufbauend die Ziele und Interventionen für die Verbesserung der Praxis abgeleitet werden. Für die Erfassung des Ist-Zustandes braucht es Evaluationsinstrumente, mit deren Hilfe Studierende und Dozierende – die Hauptakteure des Lehr-Lern-Prozesses – zu ihren Erfahrungen mit dem begleiteten Selbststudium befragt werden können.

Mit der vorliegenden Sammlung von Evaluationsfragen möchten wir Ideen liefern, der «Itempool» ist gedacht als Grundlage zur Generierung von individuellen, massgeschneiderten Evaluations- und Reflexionsinstrumenten.

## Evaluationsitems zur Phase 1 (Phase der Vorbereitung und Initiierung)

| Qualitätsansprüche | Items für Dozierende | Items für Studierende |
|---|---|---|
| Die Lern- und Arbeitsaufträge sind sinnvoll in den jeweiligen didaktischen und thematischen Kontext eingebettet. | Es gelingt mir, lernproduktive Aufgaben zu finden, die im begleiteten Selbststudium bearbeitet werden sollen.<br><br>Es gelingt mir, für das begleitete Selbststudium Aufgaben zu finden, welche die Arbeit der Kontaktveranstaltung sinnvoll ergänzen/vertiefen/weiterführen. | Die Arbeitsaufträge, die wir erhalten, sind sinnvoll in den didaktischen und thematischen Zusammenhang eingebettet.<br><br>Die Lernaufträge, die uns im Rahmen des begleiteten Selbststudiums aufgegeben werden, sind geeignet, um die Arbeit der Kontaktveranstaltungen zu ergänzen/zu vertiefen/weiterzuführen. |
| Die Arbeitsaufträge und Rahmenvorgaben sind so festgelegt, dass dadurch ein selbstständiges, kompetenzorientiertes (zielorientiertes) Lernen und Arbeiten angeregt/angeleitet wird. | Es gelingt mir, Arbeitsaufträge zu formulieren, welche die Studierenden selbstständig bearbeiten können.<br><br>Zu Beginn einer Arbeit gebe ich den Studierenden die Rahmenbedingungen bekannt, die bei der selbstständigen Bearbeitung zu beachten sind.<br><br>Zu Beginn einer Arbeit gebe ich den Studierenden Kriterien bekannt, die für die Ergebnisbeurteilung gelten. | Die Arbeitsaufträge, die wir erhalten, sind so formuliert, dass wir sie ohne zusätzliche Erläuterungen selbstständig bearbeiten können.<br><br>Zu Beginn einer selbstständigen Arbeit kennen wir die Rahmenvorgaben, die zu berücksichtigen sind.<br><br>Zu Beginn der Arbeit kennen wir die Kriterien, die für die Beurteilung des Ergebnisses/der Lösung gelten. |
| Das Anspruchsniveau der Lernaufgaben wird – unter Berücksichtigung des verfügbaren Unterstützungsangebotes – den Voraussetzungen der Studierenden gerecht. | Es gelingt mir, Lernaufgaben zu formulieren, die für die Studierenden eine lehrreiche Herausforderung sind. | Die Aufträge für das Selbststudium sind für uns eine lehrreiche Herausforderung. |
| Der erforderliche Zeitaufwand ist angemessen kalkuliert und entspricht dem zeitlichen Rahmen, der für das begleitete Selbststudium zur Verfügung steht. | Ich kann den erforderlichen Zeitaufwand angemessen einschätzen.<br><br>Der Zeitaufwand, den die Studierenden benötigen, entspricht dem für das begleitete Selbststudium zur Verfügung stehenden Zeitrahmen. | Der Zeitaufwand, der von den Dozierenden für die Lernaufgabe kalkuliert wird, entspricht dem effektiven Zeitaufwand, den wir für die Bearbeitung benötigen.<br><br>Der Zeitaufwand, der von den Dozierenden für die Lernaufgabe kalkuliert wird, entspricht gut der Zeit, die für das begleitete Selbststudium vorgesehen ist. |
| Die Einführung ist so gestaltet, dass ein angemessenes Verständnis der Lern- und Arbeitsaufträge sichergestellt ist. | Es gelingt mir, den grösseren fachlichen und didaktischen Zusammenhang zu vermitteln.<br><br>Es gelingt mir, den Studierenden den Sinn und Zweck einer Lernaufgabe nahe zu bringen. | Die Dozierenden erklären uns jeweils den Sinn und Zweck der Lernaufgabe.<br><br>Wir können die Lernziele, die mit der Aufgabenstellung verbunden sind, nachvollziehen. |

## Evaluationsitems zur Phase 2 (Realisierungsphase): Coaching

| Qualitätsansprüche | Items für Dozierende | Items für Studierende |
|---|---|---|
| Die Rolle der Dozierenden ist klar. | Ich gebe jeweils beim Beginn einer selbstständigen Arbeit bekannt, welche Aufgabe ich habe und was ich warum tue und was nicht. | Wir werden bei Projektbeginn über die Rollen der Dozierenden informiert, und wir wissen, was sie tun und was nicht und warum sie sich so verhalten. |
| Die gewählten Interventionen sind für das selbstständige und kooperative Arbeiten und Lernen förderlich und hilfreich. | Meine Interventionen sind für selbstständiges und kooperatives Arbeiten und Lernen förderlich und hilfreich. | Die Interventionen der Dozierenden sind für selbstständiges Arbeiten förderlich und hilfreich und sind weder blockierend noch entmutigend. |
| Hilfestellungen sind so dosiert und strukturiert, dass die vorhandenen Ressourcen der Studierenden aktiviert werden. | Ich kann die vorhandenen Ressourcen der Studierenden einschätzen.<br><br>Ich gestalte meine Hilfestellungen so, dass die vorhandenen Ressourcen der Studierenden aktiviert werden. | Die Dozierenden erkennen, welche Hilfestellungen wir benötigen.<br><br>Die Unterstützung ist so dosiert, dass wir unsere Aufgaben selbstständig lösen können, wir werden weder hängen gelassen noch durch zu viel Hilfe behindert. |
| Die unterschiedlichen Interventionsebenen sind angemessen berücksichtigt. | Ich interveniere adäquat und zeitgerecht auf verschiedenen Ebenen (Wissen, Prozess, Methoden). | Die Dozierenden erkennen, auf welcher Ebene das Problem liegt, wenn wir Hilfe benötigen: fehlendes Sachwissen, falsche Lernstrategien, Probleme in der Gruppenzusammenarbeit, falsches Vorgehen, Bearbeitungstiefe, Zeitmanagement. |

## Evaluationsitems zur Phase 2 (Realisierungsphase): Controlling

| Qualitätsansprüche | Items für Dozierende | Items für Studierende |
|---|---|---|
| Bei grösseren/längeren Arbeiten: Für das Controlling/Reporting sind geeignete Gefässe und Arrangements definiert, die eine zeitsparende und lernwirksame Standortbestimmung/Zwischenevaluation ermöglichen. | Das Controlling/Reporting ist von Beginn an klar definiert und im Lernarrangement verankert.<br><br>Der Aufwand für die Einblicknahme und der Rückmeldungsertrag für die Studierenden stehen in einem angemessenen Verhältnis. | Das Controlling/Reporting ist im Modulplan klar verankert und zeitlich wie inhaltlich definiert.<br><br>Wir erleben Controlling/Reporting als eine unterstützende Massnahme. |
| Das Controlling/Reporting wird unter Berücksichtigung der angestrebten Ziele des begleiteten Selbststudiums durchgeführt. | Im Spannungsfeld «Studierende selbstständig arbeiten lassen» und «Einsicht in den Arbeitsstand bekommen» gelingt es mir, eine gute Balance zu finden. | Die weitgehend freie Gestaltung des individuellen Lernprozesses wird sinnvoll ergänzt durch Standort-/Rückmeldegespräche mit Dozierenden. |

## Evaluationsitems zur Phase 3 (Präsentationsphase)

| Qualitätsansprüche | Items für Dozierende | Items für Studierende |
|---|---|---|
| Die vorgesehene Zeit für Präsentation, Entgegennahme und Ergebnissichtung entspricht dem Auftrag. | Die vorgesehene Zeit für Präsentation, Entgegennahme, Ergebnissichtung und Austausch/Diskussion unter den Studierenden steht in angemessenem Verhältnis zum Auftrag. | Wir bekommen ein angemessenes Zeitgefäss für die Präsentation und Diskussion unserer Arbeiten. Wir erhalten auch Einblick in die Arbeiten der Mitstudierenden. |
| Die entstandenen Lern- und Arbeitsergebnisse werden entgegengenommen und gewürdigt unter Anerkennung des Arbeitsaufwandes, der geleistet worden ist. | Ich nehme die entstandenen Arbeitsergebnisse wertschätzend entgegen. | Die Dozierenden nehmen unsere Arbeit wertschätzend entgegen und anerkennen den geleisteten Arbeitsaufwand. |
| Die gewählte Präsentationsform ermöglicht eine angemessene und anregende Auseinandersetzung mit den Arbeitsergebnissen. | Ich achte darauf, dass die gewählten Präsentationsformen eine angemessene und anregende Auseinandersetzung mit den Arbeitsergebnissen ermöglichen. | Die Dozierenden sorgen dafür, dass die Präsentation der Arbeitsergebnisse zu einer anregenden Auseinandersetzung führt. |

## Evaluationsitems zur Phase 4 (Beurteilungs- und Feedbackphase)

| Qualitätsansprüche | Items für Dozierende | Items für Studierende |
|---|---|---|
| Die Ergebnisse werden entlang von expliziten/explizierbaren Kriterien bewertet. | Ich gebe die Kriterien jeweils zu Beginn der Veranstaltung/Lernsequenz bekannt. | Die Kriterien der Beurteilung werden frühzeitig bekannt gegeben. |
| Die Beurteilungskriterien entsprechen dem Charakter der erbrachten Leistungen und ermöglichen eine differenzierte und (sach-)gerechte Bewertung – unter Berücksichtigung von Prozess- und Ergebniskomponenten. | Die Studierenden können den Anspruch, den ich mit den Kriterien verbinde, nachvollziehen.<br><br>Ich wähle Beurteilungskriterien, welche dem Lern- und Arbeitsauftrag und den entsprechenden Arbeiten gerecht werden.<br><br>Die Kriterien sind auf die Bewertung von Prozess und Produkt angelegt. | Die Kriterien sind klar und nachvollziehbar.<br><br>Die Beurteilungskriterien werden dem Lern- und Arbeitsauftrag und der Art der Arbeit gerecht.<br><br>Es ist klar, inwiefern Beurteilungskriterien sowohl Prozess als auch Produkt umfassen. |
| Die Studierenden erhalten eine differenzierte Rückmeldung. | Ich gebe den Studierenden eine Rückmeldung, welche Stärken und Schwächen der Arbeit klar benennt.<br><br>Das Feedback an die Studierenden gebe ich mündlich und/oder schriftlich so, dass Ziele fürs weitere Lernen daraus ableitbar sind. | Wir erhalten eine Rückmeldung, welche Stärken und Schwächen der Arbeit klar benennt.<br><br>Die Rückmeldungen ermöglichen eine persönliche Standortbestimmung in Bezug aufs eigene Lernen. |
| Die Fremdeinschätzungen der Dozierenden müssen in Bezug gesetzt werden zur Selbsteinschätzung der Studierenden. | Ich sehe Möglichkeiten und Instrumente vor, die Differenz zwischen Fremd- und Selbstbeurteilung zu thematisieren. | Wir bekommen eine Möglichkeit, eine Selbsteinschätzung vorzunehmen.<br><br>Die Dozierenden haben die Bereitschaft, Abweichungen zwischen Selbst- und Fremdeinschätzung verständlich zu machen. |
| Die Rückmeldungen werden unterstützt durch Angebote/Beratung, damit sie lernwirksam werden können. | Ich biete oder organisiere weitergehende Unterstützung/Beratung, wenn ich einen entsprechenden Bedarf bei den Studierenden erkenne. | Die Dozierenden bieten bei Bedarf Beratung für den weiteren Lernprozess. |
| Die rückblickende Prozessreflexion wird durch geeignete Instrumente initiiert und unterstützt. | Ich sehe für die rückblickende Prozessreflexion ein Zeitgefäss vor.<br><br>Ich unterstütze die Prozessreflexion mit geeigneten Instrumenten. | Wir erhalten Hinweise, Inputs oder Aufträge, welche darauf abzielen, den Lernprozess zu reflektieren.<br><br>Es wird (Selbst-)Reflexion gefördert, indem hilfreiche Fragen zur mündlichen oder schriftlichen Diskussion gestellt werden.<br><br>Wir werden dazu angehalten, über individuelle und soziale Lernprozesse nachzudenken. |

# Literaturverzeichnis

AAVV (2004): Blended Learning. Mit Präsenzunterricht, Lehrmitteln für das Selbststudium und E-Learning innovative Lernprozesse gestalten. Baden: Frey Akademie/Compendio Bildungsmedien.

Aebli, Hans (1994): Denken: das Ordnen des Tuns, Bd. 2, Denkprozesse. 2. Auflage. Stuttgart: Klett.

Arnold, Rolf/Siebert, Horst (2003): Konstruktivistische Erwachsenenbildung. Hohengehren: Schneider.

Ausubel, David (1974): Psychologie des Unterrichts. Weinheim: Beltz.

Bandura, Albert (1976): Lernen am Modell. Stuttgart: Klett.

Behrmann, Detlef/Schwarz, Bernd (Hrsg.) (2003): Selbstgesteuertes, lebenslanges Lernen. Herausforderungen an die Weiterbildungsorganisation. Bielefeld: Bertelsmann.

Blom, Hermann (2000): Der Dozent als Coach. Neuwied/Kriftel/Berlin: Luchterhand.

Bloom, Benjamin S. (Hrsg.) (1974): Taxonomy of educational objectives. Handbook l: Cognitive domain. New York 1956. Deutsch: Taxonomie von Lernzielen im kognitiven Bereich. 4. Auflage. Weinheim/Basel: Beltz.

Boekaerts, Monique (1997): Self-regulated learning: A new concept embraced by researchers, policy makers, educators, teachers, and students. In: Learning and Instruction, 7 (2), S. 161–186.

Boekaerts, Monique (1999): Self-Regulated Learning: Where we are today. In: International Journal of Educational Research, 31, S. 445–475.

Bräuer, Gerd (2000): Schreiben als reflexive Praxis. Tagebuch, Arbeitsjournal, Portfolio. Freiburg im Breisgau: Fillibach.

Breiter, Andreas/Fischer, Arne/Kubicek, Herbert (2005): E-Learning braucht E-Administration. In: Das Hochschulwesen, 5, S. 175–180.

Buitelaar, Gitte (2005): Digital Portfolio. Präsentation. INHOLLAND School of Education, Rotterdam.

Crooks, Terry J. (1988): The impact of classroom evaluation practices on students. Review of Educational Research, 58 (4), S. 438–481.

Dietrich, Stephan (Hrsg.) (2001): Selbstgesteuertes Lernen in der Weiterbildungspraxis. Bielefeld: Bertelsmann.

Dietsche, Barbara/Meyer, Heinz H. (2004): Literaturauswertung Lebenslanges Lernen. Deutsches Institut für Erwachsenenbildung, Bonn. ‹http://www.die-bonn.de/publikationen/online-texte/index.asp›. DL März 2006.

Dörig, Roman (1994): Das Konzept der Schlüsselqualifikationen. Ansätze, Kritik und konstruktivistische Neuorientierung auf der Basis der Erkenntnisse der Wissenspsychologie. Hallstadt: Rosch.

Dörner, Dietrich (1987): Problemlösen als Informationsverarbeitung. Stuttgart/Berlin/Köln: Kohlhammer.

Donnenberg, Othmar (Hrsg.) (1999): Action Learning. Ein Handbuch. Stuttgart: Klett-Cotta.

Dreyer, Hans Peter (2002): ETH-Leitprogramm Physik. ‹http://www.educeth.ch/physik/leitprog/geschw/docs/lehrer.doc›. DL März 2006.

Dubs, Rolf (1996): Schlüsselqualifikationen – werden wir erneut um eine Illusion ärmer? In: Gonon, Philipp (Hrsg.): Schlüsselqualifikationen kontrovers. Aarau: Sauerländer. S. 49–57.

EducETH (2006): Leitprogramme. ‹http://educeth.ethz.ch/physik/leitprog›. DL März 2006.

Erpenbeck, John/Von Rosenstiel, Lutz (Hrsg.) (2003): Handbuch Kompetenzmessung. Erkennen, Verstehen und Bewerten von Kompetenzen in der betrieblichen, pädagogischen und psychologischen Praxis. Stuttgart: Schäffer-Poeschel.

Euler, Dieter/Seufert, Sabine (Hrsg.) (2004): E-Learning in Hochschulen und Bildungszentren. Gestaltungshinweise für pädagogische Innovationen. München: Oldenbourg.

Euler, Dieter/Wilbers, Karl (2002): Selbstlernen mit neuen Medien didaktisch gestalten. Hochschuldidaktische Schriften, Bd. 1. IWP-HSG, St. Gallen.

Euler, Dieter/Wilbers, Karl (Hrsg.) (2003): E-Learning an Hochschulen: An Beispielen lernen. Hochschuldidaktische Schriften, Bd. 5. IWP-HSG, St. Gallen.

European Ministers of Education (2006): The Bologna Declaration of 19 June 1999. ‹http://www.bologna-berlin2003.de/pdf/bologna_declaration.pdf›. DL März 2006.

Fölling-Albers, Maria/Hartinger, Andreas/Mörtl-Hafizovic, Dzenana (2004): Situiertes Lernen in der Lehrerbildung. In: Zeitschrift für Pädagogik, 5, S. 727–747.

Forneck, Hermann/Gyger, Mathilde/Maier Reinhard, Christiane (2006): Selbstlernarchitekturen und Lehrerbildung. Zur inneren Modernisierung der Lehrerbildung. Bern: h.e.p.-verlag.

Frey, Karl/Frey-Eiling, Angela (1992): Allgemeine Didaktik. Arbeitsunterlagen zur Vorlesung. Zürich: vdf.

Geupel, Helmut (2003): Selbstgesteuertes Lernen. Eine – das Lernen aktivierende – Alternative zur Vorlesung. In: Die neue Hochschule hlb, 1, S. 16–19.

Glasersfeld, Ernst von (1997): Wege des Wissens. Heidelberg: Carl Auer Systeme.

Gonon, Philipp (Hrsg.) (1996): Schlüsselqualifikationen kontrovers. Aarau: Sauerländer.

Gonon, Philipp/Klauser, Fritz/Nickolaus, Reinhold/Huisinga, Richard (Hrsg.) (2005): Kompetenz, Kognition und neue Konzepte der beruflichen Bildung. Wiesbaden: VS Verlag für Sozialwissenschaften.

Grell, Jochen (2005): Techniken des Lehrerverhaltens. 2. Auflage. Weinheim: Beltz.

Gruber, Hans/Mandl, Heinz/Renkl, Alexander (2000): Was lernen wir in Schule und Hochschule: Träges Wissen? In: Mandl, Heinz/Gerstenmaier, Jochen (Hrsg.): Die Kluft zwischen Wissen und Handeln. Empirische und theoretische Lösungsansätze. Göttingen: Hogrefe. S. 139–156.

Häcker, Thomas (2005): Portfolio als Entwicklungsinstrument. ‹http://www.portfolio-schule.de/index.cfm?D497FE97E5534CAF95AF1D3E58626A8F›. DL August 2005.

Heijne, Rien (1999): Der Prozess des problemorientierten Lernens. Limburg: Meta Hogeschool.

Helbo, Jan (2006): Project-organized Problem-Based Learning at Aalborg University, Denmark. ‹http://www.tkk.fi/Yksikot/Opintotoimisto/Opetuki/fiktiofakta/2000/PBLinAalborg.pdf›. DL März 2006.

Huber, Ludwig (2003): Forschendes Lernen in Deutschen Hochschulen. Zum Stand der Diskussion. In: Obolenski, Alexandra/Meyer, Hilbert. Forschendes Lernen. Theorie und Praxis einer professionellen LehrerInnenausbildung. Bad Heilbrunn: Klinkhardt. S. 15–36.

Jabornegg, Daniel (2005): (Lern-) Portfolios – eine alternative Prüfungsform? Präsentation. Universität Zürich.

Jabornegg, Daniel (2004): Der Portfolioansatz in der Schülerbeurteilung der USA und seine Bedeutung für die Schülerbeurteilung in der neuen kaufmännischen Grundbildung. Bamberg: Difo-Druck.

Keil-Slawik, Reinhard/Kerres, Michael (Hrsg.) (2005): Hochschulen im digitalen Zeitalter. Innovationspotenziale und Strukturwandel. Münster: Waxmann.

Keller, Fred S. (1968): Good-bye, Teacher … In: Journal of Applied Behavior Analysis, 1, S. 79–89.

Kerres, Michael/Euler, Dieter/Seufert, Sabine/Hasanbegovic, Jasmina/Voss, Britta (2005): Lehrkompetenz für eLearning-innovationen in der Hochschule. Ergebnisse einer explorativen Studie zu Massnahmen der Entwicklung von eLehrkompetenz. SCIL Arbeitsbericht 6, St. Gallen. ‹http://www.scil.ch/publications/docs/2005-10-kerres-et-al-elehrkompetenz.pdf›. DL März 2006.

KFH (2004): Die Konzeption gestufter Studiengänge: Best Practice und Empfehlungen. 2., aktualisierte Auflage. Bern: Konferenz der Fachhochschulen der Schweiz KFH.

Kjersdam, Finn (1994): Tomorrow's Engineering Education – The Aalborg Experiment. In: European Journal of Engineering Education, 19 (2), S. 197–204.

Kjersdam, Finn/Enemark, Stig (1994): The Aalborg Experiment. Project Innovation in University Education. Aalborg: Universitetsforlag.

Knoll, Jörg (1993): Kleingruppenmethoden. Weinheim: Juventa.

Kraus, Katrin (2001): Lebenslanges Lernen – Karriere einer Leitidee. Bielefeld: Bertelsmann.

Lai-Chong, Law (2000): Die Überwindung der Kluft zwischen Wissen und Handeln aus situativer Sicht. In: Mandl, Heinz/Gerstenmaier, Jochen: Die Kluft zwischen Wissen und Handeln. Göttingen: Hogrefe. S. 253–287.

Landwehr, Norbert (1996): Schlüsselqualifikationen als transformative Fähigkeiten. In: Gonon, Philipp (Hrsg.): Schlüsselqualifikationen kontrovers. Aarau: Sauerländer. S. 89–106.

Landwehr, Norbert (2003): Neue Wege der Wissensvermittlung. 4. Auflage. Aarau: Sauerländer.

Lauer-Ernst, Ute (1996): Schlüsselqualifikationen in Deutschland – ein ambivalentes Konzept zwischen Ungewissheitsbewältigung und Persönlichkeitsentwicklung. In: Gonon, Philipp (Hrsg.): Schlüsselqualifikationen kontrovers. Aarau: Sauerländer. S. 17–23.

Lazarus, Richard/Folkman, Susan (1984): Stress, Appraisal and Coping. New York: Springer.

Lorenzo, George/Ittelson, John (2005): An Overview of E-Portfolios. EDUCAUSE. ‹http://www.educause.edu/ir/library/pdf/ELI3001.pdf›. DL März 2005.

Major, Claire H./Palmer, Betsy (2001): Assessing the Effectiveness of Problem-Based Learning in Higher Education: Lessons from the Literature. ‹http://www.rapidintellect.com/AEQweb/mop4spr01.htm›. DL März 2006.

Mandl, Heinz/Gerstenmaier, Jochen (Hrsg.) (2000): Die Kluft zwischen Wissen und Handeln. Göttingen: Hogrefe.

Markowitsch, Jörg/Messerer, Karin/Prokopp, Monika (2004): Handbuch praxisorientierter Hochschulbildung. Wien: WUV Facultas.

Mayrshofer, Daniela/Kröger, Hubertus A. (2001): Prozesskompetenz in der Projektarbeit. Ein Handbuch für Projektleiter, Prozessbegleiter und Berater. Hamburg: Windmühle.

Miller, Damian (2005): E-Learning. Eine multiperspektivische Standortbestimmung. Bern: Haupt.

Miller, Damian/Seufert, Sabine (2003): Nachhaltigkeit von eLearning-Innovationen: Von der Pionierphase zur nachhaltigen Implementierung. ‹www.medienpaed.com/03-2/seufert1.pdf›. DL März 2006.

Moust, Jos H.C./Bouhuijs, Peter A. J./Schmidt, Henk G. (1999): Problemorientiertes Lernen. Wiesbaden: Ullstein Medical.

Muheim, Franz-Xaver/Steiner, Verena/Stössel, Peter (1995): Verträge für die Zusammenarbeit Hochschule-Privatwirtschaft. Muster für die Praxis. Zürich: vdf.

Mutzeck, Wolfgang (2005): Von der Absicht zum Handeln – Möglichkeiten des Transfers von Fortbildung und Beratung in den Berufsalltag. In: Huber, Anne A. (Hrsg.): Vom Wissen zum Handeln – Ansätze zur Überwindung der Theorie-Praxis-Kluft in Schule und Erwachsenenbildung. Tübingen: Huber. S. 79–97.

Neuweg, Georg Hans (1999): Könnerschaft und implizites Wissen. Münster: Waxmann.

Newman, Mark (2004): Problem Based Learning: An exploration of the method and evaluation of its effectiveness in a continuing nursing education programme. ‹http://www.hebes.mdx.ac.uk/teaching/Research/PEPBL/PBLCNEexec%20summary%2008_04.pdf›. DL März 2006.

Nonaka, Ikurjio/Takeuchi, Hirotaka (1997): Die Organisation des Wissens. Frankfurt a. M./New York: Campus.

Obolenski, Alexandra/Meyer, Hilbert (Hrsg.) (2003): Forschendes Lernen. Theorie und Praxis einer professionellen LehrerInnenausbildung. Bad Heilbrunn: Klinkhardt.

Pfäffli, Brigitte (2005): Lehren an Hochschulen. Eine Hochschuldidaktik für den Aufbau von Wissen und Kompetenzen. Bern: Haupt.

PHZH (2006): Portfolios an der Pädagogischen Hochschule Zürich. ‹http://www.phzh.ch/webautor-data/409/portfolios-Informationen.pdf›. DL März 2006.

Reinmann-Rothmeier, Gabi (2003): Didaktische Innovation durch Blended Learning. Leitlinien anhand eines Beispiels aus der Hochschule. Bern: Huber.

Renk, Herta-Elisabeth (Hrsg.)(1999): Lernen und Leben aus der Welt im Kopf. Neuwied: Luchterhand.

Reusser, Kurt (2003): Problembasiertes Lernen. Referat. BFH Burgdorf.

Reusser, Kurt (2004): Mehr Selbststudium – auch für Dozierende. Referat. Universität Zürich.

Richter, Annette (2005): Portfolios als alternative Form der Leistungsbewertung. Neues Handbuch Hochschullehre NHLL, 1, S. 1–14.

Rittersbacher, Christa (2004): «Look at what I learned» – wie Studierende durch motivierende Lehre selbstständig vorzeigbare Produkte erarbeiten. In: Hochschulwesen, 3, S. 114–119.

Ruf, Urs/Weber, Christine (2005): Dialogisches Lernen auf Lernplattformen. Den Dialog zwischen Studierenden parallel zu Massenvorlesungen mit Blended Learning fördern. In: Das Hochschulwesen, 6, S. 243–249.

Salzgeber, Gaby (2002): Lehrende als Lernberater: Fünf (re-)konstruierte Aufgabenfelder. In: Baumgartner, Peter/Welte, Heike (Hrsg.): Reflektierendes Lernen. Innsbruck: Studienverlag.

Schein, Edgar H. (2003): Organisationskultur. The Ed Schein Corporate Culture Survival Guide. Bergisch Gladbach: Edition Humanistische Psychologie.

Schmidt, Eva-Maria (2001): Mit Social Support vom Wissen zum Handeln. Die Wirkung «Kommunikativer Praxisbewältigung in Gruppen» (KOPING) auf den Lernprozess von Erwachsenenbildnern. Aachen: Shaker.

Schulmeister, Rolf (2004): Didaktisches Design aus hochschuldidaktischer Sicht – Ein Plädoyer für offene Lernsituationen. In: Rinn, Ulrike/Meister, Dorothee M. (Hrsg.): Didaktik und Neue Medien. Konzepte und Anwendungen in der Hochschule. Medien in der Wissenschaft, 21, S. 19–49.

Sengstag, Christian/Miller, Damian (2005): Von der klassischen Vorlesung zur Bologna-kompatiblen Lehrveranstaltung. In: Zeitschrift für Hochschuldidaktik, 4. ‹http://www.zfhd.at›. DL März 2006.

Seufert, Sabine/Euler, Dieter (2005): Learning Design: Gestaltung eLearning-gestützter Lernumgebungen in Hochschulen und Unternehmen. SCIL-Arbeitsbericht 5. ‹www.scil.ch›. DL März 2006.

Seufert, Sabine/Euler, Dieter (2005): Nachhaltigkeit von eLearning-Innovationen: Fallstudien zu Implementierungsstrategien von eLearning als Innovationen an Hochschulen. SCIL-Arbeitsbericht 4, St. Gallen. ‹http://www.scil.ch/publications/docs/2005-01-seufert-euler-nachhaltigkeit-elearning.pdf›. DL März 2006.

Siebert, Horst (2001): Selbstgesteuertes Lernen und Lernberatung. Neue Lernkulturen in Zeiten der Postmoderne. Neuwied: Luchterhand.

Städeli, Christoph/Obrist, Willy/Sägesser, Peter (2003): Kerngeschäft Unterricht. Ein Leitfaden für die Praxis. Bern: h.e.p.-verlag.

Stanford, Gene (2000): Gruppenentwicklung im Klassenraum und anderswo. Praktische Anleitungen für Lehrer und Erzieher. 6. Auflage. Aachen-Hahn: Hahner.

Stelzer-Rothe (Hrsg.) (2005): Kompetenzen in der Hochschullehre. Rüstzeug für gutes Lehren und Lernen an Hochschulen. Rinteln: Merkur.

Straka, Gerald A. (Ed.) (2000): Conceptions of Self-Directed Learning. Theoretical and Conceptional Considerations. Münster: Waxmann.

Straka, Gerald A./Macke, Gerd (Hrsg.) (2002): Lern-, Lehrtheoretische Didaktik. Münster: Waxmann.

Thomann, Christoph/Schulz von Thun, Friedemann (2001): Klärungshilfe. Reinbek b. Hamburg: Rowohlt.

Traxel, Oliver/Schulte, Olaf A./Hennecke, Birgit (2004): Wie e-kompetent sind Hochschullehrende? Eine Befragung zum Thema E-Learning/E-Teaching. In: Das Hochschulwesen, 3, S. 89–93.

Unterrichtswissenschaft (2003): Selbstreguliertes Lernen als Selbstregulation von Lernstrategien, Heft 1. Weinheim: Juventa.

Wahl, Diethelm (2005): Lernumgebungen erfolgreich gestalten. Vom trägen Wissen zum kompetenten Handeln. Bad Heilbrunn: Klinkhardt.

Watzlawick, Paul/Beavin, Janet H./Jadeson, Don D. (1996): Menschliche Kommunikation. Formen, Störungen, Paradoxien. 9. Auflage. Bern u. a.: Huber.

Weber, Agnes (2004): Problem-Based Learning. Ein Handbuch für die Ausbildung auf der Sekundarstufe II und der Tertiärstufe. Bern. h.e.p.-verlag.

Webler, Wolff-Dietrich (2003): Gebt den Studierenden ihr Studium zurück. Über Selbststudium, optimierende Lernstrategien und autonomes Lernen (in Gruppen). Zentrum für Hochschulforschung und Hochschulentwicklung ZHH/Interdisziplinäres Zentrum für Hochschuldidaktik IZHD, Bielefeld.

Winteler, Adi (2004): Professionell lehren und lernen. Ein Praxisbuch. Darmstadt: Wissenschaftliche Buchgesellschaft.

Winter, Felix (2004): Leistungsbewertung. Eine neue Lernkultur braucht einen andern Umgang mit den Schülerleistungen. Baltmannsweiler: Schneider.

Wirth, Joachim (2004): Selbstregulation von Lernprozessen. Münster: Waxmann.

Wissenschaftsrat (2001): Empfehlungen zur Struktur der Lehrerbildung. Köln: Wissenschaftsrat.

Witthaus, Udo/Wittwer, Wolfgang/Espe, Clemens (2003): Selbstgesteuertes Lernen – Theoretische und praktische Zugänge. Bielefeld: Bertelsmann.